Fauser

Horst Rumpf
Diesseits der Belehrungswut

Horst Rumpf

Diesseits der Belehrungswut

Pädagogische Aufmerksamkeiten

Juventa Verlag Weinheim und München 2004

Der Autor

Horst Rumpf, Jg. 1930, Dr. phil., ist Professor em. des Fachbereichs Erziehungswissenschaft der Universität Frankfurt/M.

Bibliografische Information Der Deutschen Bibliothek

Die Deutsche Bibliothek verzeichnet diese Publikation in der Deutschen Nationalbibliografie; detaillierte bibliografische Daten sind im Internet über http://dnb.ddb.de abrufbar.

Umschlaggestaltung: Atelier Warminski, 63654 Büdingen
Umschlagabbildung: Franz Graf von Pocci, Titelblatt aus „Fliegende Blätter", 1839
Printed in Germany

ISBN 3-7799-1716-5

Inhalt

Auftakt: Diesseits der Belehrungswut?

Zu den folgenden Etüden einer pädagogischen Aufmerksamkeit

Ohne Lernen keine Zukunft. Lernen hat deshalb Konjunktur. Nicht das schräge Lernen im alltäglichen Durcheinander, sondern das von Experten angeleitete Lernen. Das Lehrgangslernen, das Lehrbuchlernen, das verlässlich zum Kompetenzerwerb führt. Die riesigen Mengen dessen, was Menschen wissen und können könnten, werden zu Lernstoff.

Belehrungsspezialisten sind als Vermittler vielerorts am Werk, diverse Inhalte daraufhin zu präparieren, dass sie lern bar werden. Und weil es so viel zu wissen und zu können gibt, sind die Menschen der westlichen Zivilisation vom ersten Lebenstag an Belehrungsinitiativen ausgesetzt. Die Welt brandet in einem Aggregatzustand an, den sie als Material für Belehrung angenommen hat- vom Lernspiel für Kleinkinder bis zum Yoga-Kurs für Fortgeschrittene. Und all das kann und soll doch souveräner, aufgeklärter, angstfreier machen, sollte man denken.

Aber „Belehrungswut"? Was kann hinter diesem bitteren Wort stecken, das Nietzsche braucht, um die Dynamik zu beschreiben, mit der bestimmte Lehren „in das Volk geschleudert werden" (Unzeitgemäße Betrachtungen II/9. Kritische Studienausgabe hg. Colli/Montinari Bd. 1, München 1988, S. 319, Zeile 24/25).

Eine fast alltägliche Szene, von dem Kunstpädagogen Gert Selle beschrieben, kann plastisch vor Augen führen, was Belehrung in einer extremen Form kennzeichnet, was sie bringt und was sie kostet. Selle beschreibt das Ritual der Führung in

Kunstausstellungen (das sich ja nicht sehr unterscheidet vom Ritual der Fremdenverkehrsführungen in der Tourismusbranche und von Kommentaren in instruktiven Fernseh- und Internet-Angeboten). Das Beispiel handelt von der documenta X in Kassel: „Kein Raum ohne geführte Gruppen, überall das Raunen und Plätschern der Rede über die ausgestellte Kunst. Als ob es unbedingt vermieden werden sollte, eine Pause, ein Schweigen eintreten zu lassen, und dass die Geführten und Ungeführten plötzlich allein gelassen wären, mit den Werken und mit sich allein. Die Kommentarmaschine lief ohne Unterbrechung" (Gert Selle: Kunstpädagogik und ihr Subjekt. Oldenburg 1998, S. 140). Denn wenn die Pause oder das Schweigen einträte, mag man ergänzen, könnten anlässlich der reichlich fremdartigen Gegenstände zeitgenössischer Kunstproduktion unbotmäßige, verrückte oder auch einfach ratlos irritierte Gedanken und Äußerungen zu Tage treten. In den entstehenden Zwischenräumern könnten Sinn-Risse aufbrechen. Und das muss der Führer als Vermittler offenbar mit allen Mitteln der Information, der Einordnung, der Deutung verhindern - daher diese Erklärungs-Rage, die wohl Nietzsches Belehrungswut nahe kommt. Und der Geführte ist wohl auch ganz dankbar, dass ihm das leicht peinliche Gefühl erspart bleibt, mit diesen merkwürdigen, für Kunst zu haltenden Objekten partout nichts anfangen zu können - also außerhalb der Gruppe der auf der Höhe der Zeit Befindlichen zu existieren. Selle schärft die Aufmerksamkeit für das, was passieren kann, wenn zwischen eine Sache und die Menschenaufmerksamkeit sich eine vermittelnde Instanz schiebt, womit *das* abgründige Problem jeder Belehrung angepeilt ist: was Verbindung schaffen oder doch erleichtern soll, hat das Zeug, die Verbindung unter Einsatz von Machtmitteln zu blockieren oder doch jedenfalls interessengeleitet zu kanalisieren: „Vermittlern schneidet für gewöhnlich niemand das Wort ab. Aber das Wort des Vermittlers darf jedem Betrachter die Aisthesis abschneiden. Wer hört, muss nicht sehen. Auf jeden Fall hört er, was er sehen soll. Im Kulturbetrieb bezweifelt niemand, dass das richtig ist. Dass es den bild- und kunstmündigen Betrachter mit eigener Verantwortung gibt, können sich diejenigen, die ihn zum Mündel erklären, nicht mehr vorstellen ... Sie wollen unbedingt, dass andere sehen sollen, was sie für sie als

Wissen verwalten ... Die massenhafte Existenz von Vermittlern, von denen nicht einer denkt, er könne überflüssig sein, hat dazu geführt, dass kein Zweifel am Sinn der Vermittlung mehr laut wird“ (Gert Selle im oben zitierten Buch, S. 141).

Selle pointiert jene Spielart der Vermittlung, die mit Fug als Äußerung der Belehrungswut gelten kann: eine andere Auslegung als die des Vermittlers hat keine Chance: was Sache ist liegt fest. Dass jede Auslegung willkürliche Züge hat, ist unkenntlich gemacht und steht deshalb weder zur Reflexion noch zur Diskussion.

Diese extreme Pointierung reizt immerhin zu der Erinnerung daran, dass es in jedem Leben schräge, unplanbare und stachlige Widerfahrnisse en masse gibt; sie sperren sich gegen alle Maßnahmen, sie pädagogisch oder didaktisch zu domestizieren - wiewohl jede Pädagogik ohne die Zufuhr solch unreglementierter Erfahrung schnell auf dem Trockenen sitzt.. Außerdem ist zu Selles bitterer Diagnose anzumerken, dass es auch weniger belehrungswütige Vermittlungsformen gibt: solche also, bei denen der Vermittler selbst seiner Annäherung an die Sache tastend-vorläufige Züge gibt. Dann lässt er spüren, dass die vorgestellte Sache (also das Objekt) einen beträchtlichen Sinn-Überschuss über seinen Klärungsversuchen birgt: Die Deutung behält Spiel und dem Adressaten bleibt ein Spielraum.

Die Lehre wahrt gewissermaßen Diskretion - es ist als würde sie den zu vermittelnden Objekten jenen Respekt erweisen, den Robert Walser einmal im zwischenmenschlichen Umgang für sich einforderte: „Niemand ist berechtigt, sich mir gegenüber so zu benehmen, als kennte er mich.“ Belehrungswut ist hingegen indiskret und schamlos- sie verschlingt jedes Objekt. Sie wahrt keine Distanz, kennt kein Schweigen, verachtet Umwege und Anspielungen. Der Belehrungswütige ist unfähig, in wenigen anspruchsvollen Inhalten auszuharren, sich von ihnen fordern zu lassen, sich ihrem Gültigkeitskern auszusetzen. Stattdessen hastet er im Gestus rascher Erledigung von Stoff zu Stoff. Und hält die angedrehte Lebendigkeit auch noch für fortschrittlich.

Auf den Lehrinhalten und den Lehrprozeduren lastet nun zweifellos in unserer Zivilisation vielfältiger gesellschaftlicher Druck zugunsten der Belehrungswut: Bürokratische und ökonomische Einflüsse forcieren standardisierbare, geradlinige, leicht planbare und schleunigst zurückzulegende Lehrfiguren. Sortierungszwänge im Gesellschaftssystem erzwingen Lehrgänge, die nach dem Muster von aufgabenbewältigenden Hürdenläufen geschnitten sind und dadurch Selektionen ermöglichen; der politische Druck zur Demokratisierung und zur so genannten Ausschöpfung von so genannten Begabungsreserven zeitigt die Neigung, die Ferne und Schwerzugänglichkeit von Lerninhalten zu verbiedern (wie Günther Anders diese verdächtige Verfreundlichung des Lernens nannte, die auf die Abschaffung der Sache hinausläuft). Spaßlernen wird dann konsequentes Ergebnis der Belehrungswut. Der Spannungsabfall im Umgang der Generationen miteinander und im Umgang mit einst kanonisierten Lerninhalten begünstigt diese Tendenz.

Die in diesem Buch unsystematisch zusammengestellten Miniaturen fahnden nach Spielarten, sich der Welt respektvoll, mit inständiger Aufmerksamkeit zu nähern, lernend und lehrend. Und sie fahnden nach sie lähmenden Faktoren. Denn die hier angepeilten Formen des Weltumgangs könnten angesichts der märchenhaften Vervollkommnung der Informationsübermittlungstechniken vom Aussterben bedroht sein. Belehrungswut könnte den Wind des Ungewissen, des Vieldeutigen, des Abgründigen, des Verrückten aus den Dingen und Gedanken vertreiben und Bildungseinrichtungen vollends zu Erledigungsmaschinerien werden lassen. Lernschnellwege haben nicht ohne Grund Konjunktur - von der Grundschule bis zur Universität.

Klaus Heipcke, der viel zu früh verstorbene Kasseler Erziehungswissenschaftler, zeigte mit vielen Beispielen, dass Gegenstände des Unterrichts im landläufigen Sinn Züge des *Überwältigtseins* an sich tragen - die Erklärungen, Deutungen, Wertungen, Klassifikationen und die ihnen folgenden sprachlichen Symbolisierungen haben es geschafft, Inhalte zu überwältigen, d.h vom „Dunklen, Vieldeutigen und Beunruhigenden" zu reinigen (K. Heipcke: Die Wirklichkeit der Inhalte.

In: H. Rauschenberger (Hg.): Unterricht als Zivilisationsform. Königstein/Wien 1985, S. 134).

Was im Grunde damit gemeint sein kann, hat Ivan Illich bei einem Kongress in Göttingen 1980 über „Erziehung am Ausgang des Industriezeitalters" formuliert. Er sprach von dem „Vorgang, in dem die Erziehung die Technik darin unterstützt, der Umwelt ihre rätselhafte Sinnlichkeit zu entziehen" (Zeitschrift für Pädagogik 17. Beiheft 1981, S. 41). Damit ist der Unruheherd benannt, um den die in diesem Buch locker aufgereihten Etüden kreisen.

Eine Attacke auf vernünftiges Denken? Kaum. Hans Aebli, der Kognitionspsychologe und Pädagoge, schreibt auf der letzten Seite seines großen Werks „Denken, das Ordnen des Tuns" einen einfachen Satz, der sich liest, als sei er auf Belehrungswut gemünzt: „Wenn sie nicht ständig an die Basis konkreten Handelns und Sehens zurückgebunden werden, beginnen die Mühlen der Zeichensysteme bald leer zu drehen" (Hans Aebli: Denken das Ordnen des Tuns. Bd. 2. Stuttgart 1981, S. 396). Und damit ist weder pseudodidaktischem Sinnentrubel das Wort geredet noch einer Vorstellung vom Denken, dem die Sinnlichkeit zum bloßen Startblock verkümmert.

I. Sinnentrubel, Sozialtrubel und die Suche nach Wirklichkeit

Didaktik - ein ziemlich verachtetes Geschäft?

Zu einer Tätigkeit, die in ca. 40.000 Schulen unsres Landes mitspielt

Wer sich in einem Gespräch unter Kulturbeflissenen oder Wissenschaftlern als Didaktiker bekennt, ist schnell out. Schon ein normaler Feuilletonleser findet nichts dabei, wenn bei einer Ausstellung, einem Vortrag, einer Inszenierung, einer Fernsehdebatte kritisch moniert wird, man habe den „didaktischen Zeigefinger" gespürt. „Didaktisch" ist von vornherein anrüchig, unzumutbar für mündige Zeitgenossen. Die Assoziation an Schulmeister, die ihre Belehrungsobjekte für dumm verkaufen und alles besser wissen, ist schier unausrottbar mit dem Bedeutungshof von *Didaktik* verbunden.

Der renommierte Konstanzer Philosoph und Wissenschaftsforscher Jürgen Mittelstrass hat - in seiner Abrechnung mit der Hochschuldidaktik - diese Einschätzung mitsamt ihren Gründen dankenswerterweise in eine knappe Formel gebracht: „Tatsächlich bedeutet Didaktisierung zwangsläufig Reglementierung und Verschulung" (Mittelstrass: Vom Elend der Hochschuldidaktik" in J. Mittelstrass: Die Häuser des Wissens, Frankfurt/M 1998, S. 221). Etwas drastischer gesagt: Didaktik ist damit beschäftigt, den Geist und die Sache zu verstümmeln - den Geist des Lernenden und die Sache, auf die sich das Lernen richtet. Und der Herausgeber des „Merkur", „Deutsche Zeitschrift für europäisches Denken", veröffentlichte im Februarheft 2002, in einem Augenblick, in dem alle Welt über PISA spricht und die Schulbildung miserabel findet, einen Aufsatz mit der recht kräftigen Überschrift: „Wer rettet die

Intelligenz vor den Pädagogen?“ (Merkur 56. Jg. Heft 2/Februar 2002, S. 174 ff.).

Der Didaktiker, so die zugrunde liegende Annahme, kann gar nicht anders als den Ernst der Sache und ihren Anspruch aufzuweichen, um sie so - zu didaktisch herabgesetzten Preisen dem Nachwuchs, dem Laien „nahe zu bringen“. Ohne Rücksicht auf Niveauverluste - zumal er ja als pädagogisch gestimmter Vermittler darauf abzielen muss, dass auch die Dummen, die Unwilligen, die Unbegabten irgendwie „mitkommen“. Didaktiker zu werden, das heißt dann so viel wie unter hochtrabenden Begriffen und Programmen Infantilisierung zu betreiben. Eine traurige Aufgabe, in der Tat. Man muss Menschen etwas mundgerecht, lerngerecht vermitteln, was anderswo (zumeist in Wissenschaft und Kunst) erzeugt, anderswo für wichtig erklärt wurde (in Lehrplänen, von vorgeordneten Dienststellen) und anderswo „didaktisch aufbereitet“ wurde (von Lehrmittelproduzenten). Was Wunder, dass solche hochgradig sekundäre Tätigkeit leicht der Verachtung anheim fällt. Zumal ihre Akteure nicht ganz selten eine reichlich aufgedunsene Sprache reden und schreiben.

Solche Deutungen des Didaktik-Geschäfts (und da geht es sowohl um den praktizierenden Lehrer wie um den, der über das Lehren nachdenkt) speist sich aus einer Grundvorstellung: Lehren ist ihr eine Verpackungskunst. Demnach gibt es irgendwo die *Sache* an sich - und dann gibt es irgendwo anders pädagogische Ziele und Leitideen - und dann gibt es Künste, die Sachen so zurechtzustutzen, dass sie den Zielen und Leitideen einerseits, dem Fassungsvermögen der Adressaten und den organisatorischen Rahmenbedingungen der Lerninstitution anderseits einigermaßen entsprechen. Der Verpackungsspezialist bringt das ohmsche Gesetz, den Golfstrom, ein Goethe-Gedicht, den Satz des Pythagoras, die französische Revolution in die entsprechende Passform. Und weil das Schullernen so wichtig für die Zukunftsbewältigung ist, hat die Lehre zusätzlich auch noch darauf hinzuwirken, dass *Schlüsselqualifikationen* zum Bestehen der Zukunft bei dieser Lehrprozedur im Zögling herausspringen. Die sind dann, im Interesse der Überprüfbarkeit, in so genannte Bildungsstandards herunterzutransformieren.

Wenn das keine Überlastung ist, die die Lehrprogramme schier unweigerlich zu hochstapelnder Sprache zwingt.

Die Lehrperson hat jedenfalls unter diesen atmosphärischen Bedingungen die Materie souverän im Griff, sie weiß immer schon im Voraus, was richtig und was wichtig ist - sie hat sichere Maßstäbe für gute und weniger gute Leistungen. Kein Wunder, dass sich dann im Schul-Alltag Normen aus Ökonomie, Technik, Verwaltung durchsetzen: je schleuniger, je kontrollierbarer, je effizienter die in Lernhürden (sprich Aufgaben) gestückelten Inhalte bewältigt werden, umso besser.

Es spricht einiges dafür, dass die solcher Praxis zugrunde liegenden Bilder von Didaktik und Schulehalten aktuelle Lernverhältnisse nicht mehr greifen. Um es sehr kurz zu machen: Zu unterscheiden und praktisch auch voneinander zu trennen wären zwei Spielarten des Lehrens, deren Vermischung Unheil stiftet.

(a) Der Lehrer als Trainer. Hier geht es ähnlich wie im sportiven Training darum, festliegende, im Voraus definierbare Fertigkeiten einzustudieren und zu üben. Alle Inhalte haben technisch zu lernende Voraussetzungen und Anteile. Sprachliche, mathematische, wissenstechnische, medientechnische Kompetenzen gehören dahin. Hierher gehört auch manches unabdingbare womöglich spielerische und heitere Pauken. Wissensüberblicke können von Nutzen sein, Wissensfindungstechniken lassen sich so einstudieren. Wer solche Tätigkeiten des Lernens und Lehrens verächtlich findet, weil er sich über sie erhaben dünkt, weiß nicht wie viel er ihnen verdankt. Und eine möglicherweise reformpädagogisch trunkene Lehrperson, die solches Einüben für autoritär und altmodisch hält, hat vergessen, dass es keine kulturelle Leistung ohne solche Fundamente gibt. Das gilt von der Grundschule bis zur Universität. Man frage einen Musikstudenten, wie viel Zeit, Kraft, Selbstdisziplin und Askese zum Erlernen eines Instruments nötig ist.

(b) In einen vollkommen anderen Aggregatzustand geraten Inhalte, Zeiten und Beziehungen, Gedanken, Gefühle und leibliche Bewegungen aller Beteiligten, wenn es darum geht, dass Kinder, Heranwachsende, Laien sich kraft ihrer Neugier und ihres Erfahrungshungers aufmachen, um ein Stück Welt, ein Stück Kultur, ein Stück Wissenschaft kennen, berühren und verstehen zu lernen. Und dass eine Lehrperson, eine Lehreinrichtung ihnen dabei hilft. Lehren kann dann nicht mehr Steuern von Lernprozessen auf festgelegten Bahnen sein. Es heißt allenfalls Abräumen von leichtfertig übernommenem, nur nachgeredetem Wissen, Hilfestellung geben beim Ordnen der Gedanken, Ernstnehmen und immer neues Mitvollziehen von Annäherungen an die Sache, die keine Schulweisheit je völlig ausschöpfen kann. Vielleicht am wichtigsten: Das Auswählen, Abgrenzen und Präsent-werden-Lassen von Inhalten unsrer Umwelt, unsrer Kultur, unsres Wissens, die den Lernenden etwas bringen können. Solches Lehren hat Züge des Zeigens, des Wartens, des Hörens, des Ordnens - es hat nichts gemein mit dem Bescheidwissen des Verpackungskünstlers oder des Lerntrainers. Auch das gilt von der Grundschule bis zur Universität. Hier ist eine andere Disziplin, eine andere Konzentration, eine andere Aufmerksamkeit, eine andere Anwesenheit vonnöten als beim Einstudieren von Fertigkeiten.

Eine didaktische Kultur, die diesen Namen verdient, wird beides nicht vermischen und wird die Kriterien der einen Spielart des Lehrens nicht an die andere anlegen.

Wer auch nur eine blasse Ahnung von einschlägigen Initiativen im Bereich (b) hat - ich denke an den Kunstpädagogen Gert Selle, den Naturpädagogen Gerhard Trommer, den Physikdidaktiker Martin Wagenschein, den Mathematikdidaktiker Heinrich Bauersfeld, den Geographie- und Umweltdidaktiker Jürgen Hasse, die Literaturpädagogin Ute Andresen, den Sportpädagogen Gerd Landau, um nur wenige zu nennen, die das unter (b) genannte Lehren auf den Boden gebracht haben - der kommt aus dem Kopfschütteln darüber nicht heraus, welche Vorstellungen so renommierte Autoren wie Mittelstrass oder Bohrer über das haben, was unter Didaktik hier und heute zu verstehen ist.

Die Äußerung eines Nichtprofis auf dem Gebiet der Didaktik mag das, worum es zentral in der Didaktik (im Bereich b) geht, vielleicht noch am ehesten so artikulieren, dass die Sach-Experten nicht wie vor einer Verunreinigung des höheren Wissens davor zurückschrecken. Die folgenden Sätze von Ezra Pound wiegen für meine Begriffe viele Pfund sich didaktisch nennender Literatur auf- sie sind zumal in einer Zeit, in der, nach PISA, vielerorts über Lesefertigkeiten und ihre Kultivierung nachgesonnen wird, von hoher Aktualität:

„Wenn der Lehrer langsam von Begriff ist, mag er wohl in tausend Ängsten vor Schülern schweben, deren Verstand sich rascher fortbewegt als der seine; aber er täte klüger daran, den rührigen Schüler zu Späherdiensten heranzuziehen, das lebhaftere Auge, das schärfere Ohr als Auslug oder Horchposten zu verwerten.

Der beste Musiker, den ich je kannte, gestand, dass die Zuverlässigkeit seines Gehörs zuweilen aussetzte. Aber er tat dies in der „moi aussi"-Form, nachdem ich selber ein Geständnis abgelegt hatte.

Wenn es ernstlich an die Betrachtung irgendeines Kunstwerks geht, sind unsere Sinne, unsere Gedächtnisleistungen oder unser Wahrnehmungsvermögen viel zu sehr Stückwerk, als dass sie uns etwas anderes erlaubten als gemeinsame Neugierde.

Kein Mensch kennt sich so gut in einer Textstelle aus, sagen wir mal zwischen Zeile 100 und 200 des sechsten Buches der Odyssee, dass er nicht zulernen könnte, wenn er sie mit seinen Schülern noch einmal liest ... Ich meine, der ideale Lehrer müsste jedes Meisterwerk, das er in der Klasse durchnimmt, beinahe angehen, als ob er es noch nie gesehen hätte" (Ezra Pound: ABC des Lesens, Frankfurt/M 1962, S. 109/110).

Nach dem Tod Gottes? - Ein Bruchstück aus einer Lehrveranstaltung

Während sich der Wind der Bildungspolitik allenthalben auf Überprüfbarkeit, Effizienz, ökonomische Nutzbarkeit dreht, während Studierende als Kunden des Wirtschaftsbetriebs Universität definiert werden und Hochschullehrer zu Wissensproduktionsmanagern zu schrumpfen drohen, lese ich von einer Lehrveranstaltung mit merkwürdigen Lernfrüchten. Eine Studentin schrieb ein Gedicht, eine andere führte ein Gebet weiter, das der Mensch, dessen Lebenswerk behandelt wurde, verfasst hat. Es ging um den polnischen Arzt und Pädagogen Korczak. Einige Zeilen des Gedichts (verfasst nach dem Betrachten des Korczak-Films von Andrzey Wajda): „Sie sind auf dem Weg/Auf dem Weg in den Tod/Der Zuschauer spürt/Verzweiflung und Not,//Wir fühlen entlang/Unser Schweigen ist groß/Der Gedanke an Mord/Lässt uns nicht los/ Ein Zug voller Kinder/200 Stück/Werden gerichtet/Und fühlen noch Glück ..." (Sabine Finkbeiner). Das „Gebet eines Erziehers" von Korczak wurde von Andrea Bargon weitermeditiert - z.B. Korczak: „Nicht den leichtesten Weg führe sie, sondern den schönsten." Bargon: „Jedes Menschenkind muss den am Besten anmutenden Weg gehen. Dieser Weg, durch das Leben führt er mich, ist nicht leicht. Das wäre viel zu einfach, so gänzlich ohne Hindernisse. Den schönsten Weg sollst du sie führen. Du wirst ihnen helfen, ihn zu beschreiten." Korczak: „Und als meiner Bitte Draufgeld nimm an mein einziges Kleinod: meine Traurigkeit". Bargon: „Du kannst kein Lösegeld von mir verlangen, o Gott. Als einziges Besitztum kann ich dir meine Traurigkeit, mein stilles Weinen, meine Ohnmacht, schenken, übergeben."

Ich rechte nicht über die poetische oder theologische Qualität dieser Splitter.

Dass ein Gedicht und ein Gebet Frucht eines wissenschaftlichen Bemühens sein kann, gewiss nicht die einzige, aber immerhin eine - das mag den einen Zeichen des endgültigen Verfalls der Wissenschaftskultur sein, Mahnmal der Kapitulation vor allen Herausforderungen der Moderne, Rückflucht in irrationale Gefilde, in denen nicht rational diskutiert, sondern geglaubt und bezeugt wird. Anderen mag es freilich Symptom dafür sein, dass die trostlose und geistlose Ödnis des Bescheidwissens und Bescheidgebens, des Lernens nach Vorschrift und des Entlarvens nach Vorschrift doch nicht das letzte Wort in Köpfen und Herzen von Studierenden haben muss, wenn man ihnen Atemraum gewährt.

Man denke, welcher Tabubruch vorliegt - ein Gebet als Frucht einer Lehrveranstaltung! Kann es eine skandalösere Missachtung der Evaluationsvorschriften ökonomischen Lerndenkens geben? Wie soll man diese Lernleistung messen? Kann man eine stillschweigende Norm eklatanter verletzen - die Norm, alles Studieren sei auf das Ziel der Emanzipation, der Befreiung von überlieferten Denkschranken auszurichten ? Bahnt sich da nicht Dunkelmännerei, schwärzeste Reaktion an?

Ich vermute, diese ausgelaugten Schlachtrufe treffen das nicht, was da passiert sein könnte. Der Nachwuchs ist vielleicht unbefangener gegenüber schal gewordenen Emanzipationstabus. Und gewärtigt, vielleicht ohne dass er es weiß, Züge der europäischen Tradition, in denen das Gebet nicht tabu war. Wie viel Texte bzw. Musikstücke Goethes, Mozarts sind Gebete, mehr oder weniger verschlüsselte. Der Kultur- und Wissensbetrieb hat das ziemlich unspürbar gemacht ... Und die Bescheidwisser, die das alles längst als infantile Regression oder als Niederschlag bestimmter sozialer Einflüsse entlarvt haben, sie sehen in ihren Triumphgebärden über unser Erbe doch allmählich ziemlich kümmerlich aus. „ Gottes ist der Orient/Gottes ist der Okzident/Nord- und südliches Gelände/Ruhn im Frieden seiner Hände“. Überholt? Infantil? Nicht mehr nachvollziehbar? Durch Auschwitz anulliert? In einer Goethe-Universität, also einer, die nach dem Autor dieser Zeilen heißt, nicht mehr genau zu nehmen? Ich zweifle.

Sinnentrubel, Lebensweltbezug, Subjektivierung - ausgelaugt?

Kürzlich war es noch ein reformerischer Schlachtruf: „Macht die Schulen auf, lasst das Leben rein“, so ein Buchtitel der siebziger Jahre des letzten Jahrhunderts. Ähnlich ging es in den Achtzigern mit der emphatischen Empfehlung von mehr Sinnlichkeit. „Lernen mit allen Sinnen“ wurde zu einer Art Reformdogma, das sich schließlich bis in die Kaufhauswerbung durchgesetzt hat. Wenn nur alle Sinne angesprochen werden - und schon ist man aus dem Schneider der Langeweile und Lebensferne.

Als ob es irgendetwas bringen könnte, Sinnlichkeit anzukurbeln und Lebensnähe in die Schulen zu pumpen, wenn es nicht um qualifizierte Inhalte und Bedeutungen geht. Die Entäußerung fordern. Der Sinnlichkeitstrubel in Schulen - von der Grundschule bis zur Universität - hat die Reformbewegungen gründlich diskreditiert. Eine lähmende Banalisierung des Lernens ist die Folge, wenn die Spannung zwischen alltäglicher Erfahrung und dem kulturellen Anspruch von bedeutenden Gehalten des Wissens, der Kunst, der Religion abgebaut wird. Auf diese Verluste an Intensität hat Thomas Ziehe jüngst wiederholt eindringlich aufmerksam gemacht (etwa in dem Aufsatz „Schule und Jugend- ein Differenzverhältnis", Neue Sammlung Heft 4/1999, S. 619-630). Ziehe nennt die Attacken gegen die starr doktrinäre Schule von einst die Phase der Enttraditionalisierung: „... ist die heroische Phase des Projekts der Enttraditionalisierung vorüber. Die Enttraditionalisierung ist gelaufen. Sie setzt heute kein Pathos mehr frei, obwohl manche Lehrer den Jugendlichen am liebsten eine immer währende Dankbarkeit nahe legen möchten- für das, was die Generation vor ihnen alles freigeschaufelt hat" (Ziehe 1999, S. 623).

Wenn der Schulunterricht keine anderen Inhalte, keine andere Sprache, keine anderen Aufmerksamkeiten kultiviert als sie die hinlänglich von Phrasen der Innerlichkeit und Subjektivität durchsetzte Lebenswelt im Alltag bietet - die Freundlichkeitseuphorie des „einen schönen Tag noch" Wünschens ist da nur ein Symptom - dann wird er genauso grau und banal wie das turbulente Leben vor der Schultür. Ziehe denkt nicht daran, die erstarrte Bildung von einst hochzujubeln, wenn er aus dieser Erfahrung der ausgedroschenen Lebensweltnähe folgert: „Überbrückungsarbeit hieße für die Schule hier, dass sie zwar Forderungscharakter hat, dass sie aber auch Angebote macht, die sich vom Feld der Alltagserfahrungen gerade unterscheiden. Schule sollte in diesem Sinn neue Erfahrungen eröffnen, die sich aus ihrer Distanz vom Alltag ergeben, aus ihrer Entlastung vom Handlungsdruck der Lebensrealitäten. Schule sollte von daher, im besten Sinne des Wortes, durchaus „künstlich" sein. Und das kann von den Schülern als unerwartet, als nichttrivial, als bereichernd erfahren werden" (Ziehe 1999, S. 628). Spaß ist kein Maßstab für die Kulturarbeit der Schulen jeder Stufe. Spaß gehört z.B. auf den Rummelplatz. Die Spaß-Schule läuft schnell leer. Man ist lustig, vielleicht gruppendynamisch agitiert, man scheint lebhaft zu kommunizieren - aber die Mühlen drehen bald leer, wie Hans Aebli einmal schrieb. Man lernt nichts, man kommt nicht über die gewohnten Horizonte hinaus.

Interessanterweise gibt es ähnliche Entwicklungen und Diagnosen auf einem scheinbar völlig anderen Feld. In der Praxis von Gottesdienst und Liturgie der katholischen Kirche. Dort hatte, vorab verstärkt durch das zweite vatikanische Konzil, eine Bewegung Platz gegriffen, die den Gottesdienst der Lebenswelt annähern wollte. Die Pioniere der liturgischen Bewegung (wie Romano Guardini und J.A. Jungmann) gründlich missverstehend ist nicht selten daraus eine Banalisierung und Trivialisierung der liturgischen Handlungen, vorab der Messe, geworden, in der eine platte Form der Verständlichkeit und Alltagsnähe um sich griff. Was der Psychoanalytiker Alfred Lorenzer schon vor zwanzig Jahren in seinem Buch „Das Konzil der Buchhalter- Über die Zerstörung der Sinnlichkeit“ kritisch aufs Korn genommen hatte - die schulmeisterliche Desakralisierung der kultischen Handlung und Atmosphäre, das wird inzwischen innerkirchlich nachhaltig wahrgenommen und kritisiert. Bei einer vom Mainzer Kardinal Lehmann initiierten Tagung anlässlich des 4o Jahr Jubiläums der Konzilseröffnung konstatierte ein Referent bedenkliche Auswirkungen der Liturgiereform (die die Volkssprache zuließ und die aktive Teilhabe des Volkes am Gottesdienst befördern wollte):“Diese Neuerungen haben das liturgische Leben bereichert, gleichwohl hat die Dominanz von Kommunikation und Kommentar den Sinn für symbolische Zeichenhandlungen verkümmern lassen. Beobachter wie Alfred Lorenzer haben schon in den achtziger Jahren vor einer Banalisierung der Liturgie gewarnt. Statt um eine Verdoppelung des Alltags gehe es um dessen religiöse Unterbrechung ... Um diesem Erbe (der Feier der heiligen Mysterien der Christenheit und der Anbetung) zu entsprechen, plädierte Hoping dafür, die widerständige Fremdheit des Heiligen neu zu würdigen“ (Bericht in der Neuen Zürcher Zeitung vom 16.10.2002: „Streit um das Erbe des Konzils“).

Beachtenswert die Parallele: Aus der Bemühung, die erstarrten Formen der Überlieferung - in Schulunterricht wie in Liturgie - aufzulösen und die Inhalte der Erfahrung anzunähern droht die Einebnung der Differenz zu werden. Und damit werden Menschen um das Beste betrogen, was Kultur, Kunst, Religion öffnen kann. Nicht Unterdrückung durch Hierarchien scheint mehr das Problem zu sein, sondern Banalisierung. Die stumme allgegenwärtige Gewalt der Banalisierung ...

Wortverschleiß und eine Gegendrift - Christa Wolf

Wie lebt es sich als Kind, als Heranwachsender in einer Umwelt, in der einen schier unablässig Wörter und Bilder und Klänge umfluten, durchfluten. Viele Lehrerberichte registrieren, dass der Sinn dafür, dass vernünftigerweise nicht durcheinander geredet werden sollte, dass Worte sinnlos werden, wenn niemand zuhört, dass es einem Sprecher auf die Nerven gehen könnte, wenn gleichzeitig mehrere andere sich unterhalten oder per Handy telefonieren, dass dieser Sinn schwindet. Und ähnliches gilt für die Anwesenheit von Bildern, seien sie bewegt oder unbewegt - Frühstück bei laufenden Bildern mit akustischer Untermalung, ein allgegenwärtiger Tagesanfang? U-Bahnstationen, die sich nicht mehr mit statischen Reklametafeln begnügen, sondern permanent Neuigkeiten an den Wänden präsentieren - diverse Hinweise, Sportergebnisse, Börsenkurse, Kurz-News mit Wetterinfos. Wohin man greift im Grosstadtleben, vom Taxi bis zu Hausfassaden - unablässig wird man beliefert mit Sprach-, Bild-, Klangsymbolisierungen. Die leeren Räume, die Zwischenräume zwischen Worten, Gedanken, Bildern schrumpfen unter dem Überdruck dessen, was da durch die Informationsröhren und die Sinne gejagt wird. Und es braucht wenig Nachdenken, um zu folgern, dass bei solchem Trommelfeuer Worte, Bilder, Klänge in der Überdosierung ihr Gewicht verlieren, dass jedes Innehalten und Zögern als Mangel empfunden wird, der schleunig abzustellen ist. Dass Worte, Sätze, Äußerungen einen Mehrwert über die unmittelbar einsichtige Bedeutung haben könnten, das hat dann keine Chance der Realisierung mehr, so wenig wie das Nachdenken, das Erinnern, das grübelnde Gespräch. Die Sprache der Kurzinformation, der Hinweise, des Blickfangs trocknet das aus, was Sprache, Bild, Klang darüber hinaus zum Vorschein und zum Bewusstsein bringen kann. Symbolisierungen schrumpfen zur abgegriffenen Münze ohne Mehrwert. Mir fällt das schlecht artikulierende, Staccato der Sprechmelodie auf, wenn ich junge Leute in der Straßenbahn miteinander reden höre. Ist das nichts als kulturkritische Nostalgie, wenn mir auch an Studierenden seit längerem bemerkbar wird, wie schwer es ihnen zu fallen scheint, so sorgsam zu sprechen und zu lesen, dass die damit angepeilte Sache Gewicht bekommt und nachdenkliches Zuhören anregt. Hängt es damit zusammen, dass sie in einer Sprach-Umwelt leben, in der Worte, Bilder, Klänge verschlissen, konsumiert und weggeworfen werden wie das Verpackungsmaterial, das in den „Gelben Säcken" endet. Es liegt nahe zu vermuten, dass solche Schrumpfung der Sprach-Sorgsamkeit auch den vielzitierten PISA-Defekten zugrunde liegt.

Was geht ab? Was ist damit gemeint, dass Wörter und Sätze auch eine Tiefenschicht gewärtigen könnten, die etwas anderes wäre als der kurzlebige Reiz- oder Informationsgehalt?

Christa Wolf erzählt aus der Innensicht eines Menschen im Krankenhaus, schwer gezeichnet von Schmerzen, Ungewissheiten, Operationen, Vergiftungen, therapeutischen Attacken und - nicht zuletzt - von unabweisbar auftauchenden Erinnerungen. Auf Bitte der Kranken zieht der Nachtarzt den Vorhang zurück." Mitten im großen Fenster steht am klaren Himmel der Mond. „Ich besaß es doch einmal, was so köstlich ist". Wenn sie könnte, würde sie lachen, wie genau ein anderer vor zweihundert Jahren ihr Empfinden ausgedrückt hat. Und? Habe ich dich einmal gefragt, was machen wir, wenn das Köstliche vorbei ist, ein für alle Mal vorbei ... Und übrigens könne man ja nicht einfach mittendrin aufhören, bloß weil nicht mehr alles so köstlich ist. - Warum denn nicht, habe ich gedacht, nicht gesagt. Warum denn eigentlich nicht. „Dass man doch zu seiner Qual/Nimmer es vergisst." Nun kann ich mich, und ich bin dankbar dafür, an das Wort „Qual" klammern und muss es nicht selbst hervorbringen" (Christa Wolf: Leibhaftig. München 2002, S. 99).

Wozu Gedichte? Wozu Gedichte lernen, wozu sie auswendig können? Wozu sich „An den Mond" von Goethe erinnern können? Das Buch von Christa Wolf lehrt einen die Dürftigkeit zu schneller Antworten.

Demokratisierte Schule im Sog des Sozialtrubels?

Wer die heutige Universität von innen kennt, weiß, wohin die so genannte Demokratisierung zu führen droht: in den Sozialverschleiß. Sitzungen in Kommissionen, Ausschüssen, Räten, all das mit lähmenden Dissensen, Konflikten, Diskussionen, oft genug verendend in faden Kompromisspapieren - der anfängliche Aufschwung („packen wir es gemeinsam an") endet allzu oft in Depression und Resignation. Der einschlägigen Berichte auch aus Gesamtschulen gibt es viele. Der demokratische Impuls in einer sehr pluralen und administrativ übersponnenen Einrichtung scheint bestürzend aufgezehrt.

Jetzt, nach einer Tagung über Demokratie und Schule in Jena, erinnere ich mich an eine ganze Reihe dort vorgebrachter eindrucksvoller Berichte von Schulakteuren über gelingende Demokratisierungsprozesse - Schulmitglieder ringen um Konsens, fanden Wege aus Konflikten über alle denkbaren Interna - soll ein Theaterstück einstudiert werden, wer begleitet eine Klassenfahrt, wie wird mit Noten umgegangen, welche Probleme gibt es bei der gemeinsamen Reinigung und Instandhaltung des Gebäudes, welche Projekte kommen zum Zug, wie läuft die Lehrerkooperation tatsächlich, was bringt sie, was kostet sie, wie sehen Lösungen von Disziplinschwierigkeiten aus - alles aktuelle Hinweise darauf, was möglich wird, wenn Regelungen des Zusammenlebens nicht angeordnet, sondern von gleich zu gleich unter den Beteiligten ausgehandelt werden. Eindrucksvolle Tatsachenberichte kamen zu Gehör- über das, was hier und heute in realen Schulen Wirklichkeit werden kann, wenn-, ja wenn alle an einem Strang ziehen. Die überragende Rolle der Schulleiterin/des Schulleiters wurde freilich überall deutlich ...

Und doch bleibt ein anderer Zweifel. Fast immer handelt es sich um soziale Beziehungsprobleme. Und könnte es nicht immerhin sein, dass durch die Arbeit und die Diskussion in Schülerräten, Schulausschüssen, Kooperationsgremien diverser Stufen eine Unmenge an Energie aufgesogen wird, die dann doch dem Kerngeschäft der Schule abgeht? Und das ist doch wohl die Arbeit an der immer wieder neu anzugehenden

Belebung der inhaltlichen Substanz unserer Kultur, konkret: der Unterricht. Vor 40 Jahren hat Alexander Israel Wittenberg ein wichtiges Buch geschrieben - der Mathematik-Ordinarius verfasst ein Buch mit dem Titel „Bildung und Mathematik“, erschienen bei Klett in Stuttgart. Und die zentrale Botschaft dieses in vielen Beispielen sehr konkret werdenden Buches zum Mathematikunterricht: In der Art der Modellierung der Sache (hier der Mathematik) entscheidet sich, ob der Geist der Demokratie in einer Schule herrscht oder aber der Glaube an die Experten, die Fachleute, deren Fragen, Methoden und Antworten untertänig zu lernen sind. Eine denkwürdige Anfrage: Drohen wir nicht zu vergessen, dass in der Art, wie die Inhalte, die Erkenntnisse im Unterricht auftauchen - ob sie in ernsthaftem gemeinsamem Nachdenken gesucht und erzeugt werden oder ob sie durch Abfragen von Wissensspeichern mehr oder minder gläubig zur Kenntnis gegeben und genommen werden - dass in dieser Art sich entscheidet, ob demokratischer Geist (gerade auch im Sinn von John Dewey) die Schulstube durchweht - oder aber der Expertenglaube. In diesem Fall bliebe Lehrenden wie Lernenden nichts als das Handhaben von Techniken, wie Informationen abgerufen werden können. Das nachdenkliche Gespräch, bei dem der Lehrende die Rolle nicht so sehr des Informanten, sondern die des Zweiflers und Verlangsamers hätte, die Rolle also dessen, der Widersprüche, Unbekanntheiten, Brüche unter dem flink verfügbaren Wissen aufdeckt und stark macht - dieses nachdenkliche Gespräch über die Sache, die Substanz unserer Kultur - hat es schwer, wenn Demokratisierung vorwiegend statt hätte beim Aushandeln von Regelungen des Schul-Zusammenlebens. Man kann den Pythagoras und den Vertrag von Versailles so unterrichten, dass alle demokratischen Beziehungsregelungen zum äußerlichen Sozialtrubel verkommen.

II. Bildungsfassaden vor Trümmerlandschaften

Betreffbarkeit und Schnellinformation

Die Abenteuer von Brigitte Wormbs „Schattenreise nach Marbach“ (Kursbuch 52) werfen ein Schlaglicht auf das, was man die Abschaffung der Wirklichkeit im Interesse ihrer Verfügbarkeit für eine reibungslose Belehrung nennen könnte - oder auch für den Verlust einer widerständigen erfahrbaren Welt durch kognitive Information.

> Der Tatbestand: „In jenem Teil des Schlossparks, wo sich die höfische Welt der sentimentalen Epoche ... beim Gesang lebendiger Nachtigallen der Illusion einer Rückkehr zur Natur hingab, zwitschern heute aus versteckten Lautsprechern Vogelstimmen vom Band, zugleich leuchten auf Schautafeln am Wegrand Bild und Name des Vogels auf, dessen Stimme gerade abgespielt wird. Manche dieser Vögel sind in Wirklichkeit fast ausgestorben ...“ (Wormbs in Kursbuch 52, 1978, S. 94).

Ein aufschlussreiches Phänomen: man kontrastiere zweierlei Arten, Vögel kennen zu lernen. Einmal beim Gang über Felder, Wiesen, durch Wald: Man ist nicht Herr darüber, ob man Vögel sieht, sie kommen und verschwinden, sie schwirren vorbei, allein oder zu mehreren, ohne durchsichtigen Plan, ohne dass man es vorhersehen, ohne dass man sie festhalten kann. Und ob sie sich einige Sekunden sehen lassen oder zeigen - auf dem Weg, auf einem Zweig, auch dem gegenüber ist man ziemlich machtlos. Manchmal flattern sie auf trotz größter Stillhaltevorsicht - manchmal bleiben sie sitzen oder hüpfen auf dem Baum weiter, obwohl man sich gar nicht besonders vorsichtig verhält. Und man ist auch völlig ausgeliefert ihrem Lautgebungsgebaren. Ob sie krächzen, tirilieren, zirpen oder abgehackt einen Piepser absondern - nichts davon ist vorhersehbar und machbar. Mit einem Wort: Es ist schon eine ganze Menge unverfügbarer Züge, die einem da entgegenkommt, der man sich in diesen unscheinbaren Begegnungen ausgeliefert spürt. Womit noch gar nichts gesagt ist über die Verschiedenartigkeit dieser Vogelfiguren, -formen, -farben, -bewegungsformen. Die ja allesamt auch eine immer wieder überraschende Unterschiedlichkeit verkörpern und ausstrahlen. Man könnte (mit Bernhard Waldenfels) wohl sagen, dass die pathischen Züge in der Erfahrung von Widerfahrnissen hier sehr stark und vielfältig in Erscheinung treten: Vieles kommt einem entgegen, dringt auf einen ein, was der Verfügungsmacht eines die Welt organisierenden Geistes entzogen ist. Das wird im Kontrast deutlich. Denn mit dieser Unverfügbarkeit von Widerfahrnissen räumt die höchst anschauliche Belehrungsapparatur im Ludwigsburger Schlosspark gründlich auf. Die pathische Wahrnehmung, die sich beeindrucken lässt von der Wucht unverfügbarer Phänomene wird durch ein Arrangement überflüssig gemacht. An ihre Stelle tritt jetzt eine Wahrnehmung, der alles Unabsehbare ausgetrieben ist: Erscheinungsbild, zugeordnetes Klangbild, Name, womöglich weitere Informationen über Vorkommen, Lebensgewohnheiten etc. werden sozusagen mundfertig zubereitet präsentiert. Es bleiben keine Unsicherheiten, Lücken, Undeutlichkeiten.

Der pathische Anteil menschlicher Welterfahrung ist gewissermaßen trockengelegt. Was wahrzunehmen ist, ist Produkt menschlicher Konstruktion, die aus der Realität jene Züge herauspräpariert hat, die sich den kognitiven Schemata der Vogeleinteilung und -beschreibung nahtlos fügen. Mit dem pathischen Anteil ist ein Lebensnerv von Fremderfahrung abgetötet. Homo sapiens begegnet nur noch sich selbst, das heißt seinen eigenen Zurechtlegungen und Konstruktionen der Welt. Scheinbar hat er sich von den Ausgeliefertheiten an seine gebrechlichen Weltorgane befreit. Aber die so gewonnene Freiheit ist leer. Die solcherart lehrgangsförmig gemachte Welt ist zum Phantom entwirklicht. Das Buch von Bernhard Waldenfels „Bruchlinien der Erfahrung" (Ffm 2002) bringt zum pathischen Aspekt im Gewahren von Widerfahrnissen reichhaltige Analysen und Meditationen, die die Aufmerksamkeit auf jenes „schräge Lernen" schärfen, das die pathische Dimension der Erfahrung kultiviert. „Dass es etwas zu sehen und zu hören gibt, bedeutet einen Überschuss gegenüber dem, was sich daraus machen lässt“ (Waldenfels, S. 121).

Amputierte Schulwege - amputierte Annäherungen

Hier ein Zitat aus einer Lokalzeitung. „Die Eltern in Rossdorf (bei Darmstadt) sollen ihre Kinder möglichst nicht mehr mit dem Auto zur Grundschule fahren“. „Ich bitte euch: sagt Mutti, Papi, Omi und Opi, dass ihr laufen wollt“, appellierte Rossdorfs Bürgermeister Manfred Pfeiffer (SPD) in dieser Woche an Schüler aller Klassen in der 400 Schüler starken Rehbergschule. Pfeifer unterstützt damit eine Aktion des Lehrerkollegiums, des Elternbeirats und der Bürgergruppe „Lokale Agenda Verkehr“. Man reibt sich die Augen. Jahrzehnte hindurch wurden Schulbusse, motorisierte Schulwegbeschleunigungen als unanfechtbarer Fortschritt in der Befreiung der Lernkörper von lästigen Zeit- und Kraftverlusten propagiert.

Und im Zug dieser Annäherungsbeschleunigungen gab es natürlich auch keine Einwände gegen private Schulbusse, d.h. familiär gestützten Autotransport der Kinderkörper zu und von der Schule. Wer geht schon zu Fuß, wenn er fahren kann ... Kinder können und sollen es früh lernen, bequemer und sicherer ist es auch.

Und jetzt schreibt eine Schulleiterin in einem Elternbrief, tief in die Tasten des modischen, leicht aufgedonnerten Pädagogenjargons greifend: „Das gemeinsame Laufen aber fördert Selbständigkeit und Selbstbewusstsein, Sozialverhalten und Kommunikation, Orientierung und Motorik“. Schließlich ist dem Elternbrief „ein bundesweit erschienenes Faltblatt beigelegt, in dem auch das Bundesumweltministerium, das Verkehrsministerium, das Gesundheitsministerium und das Familienministerium zum Verzicht aufs „Eltern-Taxi“ aufrufen. Laufen, heißt es im Faltblatt, sei „Ein Schritt zur Persönlichkeitsentwicklung der Kinder“. Wie kommt es zu dieser ziemlich pathetisch formulierten Erkenntnis? Was bringt Ministerien und andere Menschen zur Aufmerksamkeit auf Fußwege zur Schule? In Rossdorf jedenfalls nicht die Besinnung auf den Eigenwert irgendwelcher Kinderempfindungen - sondern die nackte Not drohender Verkehrsmiseren: „Ungeheuer angestiegen auf gut fünfzig Prozent ist die Quote der Autofahrerkinder (!) in den vergangenen Jahren“, hat Schulleiterin Beldermann beobachtet. Es sei unglaublich, was sich morgens auf der Straße abspiele. „Eltern stoppen mitten auf der Kreuzung unter der Ampel, lassen die Kinder schnell rausspringen“ erzählt sie (Bericht im „Darmstädter Echo“ vom 14.11.2002). Würden sie zu Fuß gehen, müssten sie freilich den allmorgendlichen Crash Kurs im Auto-Sozialverhalten der Eltern entbehren. Der bislang den gesellschaftskundlichen Realteil des Schultags einläutet.

Wie sahen oder sehen sie aus - Schulwege ohne Motorisierung? Der Schritt vor die Haustür, in der Schulmontur, mit Ranzen, Tasche je nachdem. Ein Schritt in die nicht mehr ganz heimische Welt - die Schule wirft ihre Schatten voraus. Schattenhafte Vorstellungen wehen durch den Sinn - welche Laune wird diese Lehrperson haben, was ist mit dem Freund, der Freundin, werde ich drankommen, werde ich gelobt werden, wird was Schönes passieren, hoffentlich wird die Sport- bzw. Turnstunde nicht schlimm, und der Streit mit diesem oder jenem Altersgenossen ... und bei diesen Phantasiesplittern, die durch den Sinn ziehen, während er/sie sich aus eigener Kraft fortbewegt, den (leicht glitschigen? von Blättern bedeckten, brot-trockenen, schneerutschigen) Boden unter die Füße nehmend, tasten die Blicke die gewohnte Schulwegwelt ab: Taucht ein Spezi, ein Freund, ein Feind, eine Lehrperson auf? Habe ich etwas vergessen? Ein Blick auf Nachbars neues Auto, den Hund von gegenüber kann auch abgehen ... und so schiebt er/sie sich allmählich an das Gebäude heran, diesen Pflichtort mit den an ihm haftenden Erinnerungen, Hoffnungen, Enttäuschungen, Ängsten, Wünschen. Und da strömen die Kollegen auch hin, hastig einige, ohne aufzublicken, vielleicht rennen sie ... Ein allmorgendlicher Sozialtanz, der sich da vor dem Schultor abspielt, die Radfahrer steigen mal wieder nicht ab. Und Lehrperson N. hat Aufsicht, einige Erinnerungen werden wach, wie heißt sie nochmal?

Annäherungen, das sind Bewegungen, Gesten, Blicke, Berührungen - durchtränkt mit Erinnerungs- und Erwartungsspuren, allesamt entstehend aus dem allmählichen Herankommen an das Ziel. Man kommt allmählich dort an, man löst sich von einem Ort und hat ihn doch noch an sich. Und der Annäherungsraum, die Annäherungszeit bilden keine leere Lebensphase. Es handelt sich um eine Art Schwebe, ein Zwischen, und der Weg ist nicht einfach die neutrale, also möglichst effizient und reibungslos hinter sich zu bringende Verbindungslinie zwischen den zwei Orten - Zuhause und Schule. Ich erinnere schwer zu vergessende Schulweg-Annäherungen aus literarisch-autobiographischen Schriften (Ernst Jüngers Zwille; Günter de Bruyns Berliner Kindheit, Thomas Bernhards Salzburg-Erinnerungen, Erwin Blumenfelds „Durch tausendjährige Zeit“). Vielleicht gibt es so etwas: ein Vermögen, um nicht zu sagen eine Kunst der Annäherung. Und vielleicht ist diese Fähigkeit die Voraussetzung, um irgendwo wirklich anzukommen und dann dort anwesend zu sein. Entsprechendes scheint übrigens für die Gegenbewegung, den Abschied, zu gelten. Wer kommt nicht ins Nachsinnen, wenn er auf Bahnhöfen die vielartigen Abschiedsbewegungen und -gesten wahrnimmt. „Die Szenerie war Abschied“ - so etwa steht es irgendwo bei Rilke.

Annäherungen (und in jeder steckt auch ein Abschied) wären demnach keine ohne weiteres mit technischen Mitteln zu liquidierende Zeit- und Kraftverluste. Sie spielen keineswegs nur im realen Raum, sie spielen auch in symbolischen Welten. Die umstandslose Mitteilung einer Formel, einer Erkenntnis, einer Information kann bewirken, dass die mitgeteilte Sache ein Fremdkörper bleibt, äußerlich assimiliert, aber zutiefst gleichgültig. Man hat sich ihr nicht nähern dürfen, man musste gleich „dort“ sein. Die Kirchen und die Theater wissen, was Annäherungsräume und - Phasen für das Präsentwerden von Menschen bedeuten.

Ziemlich grotesk, dass nunmehr Bundesministerien für den Schulweg zu Fuß eintreten, wenn sie gleichzeitig mit ansehen, wie andere Annäherungen mit millionenschwerem Aufwand liquidiert werden. Zum Beispiel dadurch, dass man die Klassenzimmer mit Knopfdruckapparaten hochrüstet, die die Körper zu Knopfdruckprothesen reduzieren und die erfahrbare Welt zu nur mehr abzurufenden, irgendwie gespeicherten Datenmengen schrumpfen lassen.. Ein Schultag, ein Lebenstag von Kindern wäre daraufhin zu untersuchen, welche Erfahrungsverluste diverse Einsparungen von Annäherungen mit sich gebracht haben. Fortschritt, teuer bezahlt? Zu teuer?

Schule, die Spaß macht - der letzte Schrei?

Zum zweiten Mal ist es innerhalb eines Jahres passiert. Nach einem ansonsten wohlwollend und aufmerksam aufgenommenen Vortrag - einmal an der Katholischen Akademie des Bistums Mainz, das andere Mal bei der Jahrestagung des deutschen Verbandes für Ganztagsschulen - wurde jeweils vor ca. 200 Lehrenden heutiger Schulen gegen eine Passage eines Vortrags Einspruch erhoben, dezent im Ton, nachdrücklich in der Sache: Nein, das sei unverständlich und könne nicht unwidersprochen hingenommen werden: in dem Vortrag sei offen kritisiert worden, dass nach Meinung vieler die Schule heutzutage Spaß machen solle, dürfe, müsse. Das zweite Mal, beim Ganztagsschulverband in Kaiserslautern, kam der Widerspruch sogar von der amtierenden Kultusministerin des Bundeslandes, in dem die Tagung stattfand. Das sei ja nun doch wohl ein lobenswertes Zeichen von Leben, wenn Kinder und Heranwachsende von einer Schulveranstaltung sagen könnten, sie habe Spaß gemacht. Und diese Äußerung der Ministerin wurde als Einzige in ihrem ganzen Vortrag von „lebhaftem Applaus unterbrochen".

Es scheint sich um einen Nervenpunkt im Selbstverständnis heute agierender Pädagogen zu handeln - und zwar gerade engagierter Pädagogen, die noch Zeit und Kraft opfern, um zu Tagungen über pädagogische Probleme zu kommen. Und jeder Zweifel an solcher Leitidee steht von vornherein im Verdacht der Griesgrämigkeit, wenn nicht gar der Empfehlung alter Schulzustände, die Angst und Schrecken oder zumindest Langeweile verbreiteten.

Was steckt hinter der gewiss gut gemeinten Glorifizierung von *Spaß*? Zunächst einmal liegt zutage, dass Spaß auch als schier allgegenwärtiges Markenzeichen der Konsumwelt außerhalb der Schule fungiert. Der Kaufhof verheißt Einkaufsspaß, die Gruppendynamik kündigt „Gruppenspaß" an, der Vorsitzende einer Partei hofft auf Wählerstimmen, wenn er, mit dem Vornamen Guido ausgestattet, in einem spaßträchtigen „Guidomobil" durch die Lande fährt. Spaß-Ansprüche werden allenthalben, wo etwas zum Kauf angeboten wird, befriedigt oder hervorgelockt. Was Spaß verheißt, was Spaß macht - das ist gut, lebendig, attraktiv. „Das hat Spaß gemacht" - gibt es in der Alltagswelt von heute ein universaleres Gütesiegel - sei es für eine Reise, für eine Party, eine Fernsehsendung? Und immer ist gemeint ein gewisser Typ von kurzer positiver Gefühlsaufwallung, sich äußernd in strahlenden Gesichtern, lockerer Gestimmtheit und Körperhaltung, für einen Augenblick scheint das Dasein an Schwere verloren zu haben.

Und es würde schon Wunder nehmen (wenn selbst im Gottesdienst schon, wie jüngst erlebt, der Prediger einen Luftballon aufgeblasen und zum Zerplatzen gebracht hat, damit einen nichtverbalen Spaß-show- Effekt erzielend), wenn diese Spaß-Welle vor den Schultoren halt machte. Wiewohl herkömmlich Schule durchaus als Gegenwelt zum Spaß erfahren und gedeutet wurde.

Und die Lehrmittelproduzenten haben längst die Spaß-Erwartungen, Spaß-Ansprüche gewittert. Es würde lohnen, diverse Unterrichtsmittelkataloge daraufhin zu mustern, wie oft und nachhaltig die Verwendung bestimmter Lehrmittel *Spaß beim Lernen* verheißt, keineswegs nur in dem traditionellen Antispaß-Fach Mathematik. Allenthalben finden sich spaßproduktive Einsprengsel, die den so genannten Lehrstoff aufmischen, damit es auch etwas Juxiges gibt.

Was kann man schon dagegen haben? Verdächtig stimmt der inhaltsneutrale Charakter, dieser Spaßigkeit, die in alle Ritzen des Lernens, in Inhalte wie in Beziehungen, einzusickern scheint. So dass ein Unterricht, der keinen Spaß macht, von vornherein negativ abgestempelt ist.

Es hat fast den Anschein, als würde die Leitidee Emanzipation (oder politische Mündigkeit), die einige Jahrzehnte auf den Fahnen der demokratischen Schule zu lesen war, abgelöst von der Leitidee „Spaß". Könnte es sein, dass damit die Verwerfungen und Brüche der tatsächlichen Schularbeit - die Spannung zwischen Förderanspruch und Selektionszwang, zwischen notenfixierter Lerndisziplin und dem Sog der Amüsierindustrie, der Bruch zwischen Erfahrung, Denken und Wissen und der zwischen aufgezwungener Standardisierung und proklamierter Individualisierung - könnte es sein, dass das Zauberwort Spaß und die damit gemeinte unverbindliche Lustigkeitsgeste im Umgang mit Menschen und Inhalten die Brüche zukleistert? Und dass man böse wird, wenn und weil einem dieses Trostpflaster, diese Immunisierungshilfe madig gemacht wird.

Wo Spaß ist, da muss doch lebendiges Lernen sein? Das Gegenteil könnte wahr sein.

Sind wir schon so weit, dass das höchste Qualitätsprädikat von Tätigkeiten in den bildsamsten Lebensphasen darin besteht zu sagen: Es hat immer/meistens *Spaß* gemacht.

Ist man hoffnungslos out, wenn man dagegen von einer Schulkultur erwarten möchte, dass es jedenfalls öfter *Ernst* geworden ist - in der Auseinandersetzung mit den gewichtigen Fragen unsrer Erkenntniswelten, unserer Kultur, unserer Gesellschaft, unseres Lebens und Sterbens. Mit den Fragen, bei denen einem der Spaß vergehen muss, weil Spaß kein Merkmal wirklichen sich-Einlassens auf eine Sache ist? Spaß ist prinzipiell unverbindlich.

Ich las irgendwo von der kostbaren Ressource *Ernst*, die dabei sei, in der Konsumgesellschaft verschlissen zu werden. Weil es als Fortschritt und als Befreiung gelte, nichts mehr ernst nehmen zu müssen. Aus der Schule würde eine Schule der Gleich-Gültigkeit mit hohen Spaß-Koeffizienten.

Kunden haben allenthalben Spaßanspruch. Und wenn schon Universitätspräsidenten Studierende als Kunden ansprechen, kann man es Schulleitern und Ministern kaum mehr verübeln, wenn sie ihre Schulen als spaßproduktive Lernlandschaften anpreisen.

Hochstapelei - eine gern vergessene Schulkrankheit

Wenn es daran geht, Schwächen von Schule (wie auch von Hochschule) anzuprangern, fallen dem aufgeklärten Zeitgenossen ganze Sündenregister ein: Benachteiligung von Kindern aus bildungsfernen Elternhäusern, Verhirnlichung, Bürokratisierung, politikneutrale Bildung, und nach PISA vor allem Schwächen in der Lesefertigkeit, in der „scientific literacy", Mängel in der Vorbereitung auf das wirkliche Leben, Friedenserziehung, Sexualerziehung etc. etc. ... Kaum je erscheint auf dieser Liste die Hochstapelei, die Untugend also, sich anhand von Bildungsattrappen grosspurig aufzudonnern - also mehr zu scheinen als zu sein. Und hier ist einmal nicht die Rede von den grosspurigen Programmreden und den Vorworten zu Bildungsplänen (die allesamt einer nachhaltigen Ausnüchterung bedürfen). Hier ist die Rede von dem, was im Kern der Schularbeit, im Unterricht vorkommt, was dort verhandelt und verlangt wird.

Der Journalist Herbert Riehl-Heyse hat, angesichts der Abituraufgaben für bayrische Abiturienten seinem Unmut Luft gemacht („Hochstaplers Reife", SZ. V. 21.5.2002, S. 19). Er schreibt über Themen der schriftlichen Abiturprüfung „Deutsch als Leistungsfach", in denen Neunzehnjährigen z.B. angesonnen wird, über „die Abschaffung der Kultur durch die Zivilisation" tief gehende Erkenntnisse zu Papier zu bringen. Ein Thema nimmt er etwas schärfer ins Visier: Eine Szene aus Schillers Wallenstein wurde den Schülern angeboten, in der zwischen Vater und Sohn Piccolomini heftig gestritten wird und „diese Behandlung eines Generationenkonflikts" sollte man dann „mit einem anderen literarischen Werk samt dessen zeit- und literaturgeschichtlichen Hintergrund vergleichen." Ganz einfach ist das, nicht wahr, man muss nur kurz nachdenken: Welches andere Werk nehmen wir denn da, haben wir was Passendes durchgenommen, wo streiten sich Eltern und ihre Nachkommen, worum genau gehrt es dabei, was sagen die Protagonisten?

Müsste ein Essayist oder ein Professor für Literaturwissenschaft ein solches Thema behandeln für einen Aufsatz, dann ginge er jetzt gemessenen Schritts an seinen Bücherschrank, griffe nach dem Werther vielleicht oder nach dem Band mit Hamlet, verwürfe seine Wahl, läse sich irgendwo fest und schriebe sich endlich ein paar markante Sätze heraus, mit denen er argumentieren könnte. Und der unglückliche Abiturient? Soll in seinem Gedächtnis kramen, sich dann zügig für irgendein Werk entscheiden, das er kürzlich gelesen hat und dann so tun, als hätte er alles parat, was darin über die Probleme zwischen den Generationen gesagt wird ... Wer nicht auf der obersten Oberfläche ein wenig paddeln kann, ist schon ertrunken ..."

Deutschunterricht als Lehre in der Kunst des Worte Machens. Welches Menetekel ...

Keineswegs nur eine Sache der so genannten Geisteswissenschaftlichen Fächer, in denen die Worte vielleicht immer etwas zu locker sitzen. Martin Wagenschein, der bedeutende Didaktiker von Physik und Mathematik, schrieb schon vor Jahrzehnten vom naturwissenschaftlichen Unterricht, er betreibe weithin „Fassadenkletterei". Und in seinem am weitesten verbreiteten Buch („Verstehen lehren") ist davon die Rede, dass dieser Unterricht das Zeug habe „Unbildung im Aufputz der Bildung" zu verbreiten - etwa unter dem Hinweis auf ein Zitat des Quantenphysikers W. Heitler aus der Schweizer Lehrerzeitung: „Ich glaube nicht, dass es gut ist, in der Mittelschule viel von Atomphysik und Elektronen zu reden. Jede anschaulich-räumliche Vorstellung dieser Gebilde ist ganz einfach falsch" (zit. in Wagenschein: Verstehen lehren. Weinheim Basel 1975, S. 51).

Es gibt eine Art des Wissens, des Lehrens, des Lernens, die sich in die Tasche lügt. Dass der Psychologe Wolfgang Metzger von unsrer „Höheren Schule" einmal von einem institutionalisierten Massenselbstbetrug schrieb (In. K. Strunz, Hg.: Pädagogische Psychologie für Höhere Schulen) hatte keine erkennbaren Auswirkungen, auf das, was Lehrer, Schulverwalter, Bildungspolitiker und leider auch Erziehungswissenschaftler so trieben. Ein Mann wie Lichtenberg täte uns in dem allgegenwärtigen Bildungsgequassel Not: „Jetzt sucht man überall Weisheit auszubreiten, wer weiß, ob es nicht in ein paar hundert Jahren Universitäten gibt, die alte Unwissenheit wiederherzustellen“ (Lichtenberg: Aphorismen, Schriften, Briefe. Hg. v. P. Requadt. Stuttgart 1953, S. 126). Dass die vielberedete Evaluation an diesen Krebsschäden ansetzen sollte, davon war bislang nichts zu hören ...

Lernenlernen oder das Denken gleicht einer Wurstmaschine

Das scheint ein Ausweg aus vielen Schulnöten - die Schule muss das Lernenlernen lehren. Wie eine Zauberformel geistert diese Formel durch Schulprogramme. Was ist damit gewonnen? Einmal scheint es mit ihrer Hilfe möglich, der Erstickung durch die angeblich ständig wachsende Wissens- und Stoffmenge zu entkommen. Wenn es gar nicht mehr darauf ankommt, etwas Bestimmtes zu kennen, kann man sich zurückziehen auf die allgemeinen Techniken der Wissensbeschaffung. Einerlei ob Handelsbilanzen oder theoretische Physik, ob englische Sprachkenntnisse oder Integralrechnung, ob französische Revolution oder Fettsäuren - wenn es denn stimmt, dass alle diese Inhalte von denselben Greifkräften aufgefasst, verarbeitet und durchdrungen werden, dann ist es ja vernünftig, d.h. zeit- und kraftsparend, gleich nur diese Greifkräfte zu trainieren. Zumal das inhaltliche Wissen ja, wie es den Anschein hat, im Internet bereit steht und nur noch abgerufen werden muss. Wozu sonst sind die Schulen am Netz?. Die andere Fliege, die mit demselben Streich erwischt wird: Die leidige Frage der Auswahl wichtiger Lerninhalte, die Frage nach dem *Kanon* von unverzichtbaren Bildungsinhalten erledigt sich. Wenn es nur noch ankommt auf die Schulung von Verarbeitungsformen, werden die Inhalte und ihre Eigenstruktur prinzipiell gleich - gültig. Schullernen scheint aus dem Schneider - niemand kann ihm mehr Indoktrination vorwerfen. Und zugleich kann es sich mit dem Ehrentitel der totalen Individualisierung schmücken. Denn nun kann jeder, der das Lernen gelernt hat, sich selbst nach eigenem Gusto das Menü des „für ihn“ Wichtigsten zusammenstellen. Er besitzt die Werkzeuge, er kann auswählen. Und kann getrost der vielzitierten „rapiden Veränderung“ des wichtigen Wissens und Könnens entgegensehen.

Diese bestechende Entkernung des Lernens gründet freilich auf einer höchst anfechtbaren Annahme: Dass der Menschengeist, das Menschenlernen tatsächlich so gebaut sei wie ein Apparat, der inhaltsneutral funktioniert. John Dewey schrieb dazu vor fast 100 Jahren in dem Epoche machenden Werk „How we think“ (deutsch „Wie wir denken“, Zürich 1951 und 2002) lapidare Sätze: „Das Denken ist ganz spezifisch und kein mechanisch fixfertiger Apparat, der unterschiedslos auf alles angewandt werden kann, und wie eine Laterne ihr Licht wahllos auf Pferde, Straßen, Gärten, Bäume und Flüsse wirft. Das Denken ist spezifisch in dem Sinn, dass verschiedene Dinge auf besondere zu ihnen gehörende Bedeutungen hinweisen, ihre eigene Geschichte erzählen und dass dies bei verschiedenen Menschen in ungleicher Weise geschieht ... Denken gleicht nicht einer Wurstmaschine, die alles gleichmäßig in eine handelsfähige Ware verwandelt, sondern ist die Fähigkeit, Gedanken zu verfolgen und zu verbinden, die durch bestimmte Tatsachen hervorgerufen werden“ (Dewey 1951, S. 41). Und der an der Universität Zürich lehrende Pädagoge und Kognitionspsychologe Kurt Reusser schreibt im Resümee eines Artikels, in dem viele Ergebnisse kognitionspsychologischer Forschung vorgestellt und aufgearbeitet sind: „Insgesamt scheint die Leistungsfähigkeit des Denkens vor allem mit dem Ausmaß und der Beweglichkeit ... intelligent strukturierten Sachwissens und weniger mit der Wirkung unspezifischer Strategien zusammenzuhängen ...“ Zu den aus den Forschungsbefunden abzuleitenden Folgerungen gehört, „dass Lernen und Denken sich durch formale Trainingsprogramme, die inhaltsübergreifende Strategien zum Gegenstand haben, nicht wirksam lernen lässt ... Das Denken ist kein Muskel, der sich unspezifisch trainieren lässt“ (K. Reusser: Denkstrukturen und Wissenserwerb in der Ontogenese. In: Enzyklopädie der Psychologie. Themenbereich C/Serie II/Band 6: Wissen. Hg. v. F. Klix und H. Spada, Göttingen 1998, S. 153). Damit ist selbstredend nicht bestritten, dass jede Lern- und Denkarbeit auch gewissen formalen Regeln zu gehorchen pflegt. Aber: nur die Empfänglichkeit für das, was verschiedene Dinge von sich erzählen, bleibt sensibel für das Besondere. Und ohne sie läuft der Denkapparat leer.

Turbo-Reife

Pressemeldung aus einem Kultusministerium, das mit der Zeit geht und weiß, wo der Schuh drückt: „Hessens Kultusministerin Karin Wolff (CDU) will vom Schuljahr 2008/09 an alle Gymnasien auf das Turbo-Abitur umstellen“ - im Klartext: Abitur nach 12 Jahren statt nach 13 Jahren. Inhaltliche Ergänzung: „Der Unterrichtsstoff der Jahrgangsstufen 6 bis 10 soll in vier statt in fünf Jahren vermittelt werden. „Dabei wird das Pensum nicht verkürzt, sondern weniger Zeit für Übungen oder Wiederholungen eingeplant. Die gesetzliche Grundlage dafür hat die Neufassung des hessischen Schulgesetzes 1999 geschaffen.“ (Darmstädter Echo 14.1.2003)

Lesart 1: Endlich scheint sich herumzusprechen, dass die Qualität der von der Schule zu bewerkstelligenden Bildung nicht abhängt von der Zeitdauer, die jemand in Schulstunden verbringt. In Österreich geht es ja auch mit 8 Jahren Gymnasium. Und niemand wird behaupten, österreichische Maturanten seien schlechter gebildet als deutsche Abiturienten. Haben wir es also mit einem durchaus erfreulichen Zeitgewinn zu tun, der die deutschen Schul- und Studienabsolventen auf die Dauer weniger alt aussehen lassen wird?

Lesart 2: Ein schaler Geschmack bleibt. Nicht nur wegen der unsäglichen Bildersprache, die Leistungen der Schule in Sachen Bildung ohne Umschweif für vergleichbar hält mit Maschinen, die Hochgeschwindigkeiten erzeugen. Infolgedessen wird auch ein Turbo-Unterricht angekündigt. Nicht etwa (was vor nicht langer Zeit das Gespräch beherrschte), dass nunmehr auch eine radikale Kürzung des Unterrichtsstoffs verheißen würde - seinerzeit war da immer vom Abschneiden der alten Zöpfe die Rede - nein: heutzutage muss man versichern, dass die Menge Unterrichtsstoff in vollem Umfang aufrechterhalten bleibt, nur das Tempo, mit dem sie durchlaufen wird, ist zu steigern. Und auf so zeitraubende Aktivitäten wie Wiederholen und Üben kann man bei den Turboköpfen (über die Lehrer wie Schüler künftig allesamt verfügen werden) getrost verzichten.

Einige Schulen befinden sich schon in der Turbo-Vorreiter-Rolle. Und da haben schon die besseren Schüler ihre Chance zum schnelleren Lauf durch das Ziel. Das dahinterstehende Bild vom guten Unterricht, vom guten Lehrer, von der erstrebenswerten guten Schülerleistung: Je mehr Stoff in immer kürzerer Zeit *vermittelt* werden kann, umso besser für alle - für die Schule, die Gesellschaft, den Nachwuchs.

Kaum zu glauben, dass sich vor einem halben Jahrhundert in Tübingen (Tübinger Beschlüsse von 1952) bedeutende Wissenschaftler, Philosophen, Pädagogen (v. Weizsäcker, Spranger, Picht, Gerlach, Heimpel, Wagenschein und andere) in der Diagnose einig sein konnten, unsere Gymnasien seien von nichts mehr bedroht als von der Erstickung an viel zu vielen zusammenhanglos durchzunehmenden Lehrinhalten: wirkliches Verstehen und Eindringen in eine Sache werde verhindert durch den Zwang zur flüchtigen Stoffhetze. In der Zwischenzeit scheinen die Normen der Leichtathletik und des Fernlastverkehrs - je schneller eine Strecke zurückgelegt wird, desto besser - endgültig die Köpfe der Bildungspolitiker besetzt zu haben. Vor ein paar Jahren machte der Buchtitel „Die Entdeckung der Langsamkeit“ Furore. Für die Schwerstbegabten, die schon jetzt auf die Rennbahn zum Turbo-Abitur gehen dürfen, scheint diese Entdeckung noch auszustehen.

Weniger kann mehr sein, wenn man sich denn wirklich auf eine Sache in Ruhe einlässt. Aber nichts scheint der Erledigungshektik im Alltag von Schule und Bildungspolitik ferner zu liegen ...

Dadadidaktische Retortensprache

In schöner Einigkeit lädt die Bildungsöffentlichkeit die PISA–Verantwortung auf den Schultern der Lehrer ab: Lehrerausbildung muss besser (=praxisbezogener) werden - und außerdem: permanente Fortbildung ist pflichtmäßig zu fordern, lifelong learning auch für Lehrer, gerade sie dürfen nicht versauern, müssen stets mit dem Fortschritt des erziehungswissenschaftlich geförderten Wissens konfrontiert werden. Denn, wir haben es inzwischen tausendmal gehört, Wissen veraltet, und daran geknüpftes Können auch (ein erstaunlich leichtgläubig nachgeredetes Dogma).

Nächste Frage: Wie sieht sie denn aus, die Fortbildung? Da verschickt das Bayerische Staatsinstitut für Schulpädagogik und Bildungsforschung zuweilen einen Kontaktbrief an alle Deutschlehrer, der ihnen „Anstöße und Anregungen für den Unterricht geben soll".

Hervorragend, möchte man sagen - genau das brauchen Lehrer, die aus den Routinen ausbrechen wollen - wie ist zu lehren, dass Lesen, Sprechen Schreiben nicht zur öden Lehrstoffabwicklung wird? Aus einem solchen Kontaktbrief sei der Leitsatz zitiert: „Leseleistungen müssen operativ definiert und objektiv skaliert werden, dafür ist das Kompetenz-Konstrukt der PISA-Studie sehr geeignet" (vgl. SZ v. 24.1.2003, S. 15). „Lösungsgrade in Prozentzahlen" seien wünschenswert, heißt es weiter.

Man mag fragen, welche Schreibleistung gefordert war, um solche Sprachgebilde hervorzubringen. Die Schreibleistung besteht darin, vielartige unabsehbar bunte Leserlebnisse in das engbrüstige Wissenschaftschinesisch zu pressen, das es erlaubt, Lesen zum Hürdenlauf zu schrumpfen. Zu fürchten ist, dass solche Deutschlehrerfortbildner gar nicht mehr spüren, wie sie die lebendige Sprache verstümmelt haben - um den einschüchternden Klang von Wissenschaftlichkeit zu erzeugen. Wie angemessen „Aus dem Leben eines Taugenichts" oder „Der Prozess" von Schülern gelesen, aufgefasst wird, das soll in Prozentzahlen umgesetzt werden - und zwar werden Literaturstücke von vornherein als Aufgaben-Hürden aufgefasst - der Lehrer ist Punktbewerter und Zeitnehmer. Und natürlich muss er die Leseleistungen in eine Tabelle bringen, *skalieren.* Diese Art Verwissenschaftlichung erschleicht sich eine Aura, hinter der sich nichts als Hilflosigkeit und Sprachlosigkeit verbirgt. Warum lässt sich das Gemeinte nicht ohne aufgedonnerte Wissenschaftsterminologie einfach so sagen: „Ein Lehrer, der mit seiner Klasse einen Text liest, sollte eine deutliche Vorstellung davon haben, was das ist - ein dem Anspruch des Textes angemessenes Lesen. Und danach die Leseleistungen in der Klasse beurteilen. Ideen dazu kann er auf den Seiten 69-100 der Pisa-Studie finden."

Aber das wäre wohl zu verständlich, zu nahe der Umgangssprache. Und entbehrte des Hinweises auf Konstrukte, auf

Aufgabenhürden und auf Prozentzahlen bei der Einstufung der Lösungsleistung.

Ist das Lesen von Literatur, dieses sich-Versenken in imaginäre Welten, nicht verabschiedet, wenn es als Produktion von in Prozentzahlen zu skalierenden Leistungen zugerichtet wird?

Und hängt die vielbeklagte Lese-Schwäche in deutschen Schulen nicht geradezu ursächlich damit zusammen, dass der Leseunterricht schon länger zum Hürdenlauf um die vorderen Rangplätze verkümmert worden ist. Dass also eine bestimmte Aus- und Fortbildung auch durch Lehrgänge „operativen Definierens" das erzeugt, was sie überwinden soll?

Bildungsfassaden vor Trümmerlandschaften

Jeder Zeitungsleser, jeder Mitarbeiter in einer so genannten Bildungseinrichtung, jeder bildungspolitisch Interessierte, schließlich jeder, der Kinder hat und an ihrem Fortkommen interessiert ist - sie alle hören oder lesen unaufhörlich eine bestimmte Programmsprache. Und haben vielleicht längst gelernt, ihr Unbehagen über deren wohlklingend-stratosphärischen Sound herunterzuschlucken. Er legt sich wie ein Schaumteppich über eine Trümmerlandschaft. Und ihre Verfertiger scheinen das nicht mehr zu bemerken. Zwei winzige Beispiele:

(a) In den IPN Blättern (Informationen aus dem Leibniz-Institut für die Pädagogik der Naturwissenschaften, Juli 2003) ist unter der Überschrift „2005 bis 2014 - Weltdekade „Bildung für Nachhaltige Entwicklung" „ zu lesen: „Auf dem Weltgipfel 2002 in Johannesburg erging die Empfehlung an die UNO-Generalversammlung, für das Jahrzehnt 2005 bis 2014 eine Weltdekade „Bildung für nachhaltige Entwicklung" auszurufen. Diese Empfehlung wurde jetzt in die Tat umgesetzt. Im November 2002 forderten die Mitgliedstaaten des Europarats in der „Maastrichter Erklärung zum Globalen Lernen" eine Bildung zum kritischen Engagement für mehr Gerechtigkeit, Nachhaltigkeit, Ausgewogenheit und Menschenrechte. Bildung soll zum Schlüsselindikator für den Wandel junger Menschen zu AgentInnen einer Nachhaltigen Entwicklung werden. Auf internationalem Parkett wurde also die Notwendigkeit erkannt, mit innovativen Bildungsangeboten das Vermögen zu fördern, in aktiver Teilhabe die Zukunft von Gesellschaft im Sinne nachhaltiger Entwicklung zu beeinflussen.

Nun kommt es darauf an, die bereits vorhandenen und noch entstehenden Unterrichtsmaterialien in der Praxis anzuwenden und damit die Idee einer Dekade „Bildung für nachhaltige Entwicklung“ mit Leben zu erfüllen.“

Auch auf internationalem Parkett ist demnach in der Zwischenzeit ruchbar geworden, dass die Bildung dazu berufen ist, die schwierigen Probleme der gesellschaftlichen Entwicklung wirksam zu bekämpfen, innovativ, globallernend, zu kritischem Engagement erziehend, Menschenrechte forcierend - gerecht und nachhaltig. Als Schlüsselindikator ist Bildung höheren Orts erkannt. Man vermisst nur noch, dass durch diesen Schlüsselindikator die vielfach besprochenen Schlüsselprobleme wirksam und innovativ angegangen werden. Im Übrigen: Eine ganze Dekade wird dafür ausgerufen (man ist an die Ausrufung eines Heiligen Jahres in Rom erinnert, in dem es zu Sonderkonditionen Ablässe zu erwerben gab). Schön, dass nun vorliegende oder noch entstehende Unterrichtsmaterialien nur noch mit Leben zu füllen sind, damit die Ideen des internationalen Parketts Wirklichkeit werden.

Wer auch nur eine einzige Schulwoche in einer realen Schule von innen und unten durchgestanden hat, wird sich kaum des Ekels erwehren können, der ihn bei dieser hohlen Programmsprache erfasst.

(b) Da ist von dem Förderprogramm „21“ der Bund-Länder-Kommission für Bildungsplanung und Forschungsförderung die Rede- über 180 allgemein bildende Schulen der Sekundarstufen I und II sind beteiligt. „Die Umsetzung der Agenda 21 soll auf der Basis von drei tragenden Organisations- und Unterrichtsprinzipien verwirklicht werden: - *Interdisziplinäres Wissen* zielt auf die Entwicklung von Problemlösungskompetenzen. - *Partizipatives Lernen* fördert die aktive Teilhabe aller gesellschaftlichen Gruppen am Prozess der nachhaltigen Entwicklung. - Das Prinzip *Innovative Strukturen* geht davon aus, dass die Schule als Organisation bildungswirksam ist.“

Seit Jahrzehnten geht eine solche Sprache auf die reale Schule, auf die interessierte Öffentlichkeit nieder. Und hat offenbar eine solche Apathisierung bewirkt, dass niemand mehr merkt, mit welchen ungedeckten Tausendeuroscheinen hier hantiert wird. Der Fettdruck erinnert an das laute Sprechen im Wald - die Angst vor der zu übertünchenden Leere ist allerdings begründet.

Wie wirklichkeitsarm solche Formeln sind, kann schlagartig deutlich werden, wenn ein Objekt solcher Bildungsbemühungen den Mund aufmacht und die „innovative Struktur“ der Schulorganisation an einem winzigen Detail einzufordern sich untersteht. Die Rede ist von Benjamin Kiesewetter, einem Berliner Gymnasiasten, der mit Schreiben vom 28.2.1996 seinem Direktor mitgeteilt hat, er sehe sich aus reiflich erwogenen und ausführlich mitgeteilten Gründen nicht länger in der Lage, an einem Chemieunterricht teilzunehmen, den er nur als gewaltsame Unterdrückung und Indoktrination mit ihm völlig gleichgültigen Informationsmengen wahrnehmen könne- weshalb er auch das Unterlassen einer Benotung beantrage. Drei Zitate aus dem denkwürdigen Brief, der einen vielmonatigen Rechtsstreit mit Lehrerkonferenz, Schulleitung, Landesschulamt nach sich zog:

Nach der Befragung von 20 Lehrern zu Details jenes Chemiewissens, das er zu lernen gerade gezwungen wurde, resümiert Kiesewetter „Trotzdem es die Schule gibt, die die Schüler zwingt, chemische Formeln u.Ä. zu lernen, wissen die Menschen kurz nach diesem Vorgang kaum mehr etwas davon. Viele Lehrer fragten mich, nachdem ich nach der allgemeinen Summenformel der Alkane gefragt hatte, was Alkane denn seien. Dies ist für mich der Beweis für Uneffektivität und Nutzlosigkeit des Unterrichts. M. E. kann Wissensvermittlung gar nicht effektiv sein, wenn Schüler sich nicht für den Stoff interessieren. Ich sehe nicht ein, warum ich mich noch weiter hin mit Chemie herumquälen soll, wenn es jetzt schon absehbar ist, dass auch ich nichts mehr davon wissen werde ...“ Verschärfend kommen die besonderen Unterrichtsbedingungen hinzu - sie machen aus der Traktierung eines gleichgültigen und zum Vergessen bestimmten Lehrstoffs eine Quälerei (und hängen mit der Pflicht zur Benotung und dem

Leistungszwang zusammen, den die Schule den Schülern auferlegen muss): „Ich werde von meiner Chemielehrerin Frau P. einem enormen Druck ausgesetzt. Wenn ich etwas Bestimmtes nicht weiß, versucht sie mich vor der Klasse lächerlich zu machen. Gegen ihren Willen werden Schüler gezwungen, vor den andern an der Tafel Gleichungen zu lösen, auch wenn schon vorher feststeht, dass sie dies nicht können." Schließlich: „Nachdem ich im Unterricht eine falsche Antwort gab, musste ich mir von Frau P. anhören, ich lebte ‚hinter dem Mond'. Dergleichen einem Lehrer vorzuwerfen, der die im Unterricht üblichen Fragen nicht beantworten konnte, käme einer Beleidigung gleich. Die im Chemieunterricht herrschenden Lernbedingungen lösen Stress und Angst aus. Es wurde längst nachgewiesen, dass dies die Gesundheit von Schülern gefährden kann" (Literaturhinweis auf Träbert: Schule gefährdet die Gesundheit, Pädagogik 3/93, S. 60. Weitere Literaturhinweise auf v. Braunmühl, Vester, Huhn, Holt u.a.).

Ein denkwürdiges Schauspiel: Ein Schüler belehrt die Lehrer über pädagogische Literatur und über das, wie sich Schulunterricht von der anderen Seite aus anfühlt. Und was sie vielleicht auch dumpf spüren, aber nicht im Ernst wahrhaben dürfen - als Staatsbeamte, die von der Existenz der Staatsschulen leben und die für die Durchsetzung einer allgemeinen Bildung auch gegen Einzelinteressen - einstehen (müssen?). Der Schüler Kiesewetter hätte ja auch einen Autor zitieren können, der ganz ähnliche Erfahrungen über hundert Jahre zuvor gemacht hatte: „... die Vergeudung unserer Jugend, als man uns ein dürftiges Wissen um Griechen und Römer und deren Sprachen ebenso ungeschickt als quälerisch beibrachte, und zuwider dem obersten Satz aller Bildung, dass man nur dem, *der Hunger danach hat,* eine Speise gebe!" (Friedrich Nietzsche, Morgenröte Stück 195).

Jeder weiß, dass unser Bildungssystem augenblicklich zusammenbräche, wenn aus diesem Satz verbindliche Konsequenzen gezogen würden. Und man muss kein Utopist sein, um doch anzumahnen, dass der Stachel dieser Erfahrungen in den vollmundigen Programmreden der Bildungsoffiziellen nicht ganz und gar unspürbar bleiben dürfte. Unter der Oberfläche der werbewirksamen Oberfläche brodelt es gewaltig.

Die Trümmerlandschaft unter den Bildungsfassaden bleibt unbelichtet.

Fazit: Zu der Programmsprache bieten sich unterschiedliche Lesarten an:

(1) Auch Schule und Hochschule bedürfen idealer Zielsetzungen. Auch wenn sie nicht immer erreicht werden können, sind sie wertvolle Wegweiser für den Alltag.

(2) Die zu leeren Formeln verkommenen Zielsetzungen sind untauglich zur Inspiration des praktischen Handeln - denn sie sind vage und lassen beliebige Konkretisierungen zu.

(3) Die Formelsprache der so genannten Bildungsreform macht die Probleme und Widersprüche in der Wirklichkeit von Schule und Hochschule durch den Anschein souveräner Überlegenheit unkenntlich: sie lähmt das Bewusstsein der Beteiligten mit Leerformeln, so dass die gar nicht mehr wahrnehmen können, wo die wahren Schwierigkeiten liegen.

(4) Vorgeschriebene weltfernen Zielsetzungen machen die Akteure der Basis mundtot.

Vielleicht ist es hilfreich, sich an Formulierungen zu erinnern, mit der zwei große Naturwissenschaftler vor nicht langer Zeit Zielsetzungen gerade des naturwissenschaftlich-mathematischen Unterrichts umschrieben haben:

> (a) „Ich wäre zufrieden, wenn jeder Jüngling *einige wenige* mathematische und naturwissenschaftliche Entdeckungen sozusagen *miterlebt* und in ihre weiteren Konsequenzen mitverfolgt hätte.“ (Ernst Mach 1886)

> (b) „Es kommt weniger darauf an, was in der Schule gelernt wird, als darauf, wie gelernt wird. Ein einziger mathematischer Satz, der von einem Schüler wirklich verstanden wird, besitzt für ihn mehr wert als zehn Formeln, die er auswendig gelernt hat, und die er auch vorschriftsmäßig anzuwenden weiß, ohne aber ihren eigentlichen Sinn zu verstehen.“ (Max Planck 1933. Beide Zitate bei Wagenschein: Die pädagogische Dimension der Physik, 1962, S. 214)

Solche Bescheidenheit hat heute keine Chance mehr. Ein denkbarer Grund: Weil wir höher hinaus wollen zu müssen wähnen, erreichen wir das Wenige nicht, das im Rahmen des Möglichen sinnvoll anzustreben wäre.

Zweifel an pädagogischen Harmonisierungen - G. Steiner

Die Verachtung, um nicht zu sagen der Abscheu allem gegenüber, was nach Pädagogischem riecht - ihn gibt es seit Jahrzehnten, nicht nur bei Naturwissenschaftern, auch Geisteswissenschaftler wittern Aufweichung von Ansprüchen, Popularisierung, die Tendenz namens der Chancengleichheit und der Bildungsverbreitung letzterdings nichts als Dünnbrettbohrerei zu betreiben.

Eine Folge dieser pädagogischen Durchsäuerung: Gute, sehr gute Noten in den Abschlussprüfungen. Durchschnittstudenten mit dem Allgemeinanspruch auf überdurchschnittliche Noten. Die Tabelle „Inflation der guten Noten" (in der Zeitschrift „Forschung und Lehre" 4/2003 und im „Rheinischen Merkur" v. 27.2.2003) spricht Bände. Auch in Mathematik, Biologie, Geschichte, Physik und vielen anderen Fächern liegt der Durchschnitt der Abschlussnoten inzwischen zwischen 1 und 2.

Man muss schon die Frage aushalten: Gibt es namens der so genannten Öffnung des Gymnasiums, der Universität - namens der damit verbundenen Aufmerksamkeit für eine lernerfreundliche Lehre, namens der Kritik an der hohen „Abbrecherquote" - gibt es infolge solcher Druckfaktoren auch in den Universitäten einen fatalen Spannungsabfall? Die Wissenschaften und der in ihnen wirksame Sog des Unerkannten und Unbekannten würden zu Lernhürden auf dem Weg zu einer Berufsausbildung ermäßigt. Was darüber hinausginge geriete in den Verdacht des Elitismus, der sich in akademische Höhen versteigt.

In der Autobiographie von George Steiner, eines herausragenden Literaturwissenschaftlers und Literaturlehrers, stehen unverblümte Sätze, die den pädagogischen Ur-Glauben ernüchtern - der auf die Versöhnbarkeit von Forderung und Förderung, von Sachanspruch und Subjektivität zu setzen nicht aufhören mag:

„Kein Gebäude, keine Organisation der höheren Bildung hat je in zufriedenstellender Weise ein Gleichgewicht zwischen den konkurrierenden Ansprüchen von Forschung, von spezialisierter Gelehrsamkeit, von bibliographischem und archivalischem Bewahren und denen einer allgemeinen Bildung und staatsbürgerlichen Ausbildung hergestellt ... Die Ziele des humanistischen Gelehrten, des spekulativen Denkers (der bis zu einem gewissen Grade einsam ist), der die Erinnerung an eine glanzvolle Vergangenheit wach hält, harmonieren nur unvollkommen, wenn überhaupt mit der Aufgabe des Pädagogen, des allgemeinen Erklärers" (George Steiner: Errata. Bilanz eines Lebens. München Wien 1999, S. 58).

Und bei Steiner gibt es auch manches kräftige Wort gegen eine Hochschuldidaktik zu lesen, sofern sie darauf aus ist, einen Bruch zwischen dem Anspruch der Sache und den Ansprechbarkeiten der Studierenden um keinen Preis aufkommen zu lassen oder aber ihn mit allen erdenklichen „Lernhilfen" zu kitten:

„Darauf kommt es an. Die Aufmerksamkeit des Studenten auf das zu lenken, was zunächst über seinen Horizont geht, was ihn aber mit seiner bezwingenden Statur und Faszination hinter sich her ziehen wird. Vereinfachung, Nivellierung und Verwässerung, wie sie jetzt, sieht man von der privilegiertesten Bildung ab, vorherrschen, sind verbrecherisch. Sie stellen eine fatale Herablassung gegenüber den unbekannten Fähigkeiten in unserem Innern dar. Hinter Angriffen auf so genannten Elitismus verbirgt sich eine vulgäre Herablassung: gegenüber all denen, die man als a priori zu Besserem unfähig einstuft. Sowohl Denken (Wissen, Wissenschaft, Imagination, die in eine Form gebracht worden ist) als auch Liebe verlangen zu viel von uns. Sie demütigen uns ..." (Steiner S. 63).

Es muss nicht das letzte Wort von Pädagogen sein, hinter solchem Respekt vor der Hoheit von Erkenntnissen nur Arroganz von erstarrten Wissensbesitzern, die für ihre Privilegien fürchten, zu wittern ...

Literarischer Analphabetismus? - Eine Klagemauer im Zwielicht

Da schreibt der Herausgeber der wohl wichtigsten deutschsprachigen Kulturzeitschrift „Merkur“, seinerseits langjähriger Professor für Literaturwissenschaft, einen Artikel „Wer rettet die Intelligenz vor den Pädagogen?“ (Merkur Heft 2, 56. Jg. Februar 2002, S. 174-177). Darin berichtet Karl Heinz Bohrer von Erfahrungen mit Studierenden der Literaturwissenschaft. Er riskiert den lapidaren Satz: „Die jahrelange Herrschaft der Didaktiker hat verheerende Wirkungen erzielt, nämlich die Fähigkeit unterhöhlt, komplexe Sprache passiv und aktiv zu verstehen ... Auch bessere Studenten der Literaturwissenschaften geraten, nachdem sie linguistische Formeln oder literaturtheoretische Motive diskutiert haben, häufig in allergrößte Schwierigkeiten, wenn es darum geht, ein Gedicht oder ein Prosastück angemessen in seinem Sinnzentrum zu erklären. Sehnsüchtig suchen sie nach vorgestanzten Begriffen und geraten in ein unspezifisches Gerede, dessen Argumente sich nicht mehr auf den Text stützen können“ (S. 174). Es ist nach Bohrer „eine durch die Hochschulpädagogik eingeleitete geistige und intellektuelle Verzwergung“, unterstützt durch „politische Apparatschiks, die die Instrumentalisierung der Philologien „für ihre Zwecke vor allem in SPD-regierten Ländern“ durchgesetzt haben. Texte verkommen zu Belegmaterial, die Studierenden haben durch die „zur Didaktik verwandelten Hermeneutik“ verlernt, „sie einer unmittelbaren ästhetischen, intellektuellen und vielleicht auch moralischen Erfahrbarkeit auszusetzen“ (S. 174).

Professorenverzweiflung über Studierende ist nicht neu - dass die Ursachen ausschließlich in einer Pädagogisierung des Studiums gefunden werden schon eher. Und es liegt immerhin nahe, Bohrers Attacke durch den Hinweis zu entschärfen, dass Adorno lange vor dem Einbruch apparatschikgestützter Pädagogen und Didaktiker schon 1961 in seinem Frankfurter Vortrag „Philosophie und Lehrer“ (veröffentlicht in Adorno: Eingriffe. Frankfurt/M 1963, S. 29-53) bis in den Wortlaut hinein ähnliche Defizite bei Studierenden der fünfziger Jahre zur Sprache gebracht hat: „Wissenschaftliche Approbation wird zum Ersatz der geistigen Reflexion des Tatsächlichen, in dem

Wissenschaft erst bestünde. Der Panzer verdeckt die Wunde" (Adorno 1963, S. 48). Die Schüler und Studenten sind nicht mehr imstande, sich auf bedeutende Inhalte einzulassen, ohne nach Begriffen und Theorien wie nach Rettungsringen zu greifen. Wobei das Beste verloren geht - wissenschaftlich tönende Worthülsen verdrängen sachhaltige Erkenntnis.

Bohrer zögert nicht, die Didaktisierung von Schule und Hochschule als Maßnahme anzuprangern, die Hochschullehrer in ihren Veranstaltungen zwingen sollen,

> „so zu reden, dass auch der Minderbegabte das Vorgetragene versteht. Mit anderen Worten: Die Universität soll gezwungen werden, etwas intellektuell zu legalisieren, was aus politischen Gründen auf den Schulen wider Sinn und Verstand erzwungen worden ist: die Hochschulreife von dafür nicht geeigneten Schülern. Es bedurfte dabei gar nicht des Druckes der Eltern auf Fachlehrer und Schuldirektoren, um dem dummen Sohn doch noch das Abitur zu schenken. Vielmehr wurde in Nordrhein- Westfalen die Regelung offiziell, dass selbst bei „mangelhaft" in zwei Hauptfächern, etwa Deutsch und Mathematik, die Straße zum Abitur dadurch frei wurde, dass man solche intellektuellen Kernfächer abwählen und an ihrer Stelle sage und schreibe Sport und Erdkunde wählen kann ... Die egalitär sich verstehende deutsche Gesellschaft bringt damit die Begabten unter ihrem Nachwuchs um die möglichen Früchte ihrer Begabung, ohne dass die Unbegabten dabei irgendetwas gewönnen." (Bohrer 2002, S. 175)

Entrüstung wäre gewiss die falsche Antwort auf diese Kampfansage an so genannte fortschrittliche Bildungspolitik – auch wenn der unverblümte Gebrauch von „begabt", „unbegabt", „dumm" inzwischen einen nicht unbedenklichen Stammtischbeigeschmack hat. In Bohrers Kritik stecken auch Erfahrungen, die nicht mit Hinweisen auf Begabungsforschung und Bildungsbenachteiligung bestimmter Schichten aus der Welt zuschaffen sind.

Vor allem: sie scheinen sich zu decken sich mit Beobachtungen von der anderen Seite des Bildungswesens - mit Erfahrungssplittern aus einem 25jährigen Lehrerinnen-Alltag in einem normalen Gymnasium. Nur dass diese Lehrerin mit über 20 Stunden wöchentlicher Unterrichtsverpflichtung über keinerlei Mittel verfügt, Schülerinnen und Schüler, die partout nicht wollen oder nicht können, aus dem Unterricht loszuwerden - Universitätsprofessoren haben da andere Möglichkeiten. So schreibt Marga Bayerwaltes über ihren Literaturunterricht und seine Resonanz: „Nach drei Jahren Deutschunterricht entließ ich die Schüler genauso, wie ich sie in Stufe 11 bekommen hatte. Wer „gut" war, blieb es, wer „schlecht" war, blieb es auch. Nie gelang es einem schwachen Schüler, sich nennenswert zu verbessern, oder mir, ihm zu besseren Leistungen zu verhelfen oder auch nur seine Einstellung ein ganz klein wenig zu verändern. Wer mir in der ersten Stunde sagte, dass er Kafka Scheiße fände, fand das auch noch nach meiner Unterrichtsreihe oder vielleicht sogar jetzt erst recht (*Der ist doch krank, der Typ!)* Gedichte, egal welcher Art und Epoche, waren und blieben *total hirnrissig.* Ein Gefühl oder ein Kriterium für einen ästhetisch schönen oder logisch klaren oder ethisch überzeugenden Text habe ich keinem meiner Schüler, der es nicht schon mitbrachte, vermitteln können. Vor allem nicht in Bezug auf ihre eigenen Texte. Sie verstanden nie, was sie falsch gemacht hatten, wieso ein Ausdruck unpassend, eine Argumentation nicht stringent oder eine Haltung verantwortungslos genannt werden konnte. „*Das sehe ich eben anders, da haben wir ne verschiedene Meinung.*" (Marga Bayerwaltes: Grosse Pause! München, Verlag Antje Kunstmann 2002, S. 143).

Einen gewissen persönlichen Respekt freilich empfinden Zwangsteilnehmer an dem Unterricht, dessen Inhalte sie kalt ließen, schließlich doch. So sagt ein Schüler zum Abschied: „Nee, tut mir Leid, interessant fand ich das echt nicht, was wir hier die ganze Zeit gemacht haben. Aber ich muss sagen, es hat mir imponiert, wie Sie sich für etwas so Sinnloses so tierisch begeistern können."

Und die Lehrerin resümiert ihre Bemühungen bitter: "Ja, ich hätte sie gern mit der Literatur verschont, aber noch mehr wollte ich auf die Dauer die Literatur vor diesen netten Barbaren beschützen" (Bayerwaltes, S. 144). Zwangsernährung.

In der Diagnose dieser Diskrepanz zwischen dem Anspruch der Sache und dem Vermögen derer, die sich diese Sache anzueignen haben, unterscheidet sich die Lehrerin nicht von dem Literaturprofessor: Eine utopisch- weltferne Bildungspolitik hat junge Menschen in eine Institution hineingespült, in der sie von ihrer Erfahrungsmitgift wie von ihrer Alltagskultur her vollkommen fehl am Platz sind. Wodurch die Schulen innerlich ausbrennen und zu Fassaden mit Abiturvergabeberechtigung schrumpfen:

Die Tatbestände sind bitter - die einschlägigen Diagnosen geistern durch Lehrerzimmer von Gymnasien und durch Professorengespräche, seit den sechziger Jahren - als in den Zügen die Plakate „Schick dein Kind länger in bessere Schulen“ hingen und als der Germanist Walther Killy in der ZEIT seine Salven gegen den „Mittleren Studenten“ abfeuerte.

Aber vielleicht täuschen diese Diagnosen sich über die Tiefe eines Kulturbruchs hinweg, der der überlieferten Hochkultur ihre Aura und ihre jeden Zweifel einschüchternde Gültigkeit entwunden hat. Könnte die Distanz der Jungen von überlieferten Umgangsformen mit Literatur auch damit zusammenhängen, dass für sie ernst zu nehmende Literatur etwas qualitativ anderes wird als sie den Altvorderen war? Und dass die Alten keineswegs disponiert sind, das zu verstehen und damit umzugehen, was auf sie wie eine Eiszeit der Barbarei wirkt?

Um eine Äußerung des Regisseurs Einar Schleef zu variieren: - und man muss dabei nur die Worte „traditionelles Sprechtheater“ und „Schauspieler“ durch „traditionelle Schul- und Universitätsbildung“ und „Lehrer und Erzieher ersetzen“ und hat zwei Sätze, die einen an bestimmten Bildungsdiagnosen zweifeln lassen. Sie lauten dann so: „In der traditionellen Schul- und Universitätsbildung haben Lehrer und Erziehen den Traum vom Individuum zu erfüllen. Aber wo gibt’s denn heute ein Individuum? Bei mir zu Hause ist kein Individuum - da bin ich, und da ist der Fernseher.“

III. Lernen, sich auf etwas einzulassen

Zweierlei Weltumgang - Nach einem Kolloquium „Was können Pädagogen von Künstlern lernen?“

Weltumgang 1 und Weltumgang 2

Es gibt einen Umgang mit der Welt, der darauf aus ist, die Bedrohlichkeiten des Lebens mit seinen unabsehbaren Horizonten zu vermindern. Durch praktische Arbeit, durch Lernen und Nachdenken suchen die Menschen im Interesse des Überlebens ein Netz über die Welt zu spannen, das eine gewisse Verlässlichkeit garantiert - im Kampf gegen Hunger, Kälte, Krankheit, Einsamkeit, Bedrohungen sozialer Art. Wissen und praktisches Können wehrt sich gegen die Verwirrung durch das Vielzuviele, die Fluchtigkeit, die Vieldeutigkeit, gegen das Eingeschnürtsein ins Hier und Jetzt. Man sucht und erzeugt Stabilität und Weiträumigkeit im Fahnden nach allgemeinen Zusammenhängen. Man bekommt die Welt in den Griff, in den Begriff. Eine grandiose Kulturleistung, dieses Lernen, seine Speicherung, seine Weitergabe, seine Optimierung, seine informationstechnologische Hochrüstung: die Welt wird der Tendenz nach ein beherrschbarer Fakten- und Informationszusammenhang, die Symbole von Sprache, Zahl, Bild sind Instrumente im Dienst dieser Stabilisierung und Beschleunigung. Unzweifelhaft eine schwierige Aufgabe, den Nachwuchs immer wieder in diese Umgangsform mit der Welt einzufädeln und einzuführen. Nenne man den Umgang, der sich so materialisiert, den Weltumgang 1. Freilich: im Übermaß praktiziert und als Monokultur durchgesetzt kann das dazu führen, dass Menschen die Welt zwar beherrschen, aber darüber verlernen, sie zu berühren, sich in ihr als leibhafte, sterbliche Wesen zu spüren. Sie schrumpfen dann zu Prothesen der Apparatebedienung und des Informationsaustauschs. Die Schulen werden zu weltlosen Erledigungsanastalten. Aus Objektivität wird Gleichgültigkeit.

Es gibt eine andere Spielart des Weltumgangs, nenne man sie Weltumgang 2. Es ist das ein Weltumgang, der sich von dem beeindrucken lässt, was beim Weltumgang 1 durch die Maschen der Aufmerksamkeit fällt, d.h. er lässt sich treffen, verwunden, irritieren, faszinieren von der Strahlkraft der *Erscheinungen*, von der Welt als erscheinender (vgl. M. Seel: Ästhetik des Erscheinens, München 2000): diese Aufmerksamkeit spricht an auf das sinnlich Spürbare, das Besondere, das Situative, das Diesda der Szene, der Gestalt, der Atmosphäre - sie ist fasziniert von dem Entzückenden oder Entsetzlichen bestimmter Dinge, Geschehnisse, Phänomene, Symbolisierungen - von ihrer Unbekanntheit, Befremdlichkeit, Mehrdeutigkeit, Widersprüchlichkeit und Verrücktheit - von allem also, wovon die Umgangsform 1 im Interesse der Weltsolidität abzusehen geneigt war. Umgangsform 2 spricht an auf die Wucht des *Daseins*, Umgangsform 1 ist fixiert auf das situationsenthobene, allgemein feststellbare Sosein. Umgangsform 2 lässt die Welt gewissermaßen von Rätselhaftigkeit und Erstaunlichkeit triefen. Aus dem Blickpunkt von Umgangsform 1 übt sie sich gewissermaßen in der Erschwerung der Aufmerksamkeit. Und diese Umgangsform kann in Gestalten und Darstellungen münden, die die sinnliche Gestik und Kraft von Dingen und Ereignissen nicht etwa analysieren und in Elemente zerlegen, sondern sie beschwören und vergegenwärtigen. Das alles hat fundamentalästhetische lebensweltliche Wurzeln, es muss sich nicht in der Hochform der Kunst manifestieren. Wiewohl man bei Künstlern in die Schule gehen kann, um sich in Umgangsform 2 einzuüben, oder, noch früher, für sie sensibel zu werden.

Ein pädagogisches Fazit

Man kann der Meinung sein, dass viele der aktuellen Probleme und Herausforderungen von Erziehung und Unterricht (Umwelterziehung, Medienerziehung, Drogenproblematik, Gewaltproblematik, Werteerziehung, Bewegungsverlust, Informationsüberfluss, Friedenserziehung, Patriarchalismus etc.)

dass sie in ihrer Wurzel nicht sinnvoll zu bedenken und zu behandeln sind, wenn man nicht das außer Balance geratene Verhältnis der beiden skizzierten Umgangsformen mit der Welt in Erwägung zieht. Es geht um die Art, wie Menschen lernen, mit ihrem Leib, ihrer Sterblichkeit, ihrer Zeit, ihrer Umwelt ihrer Kultur, ihrer Symbolwelt umzugehen, tag für tag, eine Frage auch der Selbsterziehung der Erwachsenen. Und es geht um die Art, ob und wie die Erfahrungsmitgift der Kindheit des Anfängers, des Laien kultiviert wird.

Was können Pädagogen von Künstlern lernen? Das wenigstens, dass es die Umgangsform 2 gibt. Und dass sie kein Besitztum von wenigen Kunstspezialisten in esoterischen Zonen sein (oder bleiben) muss.

Kinderdinge

Ein größeres Schuhgeschäft kommt nicht mehr aus ohne eine Rutschbahn zwischen den Stockwerken, damit die Kleinen etwas kindgemäßes zu tun haben, während die Alten Schuhe anprobieren. In einem Optikerladen mit gehobenen Ansprüchen ist eine Kinderecke mit kleinen Legobausteinen fast schon obligatorisch. Und meine Sparkassenfiliale hat seit geraumer Zeit mitten im Schalterraum einen Kindertisch mit Kinderstühlchen postiert - und Malbücher mit Filzstiften müssen nicht etwa mitgebracht werden von den Kunden, sie liegen gebrauchsfertig auf dem Tisch. Vorbei sind die Zeiten, dass sie sich langweilen müssen, die kids, solange die Erwachsenen etwas Ernsthaftes tun, so hat es jedenfalls den Anschein.

Dahinter steckt die Idee der Arbeitsteilung - die Lebenswelten werden entmischt. Die Kinder sind die Spiel-, Mal- und Rutschspezialisten mit eigens dafür zugerichteten Umwelten, die Erwachsenen tun etwas an Objekten, die frei sind von Einfallstellen für Kindereien. Tun wir nicht damit etwas für die eigenständige Kinderkultur? Oder steckt in so viel Kinderfreundlichkeit nicht auch eine ganze Menge Abgrenzung und Abwehr von Störenfrieden, deren ungebärdige Körper einem immer wieder mit leicht exzentrischen Verrücktheiten in den Weg kommen? Wer solche Freundlichkeiten in Szene setzt, weiß wohl, was er gewinnt.

Den vielen Kinderparadiesen, die auch Wohndesigner seit geraumer Zeit bis in den letzten Winkel kindgemäß ausstatten - sieht man also wohl an, dass sie auch Instrumente sind, uns die Kinder vom Leib zu halten, sie gar wegzuschließen. Und Pädagogen geben namens der kindlichen Autonomie nicht selten noch ihren Segen dazu. Ohne wahrzunehmen, in welchem Maß der Erfahrungshunger von Kindern unterdrückt wird, wenn sie nichts mehr zu tun haben mit Gegenständen, Räumen, Handlungen der ernsthaften Erwachsenenwelt. Mit Gegenständen etwa, die den Geruch des wirklichen Lebens haben - und mit denen sie auf ihre Weise etwas anfangen können und wollen. Die Lebenswelt von Kindern verödet in Kinderparadiesen, Kinder werden zu Spielbeamten reduziert.

Was dabei verloren geht, mag an Splittern aus biographischen Erinnerungen hervorgehen - wobei der Akzent auf dem Umgang mit Wohndingen und Wohnräumen liegt:

Jemand schreibt: „1965 (damaliges Alter 7 Jahre) hatten wir eine sehr kleine Küche. Unter der Arbeitsplatte war ein Vorhang. Dahinter Körbe usw. Unter dieser Abstellfläche haben wir gerne gespielt ... Es gab in der Wohnung einen Drehstuhl, einen so genannten Stehsitzer, auf dem wir Pferd und Zirkusübungen gemacht haben. Ein Schuppen im Garten, der unser Haus war, mit alten Grillgeräten, die der Herd waren und Eisenstühlen, die unsere Möbel waren. Eine Mauer im Garten, die die Beete abtrennte, auf der man balancieren konnte ... Toll fanden wir Kinder immer Wohnungen, die eine Küche mit Durchreiche hatten. Da konnte man Verkaufen und Post und Bahnbeamter spielen. Durchreichen konnte man auch schließen. ... Ein Speicher mit viel Gerümpel und einer steilen Speicherleiter, tolle Atmosphäre dort oben, immer ein bisschen heiß und staubig. Dort spielten wir verstecken. Ein Halbkeller, der eine offene Stelle in der Mauer hatte. Dort konnte man das Erdreich unter dem Haus sehen. Fast in der Unterwelt."

Und noch eine andere Ding-Erfahrung der Kindheit, mit bleibenden Spuren. Jemand schreibt:

„Zur Zeit der Wohnraumbewirtschaftung (1945/46) wurden wir (meine damals 25 jährige Mutter und ich - 1 Jahr alt -) im dritten und obersten Stock eines Sechsfamilienhauses bei Familie Gervig einquartiert - in Sindelfingen, das damals 14.000 Einwohner hatte. Opa Gervig hatte im Gegensatz zu anderen Menschen kein festes Alter. Er war für mich, solange ich ihn kannte 66 Jahre alt. Er bekam den Namen „Opa“ wegen seines Alters und weil er in Abwesenheit meines Vaters die Rolle eines Opas eingenommen hat.

In der Küche stand so groß wie eine kleine Anrichte in einer bürgerlichen Wohnung ein Werkzeugschrank mit zwei verschließbaren Türen, die nur Opa Gervig öffnen durfte.

Mir erschien dieser wohl über einen Meter hohe und um die 80 cm breite kantige Schrank wie eine Schatzkiste. Wenn ein Spielzeug repariert werden musste oder ein Gummischleuder-Gewehr gebaut wurde oder sonst irgendetwas - und es gab vieles, das man machen konnte und noch mehr über das man reden konnte -, dann holte Opa Gervig Werkzeuge und Kleinteile aus den sorgsam geordneten Schubladen. Er ging behutsam und ordentlich mit dem Werkzeug um ... Der Werkzeugschrank galt als verschlossen, das heißt, ich kann mich nicht daran erinnern jemals unerlaubt an Opas Heiligtum gegangen zu sein. Opa zeigte und erklärte mir den Inhalt. An die Schlagbuchstaben aus gehärtetem Stahl, die Schieblehre, den Mikrometer (mit dem man Hundertstel von Millimetern messen konnte) und an die peinliche Anordnung des zum Teil gegen Korrosion eingefetteten Werkzeuges kann ich mich noch bildlich erinnern. Alles lag eng an eng verstaut ... Als wir Mitte der 50 er Jahre ins Stadtzentrum zogen, sah ich ihn nur noch selten. Er war schon Wochen verstorben, sein Erbe aufgeteilt und der Werkzeugschrank verschwunden, als ich von seinem Tode hörte. *Ich hätte ihn so gerne um seinen Werkzeugschrank beerbt!* Noch heute würde ich vieles in Bewegung setzen, wenn es möglich wäre, dieses „Schatzkästchen“ mit seinem Inhalt zu erwerben, obwohl ich sicher alles davon in meiner Werkstatt habe und zum Teil doppelt in der Werkstatt meiner Kinder ... In welchem Ausmaß Opas (heiliger) Werkzeugschrank auf meine Berufswahl Einfluss hatte, das lässt sich nicht so leicht von diesen frühen Erinnerungen und Eindrücken ableiten, auch wenn es sich vielleicht vordergründig aufdrängt. Nach meiner Werkzeugmacherlehre erlosch die Lust an handwerklichen Arbeiten, die über das funktional

Notwendige hinausreichten. Als ich mir in der Garage eine Werkstatt einrichten konnte und Kinder in mein damaliges Haus kamen, entdeckte ich die Lust an handwerklicher Gestaltung von neuem. Die Faszination für gutes Werkzeug ist geblieben" (die Notizen stammen von Herrn Rudolf Tontsch).

Diese Erinnerungen dokumentieren einen Umgang mit Dingen und Räumen, der sich ums Ganze von dem in Kinderparadiesen vorgezeichneten Umgang unterscheidet: Gebrauchsgegenständen des ernsthaften Erwachsenenalltags - Stühlen, Durchreichen, Abstellräumen, Mauern - werden Züge abgewonnen, die sie geeignet machen für lustvolle Bewegungen, Erkundungen, Gespräche. In ihnen zittert noch etwas nach von dem Alltagsgebrauch, aus dem sie etwas ver-rückt wurden (ähnlich den Kinder-Zittersprachen, die die Normalsprachen verrücken - und von denen Freud in seinem Buch über den Witz handelt.) Anders gesagt: die Gebrauchsdinge offenbaren einen Überschuss, ohne ihren Gebrauchscharakter zu verlieren. Man kommt auf seine Weise in Berührung mit dem wirklichen Leben der Erwachsenen, das ja doch maßlos interessant in seiner Fremdheit bleibt. Noch anders die Beziehung des Knaben zu dem „heiligen Werkzeugschrank". Hier nun passiert reale Teilhabe an dem ernsthaft vernünftigen Handeln der „Grossen". Der Knabe schaut zu, spricht mit, fragt, und darf den einen oder anderen kleinen Handgriff selber machen. Eine faszinierende Welt verbirgt sich hinter den Schranktüren: Gegenstände, mit denen man etwas machen, etwas verändern kann - ohne dass sich die Gegenstände selbst verändern. Und ein alter Mann, der eine Aura der Erfahrung des Umgangs mit diesen sorgsam gepflegten Gegenständen ausstrahlt - weit entfernt von kinderspezifischen Schein- Werkzeugen, denen jedes Kind schon abspürt, dass sie eigentlich nichts wert sind. Wegwerfspielmaterial weckt nicht die Erinnerungen und Hoffnungen, die Identifikationen, von denen Rudolf Tontsch bezeugt, dass sie existieren. Der Verlust dieses Werkzeugschranks weckt Trauer, fast als wärs ein Stück von ihm, das er verloren hat.

Was da im Grunde passiert - in diesem Umgang mit Dingen, Wohndingen der Kindheit, lässt sich mit theoretisch gefassten Formulierungen von Käte Meyer-Drawe anpeilen. Sie umkreisen den Weltverlust des neuzeitlichen Subjekts: „Das Subjekt der Neuzeit begreift sich vor allem vom Denken her. Es sieht, riecht, schmeckt, hört oder fühlt das Ding nicht, es urteilt, dass das Ding so und so ist. Es unterwirft die Dinge seiner Ordnung und eliminiert die Überschüsse ... wir finden keine Sprache mehr für die Beteiligung der Dinge an dem, was wir über sie denken und sagen" (Käte Meyer-Drawe: Herausforderung durch die Dinge. In: Zeitschrift für Pädagogik, 45. Jg. 1999, Heft 3, S. 330). Erwachsenwerden heißt Abschiednehmen von der Erfahrung dieses Überschusses über das rational und vernünftig Feststellbare.

Ein letztes biographisches Beispiel.

Knapp 4 Jahre hat die Familie in Innsbruck gelebt. Der Bub hat dort zwischen seinem dritten und seinem siebten Jahr verbracht. Umzug im Dezember 1975. Die Möbelpacker haben an einem trüben Morgen in fünf Stunden die Wohnung leergeräumt. Der Bub tut einen letzten Gang durch seine Lebensräume (Lebensträume?) in 4 Jahren, also in fast seinem ganzen bewussten Leben. Er tut den letzten Gang ohne Aufforderung. Und verabschiedet sich von jedem Raum. Sagt: Auf Wiedersehen Kinderzimmer, auf Wiedersehen Wohnzimmer, auf Wiedersehen Küche, auf Wiedersehen Bad, auf Wiedersehen Gang, auf Wiedersehen Arbeitszimmer. Und widmet jedem Raum seinen Abschiedsblick. Und verabschiedet sich dabei wohl auch von seinen Geschichten, seinen Erlebnissen, seinen Berührungen, seinen Bewegungen, seinen Lebensträumen, seinen Verwundungen, die an diesen Räumen, die jetzt leer sind, haften.

Kindereien? Kaum.

Kopienverweigerung - Skandal oder Signal?

Es geschah in den frühen Achtzigern des letzten Jahrhunderts, an der TH in Darmstadt. Ein Lehrender - es war Martin Wagenschein, der unvergessene Pädagoge der Naturwissenschaften und der Mathematik - hatte zuweilen die Gewohnheit, zu Beginn einer Sitzung einige zusammenhängende, vorformulierte Sätze vorzulesen - damit den Stand der Seminargespräche gewissermaßen auf den Punkt bringend. Die Gespräche drehten sich immer um die Aufklärung irritierender Gegebenheiten, die nicht durch Rückgriff auf Vorwissen „zu knacken“ waren, die also in ihrer Merkwürdigkeit beschrieben und besprochen werden wollten. Einmal geschah das Unabwendbare. Ein Student kam nach der Veranstaltung zu Wagenschein, der gerade seine Sachen zusammenräumte. Und fragte, mit dem Blick auf das handgeschriebene Manuskript. „Können wir das kopiert haben?“ Wagenscheins Antwort, nicht unfreundlich, aber bestimmt: „Nein“. Ohne weiteren begründenden Kommentar.

Dass so eine Reaktion einen kleinen Schock auslöst, liegt auf der Hand. Sie schlägt allen heutigen Selbstverständlichkeiten ins Gesicht. Eine Batterie von didaktischen Argumenten gegen diese Attitüde wäre aufzuzählen: ein Lehrender weist ein inhaltliches Studieninteresse ab, und das auch noch ohne Kommentar: unentschuldbares Verweigern einer Lernhilfe, so scheint es. Der Lehrer hat doch Service-Leistungen zu bringen, gerade wenn sich Interesse regt.

Ein Stachel bleibt. Vielleicht *sollte* es für den in diese bestimmte Lehrsituation hineingedachten Vortrag keine Kopie geben. Warum? Weil vielleicht jede Kopie das Original, das hier und jetzt gesprochene Wort zur ersten Kopie entkräftet hätte. Weil die Besonderheit dieser Äußerung im Nachhinein eingeebnet worden wäre. War es eine Geste, die den drohenden Anwesenheitsverlust in Lehrzusammenhängen ins Bewusstsein rief? Den Verlust, der darin wurzelt, dass ja später prinzipiell alles im Play-back heraufzuholen, festzuhalten, wieder abzurufen ist? Jedenfalls wurden in der Erinnerung die Minuten des Vortrags ziemlich kostbar. Mancher hatte vielleicht auch nur mit halber Aufmerksamkeit zugehört, weil er doch dessen gewiss zu sein glaubte, den Text nachher in Kopie schwarz auf weiß nachhause tragen zu können, in entörtlichtem, entzeitlichtem, weitgehend entsinnlichtem Zustand. Präsenz droht zu zerfallen, wenn man schon beim Zuhören insgeheim auf Kopien lauert - besser: wenn man dessen sicher ist, dass man „das Wichtigste“ als Kopie mitbekommt. Man könnte sich täuschen - über das, was Speichermedien bringen und was sie amputieren ...

„Ganz wenig Text und ganz viel Denkanstrengung ...“

In dem wohl schwärzesten Lehrerbuch der letzten Jahre - Marga Bayerwaltes’ „Große Pause!“ (München 2002) findet sich auch eine Abrechnung mit modernistischen Floskeln über den Lehrer in der anbrechenden neuen Zeit. Da schreibt jemand in einem ZEIT-Report: „Der Lehrer der Zukunft wird vom Stoffvermittler zum Manager, Lerntrainer, Sozialarbeiter und Jobberater.“ (S. 122). Man kennt den flockigen Sound solcher Innovationsprosa. Das Fatale: es ist ja etwas dran. Bei der Totalzugänglichkeit aller erdenklichen Wissens- und Medienbestände muss die alte Lehreraufgabe der Stoffvermittlung an Gewicht verlieren. Und der kritisierte Text legt die Auslegung nahe, es komme künftig darauf an, als Lerntrainer den Schülern die Fähigkeit zu vermitteln, sich Informationen zu bestimmten Zwecken selbst zu verschaffen: der Lehrer wird zum Informationsbeschaffungsanleiter. Solches wird ja in vielen Verlautbarungen zum künftigen Schullernen ganz unverhohlen vertreten. Alles wichtige Wissen liegt schon irgendwo bereit. Aktivitäten zielen nur mehr darauf, die Verkehrswege aufzuspüren, auf denen es heranzutransportieren ist.

Bemerkenswert anders der Unterricht, den Bayerwaltes im Sinn hat und den sie als „Stoffvermittlung“ deutet: „Ich habe in der Stoffvermittlung immer meine Hauptaufgabe und den Sinn meiner Arbeit gesehen und meinen Stoff, wenn es ging, immer sehr gern vermittelt.“

Und es folgt eine denkwürdige Passage - sie zeigt zugleich, wie fragwürdig das Bild ist, das in „Stoffvermittlung“ steckt - als gelte es, Fixfertiges weiterzugeben.

> „Oft sah das so aus, dass wir nur einen einzigen Satz an die Tafel schrieben und uns diesen Satz zwei Stunden lang von allen Seiten anschauten. Bis wir das Gefühl hatten, jetzt haben wir seinen Sinn und den Autor ein bisschen besser verstanden. Das waren immer die besten Stunden. Ganz wenig Text und ganz viel Denkanstrengung und die gegenseitige Beglückung und Beflügelung durch das Gespräch. Am Ende solcher Stunden wollten die Schüler nie gehen.“ (Bayerwaltes, S. 122)

Bei Licht besehen wird da ja kein „Stoff vermittelt", sondern - wenn schon von „Stoff" die Rede sein soll, wird der Stoff erzeugt. Und das ist ja wohl eine Chance von Unterricht, die ihm keine Informationsbeschaffungstechnologie wegnehmen kann und darf: dass in ihm Gedanken, Erkenntnisse, neue Sichtweisen im Gespräch *entstehen*. Es wird etwas Neues erzeugt - und es geht nicht darum, anderswo Erzeugtes und Gestapeltes einfach abzurufen. Und es könnte wohl sein, dass diese Aufgabe - das allmähliche Entstehenlassen von Gedanken und Einsichten im Gespräch angesichts bedeutender Phänomene, Texte, Bilder etc. - dass diese Aufgabe in Zukunft Schulzusammenkünfte wirklicher Menschen in nichtvirtuellen Räumen legitimiert und unersetzlich sein lässt. Vielleicht kann die Entlastung der Lehrenden von der puren Informationsübermittlung durch Medien gerade diese Lehreraufgabe stark machen. Vielleicht war sie durch die Stoffvermittler-Funktion bedenklich weit abgedrängt worden. Eine denkwürdige Formulierung - für Mathematik genauso gültig wie für Geschichte, Religion, Physik, Deutsch, Kunst: Ganz wenig Text und ganz viel Denkanstrengung. Sokrates, Lichtenberg, Galilei, Adorno, Wagenschein - sie sind da nicht fern ...

Erinnerndes Lesen - Handke und die Slowenen in Kärnten

Seit der PISA-Veröffentlichung ist das Interesse an der so genannten Lesekompetenz gewaltig gestiegen. Werden wir ein Volk von Analphabeten? Schafft die Schule nicht einmal mehr das - dass alle Absolventen vernünftig lesen können? Bei der Debatte kommen einem Fragen wie die: Ist Lesen in erster Linie eine technische Fähigkeit, die unabhängig von Inhalten, Situationen, Gestimmtheiten zu lernen und zu beherrschen ist? Ist Sprache nur ein Instrument wie ein Fahrzeug, dessen Beherrschung einem ein Führerschein bestätigen kann? Und ist etwa das mit Sprachbeherrschung, mit Lesekompetenz gemeint, die allenthalben angemahnt wird?

Gewiss auch. Sprache hat gewiss Züge eines Werkzeugs. Und PISA hat von seinem Vergleichsinteresse und der Messbarkeitsforderung her diese Züge vor allem im Auge: „Lesekompetenz bedeutet also nicht nur, in der Lage zu sein, mithilfe eines Textes Verständnisfragen zu beantworten, sondern beinhaltet auch die Fähigkeit, eine sinnvolle Textrepräsentation im Gedächtnis aufzubauen, die es erlaubt, zu einem späteren Zeitpunkt auf die Textinformationen zurückzugreifen" (PISA 2000, Opladen 2001, S. 79). Und in der PISA-Studie werden auch die vielen Spielarten dessen auseinander gefächert, wie per Lesen aufgefasste Informationen zueinander in Beziehung gesetzt werden können - durch Schritte, die die pure Informationsentnahme zu übersteigen, um so Abstand, Reflexion und Wertung zustande zu bringen. Freilich: dieser Sicht auf Lesekompetenz kommt auch Erinnerung nur lesetechnisch (also inhalts- und affektneutral) ins Visier. Es gibt aber ein Lesen, bei dem Erinnerungen nicht nur und nicht in erster Linie eine Angelegenheit der intellektuellen Muskulatur und Speicherkraft sind. Diesem anderen Lesen geht es um Innehalten, um Betroffenheiten, um das Aufsteigenlassen von Bedeutungen und der mit ihnen verbundenen Phantasien, Ängste, Hoffnungen. Es geht dieser Erinnerung um die Regung der Einbildungskraft - darum also, langsam zu werden, sich treffen zu lassen von Unerwartetem und einen Bruch in der Gegenwart auszuhalten, der dann entsteht, wenn Gewissheiten angetastet werden. Etwas hinter oder unter dem eingespielten Vordergrund wird vernehmbar..

Von dieser Art Erinnerung-Lesen sprach wohl Peter Handke, als ihm am 8. November 2002 das Ehrendoktorat der Universität Klagenfurt verliehen wurde. Handke sprach über Bücher Verfolgter (unter anderen Andrej Kokot: Das Kind, das ich war. Erinnerungen an die Vertreibung der Slowenen aus Kärnten. Klagenfurt 1999). Er macht auf eine nicht mehr nur technische Form der im Lesen geforderten Erinnerung aufmerksam: „... zufällig kamen mir drei Bücher von Kärtner Slowenen in den letzten Monaten in die Hände und in die Seele ... Ich bitte euch, ich ersuche euch, diese drei herrlichen, gewaltigen, geschichtsöffnenden und für die Versöhnung der Leute, die im Bereich der Drau, der Flüsse, der Täler - leben, essentiellen Bücher Wort für Wort und Satz für Satz und ohne Voreingenommenheit, langsam und mit möglicher Erschütterung und vor allem Offenheit euch zu Gemüte zu führen ... Vielleicht sollte man keine Denkmäler errichten für den und den, keine steinernen: vielleicht ist das richtig. Aber was bestehen sollte, sind die Buch- Denkmäler. Das sind die luftigsten und die lebendigsten Denkmäler ... Darum bitte ich Sie, nein, ich bitte um überhaupt nichts. Lesen Sie gefälligst!“ ...

Dieses Lesen lernt sich nicht in Schnell-Lese-Kursen. Die schütten die Zwischenräume zwischen den Worten und Sätzen geflissentlich zu. Und auf die kommt es an.

Anwesend werden - auf Spuren der Feldenkrais-Methode.

Da lese ich in einem Bericht über eine Stunde in der Feldenkrais-Arbeit, die ja unter der Leitidee „Bewusstheit durch Bewegung“ steht: „Es ist der frühe Abend eines Wochentages. In einem großen Raum liegen kreuz und quer auf dem Boden verteilt, auf Decken oder Matten, 20 erwachsene Männer und Frauen, einige jung, andere älter. Sie liegen auf dem Rücken, die Arme und Beine ausgestreckt ... Ein paar Köpfe liegen leicht erhöht auf Büchern oder Kissen unterschiedlicher Dicke. Die Menschen liegen ruhig - man könnte meinen, sie schlafen. Eine Frau geht zwischen ihnen umher. Sie scheint davon auszugehen, dass sie wach sind, denn sie spricht mit gleichmäßiger ruhiger Stimme. Häufig formuliert sie Fragen. Obwohl sie immer wieder schweigt, antworten die Liegenden nicht.

> ... Sorgen Sie dafür, dass Sie möglichst bequem liegen können. Nehmen Sie Kontakt mit dem Boden auf. Wo berührt ihr Körper den Boden? Wo erscheinen die Abstände zwischen Körper und Boden am größten, wo am geringsten? In welchen Bereichen Ihres Körpers lösen Sie durch Ihre Atmung Bewegung aus? Wo ist diese Bewegung am deutlichsten? Nehmen Sie die Auflage der Schulterblätter wahr. Liegen sie symmetrisch in der gleichen Art und Weise auf, oder ist der Kontakt eines Schulterblattes weniger flächig als der andere? ... Jetzt heben Sie bitte das linke Schulterblatt vom Boden und lassen es wieder zurücksinken. Wie verläuft der Hin- und wie der Rückweg der Bewegung ... usw.“ (zitiert aus: Gabriele Arnold: Pädagogische Aspekte der Feldenkrais-Methode. Diplom-Arbeit, Fachbereich Er-

ziehungswissenschaft, J.W. Goethe-Universität Frankfurt/M 2003, S. 20/21).

Ein Außenstehender mag den Kopf schütteln über das, was ihm überflüssiger und zeitraubender Unsinn zu sein dünkt. Denn was passiert hier: Das Selbstverständlichste von der Welt, die routinierte Alltagsbewegung des Körpers, wird hier der Selbstverständlichkeit entledigt. Was jeder Erwachsene seit der frühen Kindheit gelernt hat wird hier gewissermaßen mit Fleiß rückgängig zu machen versucht: das durch Gewöhnung und Könnerschaft längst unspürbar Gewordene wird gewissermaßen wieder ausgegraben - wie und wo berühre ich den Boden? Was ist zu spüren, wenn ich mich im Liegen etwas bewege? Wie verändert sich die Atmung, das innerkörperliche Regionalgefühl?

Solche Unscheinbarkeiten, auf die niemand normalerweise sein Augenmerk (besser: sein Sinnenmerk) richtet, sie werden ausempfunden, wahrgenommen, ernst genommen. Die Leiterin der Sitzung hält keine Vorträge, zeigt nicht auf Schaubilder, demonstriert keine physiologischen Erkenntnisse - sie macht *nur* aufmerksam, sie weckt schlummernde Erfahrungen auf, eine Art minimalistischer Ästhetik läuft ab. Keine Belehrung, sondern ein Hinweisen. Offenbar ohne Zeit- und Leistungsdruck. Es geht nicht darum, in einem Sachgebiet - es bewältigend - voranzukommen, eine sportiv zu nutzende Leistungsfähigkeit einzutrainieren. Es geht um die Übung, anwesend zu werden, d.h. den eigenen Körper nicht zu benutzen, um einen Zweck zu erreichen, sondern ihn als Membran für Hier -und -Jetzt- Geschehnisse zu realisieren, in einer Art des Liegens, die die Schwere in den vielartigen Widerständen des Bodens zu Bewusstsein kommen lässt.

Man mag nun weiter danach fragen, welche anderen Erfahrungen von Anwesenheit in der gängigen Lebenspraxis durch Gesten der Erledigung und Beherrschung übergangen oder verschlissen werden. Man kann auch in symbolisch vermittelten Weltberührungen Anwesenheit gewinnen und verlieren: Man kann Worte, Texte, Bilder, Klänge, Gestalten zur Kenntnis nehmen, sie gewissermaßen an Sinne anbranden lassen, ohne in dieser Konfrontation Anwesenheit zu gewinnen. Dann nimmt man Tatbestände, Funktionen, Bedeutungsgehalte etc.

zur Kenntnis - man entschlüsselt die symbolischen Gegebenheiten im Interesse einer bestimmten Auswertung oder Nutzung. Die sinnliche Schicht wird gewissermaßen durchstoßen, als sei sie nichts wie eine Verpackung. Das sinnliche Eigengewicht der symbolischen Gestalt, die Ausstrahlung, der Charme, die Faszination des Klangs, des Rhythmus, die Nuancen der Farbe, der Formulierung, der Sog der Zwischenräume, die Vieldeutigkeit von Abständen und Variationen - alles das zieht bei dieser Symbolnutzung keine Aufmerksamkeit auf sich. Sich nachhaltig darauf einzulassen gilt schnell als nutzlose Zeit- und Kraftvergeudung. Man ist unentwegt dabei, gerade in Schulen und Hochschulen, sinnlich symbolisierte Gegebenheiten und Widerfahrnisse - also Dokumente, Bücher, Bilder, Zahlen vor allem - als Material aufzufassen, aus dem etwas herauszuholen ist. Sie sind, pointiert gesprochen in ihrer sinnlich symbolischen Gestalt und ihrer Ausstrahlung nicht wert, gespürt zu werden- sie sind auszuschlachten. Und so können Literaturstudenten oder Schüler in Deutsch-Leistungskursen über Goethe- oder Rilke Lyrik geprüft werden, ohne dass sie gelernt oder gar geübt haben, mit einem solchen Gedicht so ähnlich umzugehen wie die Feldenkrais-Kursteilnehmer mit dem, was ihrem Leib im Liegen widerfährt.

Wenn der Schein nicht trügt, wächst nicht nur in Hochschulen das Bedürfnis nach Räumen und Zeiten der Stille. Es heißt dann, Menschen wollen zu sich kommen. Zu ergänzen wäre: sie wollen auch zur Welt kommen, denn die droht ihnen in der Erledigungshast zu entschwinden. Regt sich darin ein Hunger danach, die an den eigen eigenen Leib (und nicht an Medien) gebundenen Wahrnehmungskräfte ins Spiel zu bringen und sie nicht im Reizvielerlei zu verschleißen?

Ist es nur eine Utopie, sich auszudenken, es gebe die eine oder andere Ganztagsschule mit einem so zu nennenden „Raum der Anwesenheit“? In dem Regeln sorgsamen Umgangs mit den Ressourcen des Lichtes, der Klänge, der Bewegung und des Umgangs mit Dingen in Kraft wären.. In dem auch dadurch der Boden bereitet wäre, einen bedeutenden symbolisch gefassten Sachverhalt (die Ausdruckskraft in Gestalten des Lebendigen, wie sie ein Lebensforscher wie Ernst-Michael Kranich bewusst zu machen verstand oder der „Cantus in memoriam Benjamin Britten“ von Arvo Pärt, um nur zwei scheinbar völlig auseinander liegende Beispiele zu nennen) zu gewärtigen, sich ihm gegenüber in Nuancen der Nähe und Ferne zu spüren und ihn dabei anwesend werden zu lassen. Welche Herausforderung für Lehrpersonen aller Fächer und Inhalte ! Für vierzehn Tage in dem Anwesenheitsraum einem Inhalt so zur Präsenz zu verhelfen, dass er zu strahlen beginnt und eine Aufmerksamkeit weckt, die sich einlässt und versenkt - und der es nicht darauf ankommt, ihn erledigend hinter sich zu bringen.

PS: Wichtig für die Feldenkrais-Anwesenheit in der körperlichen Weltberührung: Es geht dabei auch um die Übung, in der Vorstellungskraft des Bewusstseins eine mögliche, aber nicht ausgeführte Bewegung vorwegzunehmen - oder aber eine vollzogene Bewegung im Nachhinein vorstellungsmäßig nachzuvollziehen - d.h. aber Bewegungen nicht einfach zu realisieren, sondern sie in ein Widerspiel zu nur vorgestellten Bewegungen zu bringen, um sie so intensiver *als solche* spürbar zu machen.

Tun als täte man nicht, nicht tun als täte man: „Bewusstheit ist die Fähigkeit, sich einer Sache „im Geiste“ - also im „Inneren“ annähern zu können: „Etwas in einer inneren Bewegung zu umfassen, bevor möglicherweise eine Bewegungshandlung folgt. Bewusstheit ist für Feldenkrais die Fähigkeit, innezuhalten, abzuwägen, Handlungsfolgen zu imaginieren, sich gedanklich in der Zeit zu bewegen ...“ (Arnold 2003, S. 28) Es geht darum zu realisieren, „dass eine Bewegung nach *hier* bedeutet, *sich nicht* nach *dort* zu bewegen (S. 28).“ Das erinnert fast wörtlich an Brechts Forderung, wenn er schrieb, ein Schauspieler, der bewusst etwas *zeige*, müsse spürbar machen, dass er - wenn er nach links vorn auf der Bühne zugehe, sich *nicht* nach rechts hinten bewege. Die nicht einem wie immer spurhaften Widerstand, einer Gegenrichtung abgerungene Bewegung wird steril. Das gilt gewiss auch für die Geistbewegungen in symbolisierenden Medien. Es gibt sterile Sprachäußerungen, glatt und fixfertig - wie es sterile Tanzbewegung, sterile Klangäußerungen, sterile Schreib- und Zeichenbewegungen gibt. Präsenzverlust ist Folge von Bewusstlosigkeit und Widerstandsvergessen.

Der leider vergessene Husserl-Schüler Johannes Pfeifer hat in dem Büchlein „Umgang mit Dichtung" (5. Auflage Leipzig 1947) mit einfachsten Mitteln gezeigt, wie anders ein Gedicht wahrgenommen werden kann, wenn man die in Wort-, Klang- und Rhythmuswahl steckenden ausgeschlossenen Alternativen gleichsam als Unterton mit- und gegenhört - wobei die Alternativen rein inhaltslogisch identisch sein können. Statt:

„Ach, es ist so dunkel in des Todes Kammer,
Tönt so traurig, wenn er sich bewegt,
Und nun aufhebt seinen schweren Hammer
Und die Stunde schlägt" (M. Claudius).

... „man denke sich statt der dunkel gefärbten und tiefliegenden lauter hell-gefärbte und hoch-liegende Vokale:

„O, es ist so finster in des Todes Zimmer,
Klingt so schrecklich, wenn er sich bewegt, -

welche Veränderung, bis in den Kern, bis in die Wurzel des Inhalts hinein!" (Pfeifer 1947, S. 11 und 18). Welcher Gewinn auch an Aufmerksamkeit in der Lesepräsenz. Das Lesen verliert von der Glätte des reibungslosen Vorankommens, das Gelesene wird gewissermaßen im Rückblick aufgeraut. Die nichtselbstverständliche Besonderheit gerade dieser Wortgestalt kommt heraus. Das ist in der Wirkung nicht unähnlich dem Bewegungsstau in einer Feldenkrais-Übung, die innehalten und dabei Alternativen oder Erinnerungen imaginieren lässt.

W. v. Humboldt und die Vertreibung der Schatten

Wilhelm von Humboldt kritisierte während seiner Zeit als Gesandter in Rom die Archäologen, die seit 1798 mit Leidenschaft Altertümer ausgruben. Ruinen sind ihm als solche eingewachsen in die Landschaft - so polemisiert er gegen die Scheußlichkeit, die man mit der Ausgrabung des Severus-Bogens dem Forum Romanum antat. „Nur aus der Ferne, nur von allem Gemeinen getrennt, nur als vergangen muss das Alterthum uns erscheinen. Es geht damit, wie wenigstens mir und Zoega (dänischer Altertumsforscher, der seit 1783 in Rom lebte) mit den Ruinen. Wir haben immer einen Ärger, wenn man eine halb versunkene ausgräbt". Ist das doch „höchstens ein Gewinn für die Gelehrsamkeit auf Kosten der Phantasie" (Aus dem Brief an Goethe v. 23.8.1804). Man reibt sich die Augen: Ist es nicht Dienst, respektvoller und hingebungsvoller Dienst an den Überbleibseln der Antike, wenn man sie ans Licht bringt, dem Blick der Besichtigung für jedermann zugänglich macht? Ist nicht Wissen, das sieht, mehr wert als das Ahnen, das sich auf vieldeutige Spuren stützt? Sind also Ausgrabungen, die Kulturdokumente freilegen, nicht ein unbezweifelbarer Fortschritt? Kein Forschungsgremium brächte heute das mindeste Verständnis für Einwände auf, die den Sinn von Ausgrabungen bestritten. Jede Entdeckung ist ein Plus. Jedes Nichtwissen ist ein Minus. Nichtwissen ist Dunkelheit - und die ist aufzuhellen - alles andere ist Sache reaktionärer Dunkelmänner, die Angst vor dem Fortschritt (und dem Verlust ihrer Privilegien) haben. So das unausgesprochene Dogma unsrer Wissens- und Lernkultur - jedes Schulbuch, jedes Museum, jedes Hochschulprojekt ist dafür Zeuge.

Humboldt macht darauf aufmerksam, dass diese Helligkeit schaffende Wissensausbreitung auch etwas kostet. Sie vertreibt das Rätselhafte und Mehrdeutige, das Fragmente und Ruinen ausstrahlen. Die glasklare Ausleuchtung vernichtet die Schatten und entzieht der Phantasie Nahrung. Sie hat nichts mehr, was sie umspielen, probierend ergänzen oder in immer neue Perspektiven rücken könnte. Die geheimnislos gemachten Objekte sind buchstäblich zur Strecke gebracht - tote Objekte der Katalogisierung und musealer Aufreihung. Man hat sie dem aufgeklärten Verstand auf nicht unbedenkliche und scheinhafte Weise nahe gebracht - die Ferne der Welt der Toten ist fast unspürbar. Das Ärgernis einer vieldeutigen und rätselhaften Spur ist vom Tisch. Und mit dieser Art Fortschritt mag W. v. Humboldt, immerhin der wichtigste preußische Bildungspolitiker des frühen 19. Jahrhunderts, sich nicht abfinden. Und man macht es sich wohl doch zu leicht, diese Bedenken, ohne einen Augenblick nachzudenken, als typisch deutsche Bildungsideologie vom Tisch zu wischen.

In dem gleichen Brief an Goethe kritisiert v. Humboldt auch eine anderen Spielart der Phantasieabtötung - und zwar in der

Volksbildung. In einer überraschenden Gegenüberstellung spielt er die Bibel gegen Züge der Pestalozzischen Volksbelehrung aus:

> „Sagen Sie mir einmal selbst, was aus dem Menschengeschlecht würde, wenn alle Kinder nun 30 Jahre hintereinander nachbeteten: das Auge liegt unter der Stirn, 2 mal 2 ist 4, ein Quadrat hat 4 gleiche Seiten usf. ... Auch der Bauer und Bettler hat seine Phantasie ... auch in ihm kann und muss etwas Höheres geweckt werden, und bisher wurde es geweckt. Man las in allen Schulen kapitelweise die Bibel. Da war Geschichte, Poesie, Roman, Religion, Moral, alles durcheinander; der Zufall hatte es zusammengefügt, aber die Absicht möchte Mühe haben, es gleich gut zu machen." (Humboldt, Werke, Hg. A Flitner/Giel Bd. 5, S. 220f.)

Einmal abgesehen von der Frage, ob hier die Volksbelehrung durch das Bibellernen nicht doch ungebührlich idealisiert wird von jemand, der „christliche Erziehung" nur vom Hörensagen kannte - bemerkenswert bleibt die Idee, wodurch in „Bauer und Bettler das Höhere" geweckt wurde, wenn sie mit der Bibel konfrontiert wurden. Nicht die systematische Lehre über Gott und die Welt, nicht das in Katechismen fixierte Glaubenswissen, nicht das moralische Vorbild dieser oder jener Figur - nicht also das, worauf die kirchlichen Amtswalter auch im Interesse der konfessionellen Grenzwahrung so großen Wert legten, wenn sie Religionsunterricht in den Schulen durchsetzten und beaufsichtigten. Gerade, das, was den systematischen und didaktisch kontrollierbaren Rahmen sprengt: die schier chaotische Vielartigkeit dessen, was da in der Bibel zu einem Buch zusammengewirbelt wurde - gerade das ist es, was ihr die Anregungskraft verleiht, welche „Bauer und Bettler" aus ihrer Daseinsenge herausreißen konnte. So jedenfalls die kühne Diagnose v. Humboldts. Und dahinter steckt die Ahnung, dass die Domestizierung der Bibel zu einem dogmatisch-moralischen Lehrbuch (mit ein paar anregend bildhaften Illustrationen ohne Eigengewicht) aus denselben Quellen stammt wie die Vertreibung der Schatten aus den Spuren versunkener Kulturen, und dass beides zur Verödung der Geister führt. Ein Torso, eine Ruine, ein fragmentarisches Stück aus der Bibel - sie triefen vor Fremdheit. Sich darauf einzulassen ist etwas anderes als nach Instrumenten zu suchen, sie aus der Welt zu schaffen.

Der ehrwürdige Zustand des Stammelns - M. Wagenschein, H. v. Kleist

Martin Wagenschein sprach einmal von ihm, mit dem Blick auf den Anfänger, das Kind, den Laien, die nach Worten ringen, um mit einer bedrängenden, verwirrenden Sache einen Schritt weit klar zu kommen. Er hätte auch an den Musiker Wendel Cretzschmar in Thomas Manns „Dr. Faustus" denken können, der anlässlich der Auseinandersetzung mit einer späten Beethoven-Sonate in seinem Lehrvortrag in reichlich unartikuliertes Sprechen verfiel- in ein „besonders schwer und exemplarisch ausgebildetes Stottern", das junge Zuhörer nicht abstieß, sondern faszinierte und in seinem chaotischen Strudel mitriss (vgl. Th. Mann: Doktor Faustus, Kapitel VIII).

Man mag in Zeiten daran denken, in denen Bildungsverantwortliche auf mehreren Ebenen von einem wahren Evaluationstaumel ergriffen sind. Man wähnt, gerettet zu sein, wenn man endlich mit zuverlässigen Instrumenten feststellen und festlegen kann, was zu lernen ist - in welchen Schulstufen und Schulklassen. „Die Bildungsstandards beziehen sich auf Kenntnisse, Kompetenzen und Fähigkeiten, die von Schülerinnen und Schülern zu einem bestimmten Zeitpunkt erworben sein sollen" heißt es in einem Schreiben der Kultusministerkonferenz. Und der Widerhall dieser Formulierung wird sich in allen Richtlinien der Schulverwaltungsbehörden bald wieder finden. Schulreform tendiert dabei zu Leistungsmessungsreform. Das zugrunde liegende Bild vom Lernen ist schlicht: Es gibt vor jedem Unterricht feststehende Inhalte, Kenntnisse, Fertigkeiten. Unterricht besteht darin, sie in die Köpfe der Lernenden zu bringen - und zwar so, dass sie dann als überprüfbarer Besitz dort verweilen. Ergebniskontrollen gleichen prinzipiell Fahrschein- oder auch Quizkontrollen. Und Unterricht zielt auf Erzeugung des evaluierbaren Kompetenzzustandes- so wie die Arbeit einer Autofabrik auf die Produktion funktionierender Automobile ausgerichtet ist und von daher in den Einzeltätigkeiten normiert wird.

Vor 200 Jahren hat jemand gegen diese Art von Evaluation Einwände erhoben, über die auch heute nachzudenken lohnt. „Vielleicht gibt es überhaupt keine schlechtere Gelegenheit, sich von einer vorteilhaften Seite zu zeigen, als gerade ein öffentliches Examen" - schreibt er, unter Hinweis auf das Vorweisen von gespeichertem Wissen. Denn lebendiges Denken ist so nur zu verjagen, nicht auf frischer Tat zu ertappen. Und Gedanken entstehen, so Heinrich von Kleist in der Abhandlung „Über die allmähliche Verfertigung der Gedanken beim Reden" unter bestimmten Wachstumsbedingungen: (a) beim Gegenüber, mindestens bei Anwesenheit eines zuhörenden Partners; (b) in einer Atmosphäre ohne Fertigungs- und Erledigungsdruck. In Kleists Formulierung:

> (a) „Es liegt ein sonderbarer Quell der Begeisterung für denjenigen, der spricht, in einem menschlichen Antlitz, das ihm gegenübersteht; und ein Blick, der uns einen halbausgedrückten Gedanken schon als begriffen ankündigt, schenkt uns oft den Ausdruck für die ganze andere Hälfte desselben. Ich glaube, dass mancher große Redner, in dem Augenblick, da er den Mund aufmachte, noch nicht wusste, was er sagen würde."
> (b): „Ein solches Reden ist ein wahrhaft lautes Denken ... Etwas ganz anderes ist es, wenn der Geist schon, vor aller Rede, mit dem Gedanken fertig ist. Denn dann muss er bei seiner bloßen Ausdrückung zurückbleiben, und dies Geschäft, weit entfernt ihn zu erregen, hat vielmehr keine andere Wirkung als ihn von seiner Erregung abzuspannen. Wenn daher eine Vorstellung verworren ausgedrückt wird, so folgt der Schluss noch gar nicht, dass sie auch verworren gedacht worden sei; vielmehr könnte es leicht sein, dass die verworrenst ausgedrückten gerade am deutlichsten gedacht werden" (H. v. Kleist).

Die Erregung in der lebendigen Auseinandersetzung mit einer verwirrenden Sache, im Gegenüber eines zuhörenden menschlichen Antlitzes - sie ist zum Verschwinden gebracht, wenn es nur noch darum geht, das vor aller Rede im Geist fertig Festliegende abzuprüfen.

IV. Verformte Nachdenklichkeit? - PISA-Leistungen im Zwielicht

PISA-Leistungen - denaturiertes Nachdenken?

Welche Leistung war es, die den PISA-Getesteten abverlangt wurde? Auf über 500 Seiten wird ausgeführt, dass es sich nie nur um pure Gedächtnisleistungen, das so genannte tote Wissen handeln sollte - es sei vielmehr darum gegangen, aus bestimmten Vorgaben Wissen zu entnehmen und Folgerungen daraus zu ziehen: also etwas zu verstehen und mit dem Verstandenen etwas anzufangen. Auf welchem Fähigkeitsniveau das die zu Testenden zustandebringen, das wird mit einem großen theoretischen Aufwand differenziert und diagnostiziert: 5 Kompetenzstufen bezogen auf zweimal fünf Subskalen zeigen etwa die „inhaltliche Verankerung“ der Testleistungen in der Lesekompetenz (vgl. S. 89 von PISA 2000, Opladen 2001). Die Vielfalt der lebensweltlich gebundenen Situationen, an denen die Kompetenzen hervorgelockt und vergleichbar gemacht werden sollen, ist beeindruckend, desgleichen die Liste von ca. 50 Experten und Beiräten, die auf den Seiten 62-65 namentlich genannt sind. Bei all diesem Aufwand bleibt erstaunlich, dass eine bestimmte Fragerichtung nirgends auch nur in Andeutungen zum Zug kommt: die Frage, ob die geforderten Testaufgaben nicht nur *als Leistung* eine bestimmte Hervorbringung fordern, sondern auch eine bestimmte Unterdrückung - einen nicht ganz unerheblichen Denk- und Erfahrungsverzicht, um den anders besetzten Ausdruck „Verdrängung“ hier zu vermeiden.

Was gemeint ist, zeigt eine Bemerkung von Harald Weinrich zum Fremdsprachenunterricht: „Es scheint mir daher für den Fremdsprachenunterricht keine zwingende Methode zu sein, alle Anstrengungen darauf zu richten, dass die Fremdheit seiner Gegenstände möglichst rasch und möglichst restlos vernichtet wird“ (Weinrich: Wege der Sprachkultur, Stuttgart 1985, S. 241). Im Interesse von Sprachübungen schrumpfen die Inhalte, an denen gelernt wird, nicht selten zu gewichtlosen Staffagen - die berühmten Frühstücksgespräche bei Familie Smith in „Learning English“ sind Aufhänger zu Wort- und Syntaxtraining. Die PISA-Testaufgaben scheinen dieser Tendenz zu folgen. So weit sie im Detail bekannt wurden, verlangen sie durch die Bank, eine frontale Betroffenheit durch die thematisierten Inhalte entweder gar nicht erst aufkommen zu lassen oder aber sie zu apathisieren. Diese Nichtablenkbarkeit ist ein bedeutender Anteil der geforderten Leistung. Je reibungsloser die Fremdheitsvernichtung bezüglich der inhaltlichen Materien gelingt, desto besser müssten die Testergebnisse geraten - weil der zu Testende nicht Nachdenklichkeiten nachhängt, die sich an diesen inhaltlichen Materien entzündet haben können. Etwas bitterer gefragt: Wird hier Leinenführigkeit nicht belohnt? Diese Kompetenz erscheint in keiner Subskala einer Kompetenzstufe. An Beispielen:

1. Da gab es eine Frage zum Wasserstand des Tschadsees in der Sahara (Deutsches PISA-Konsortium Hg. - PISA 2000, Opladen 2001, S. 529 in Kombination mit S. 91). Die zu Testenden wurden *anhand einer Grafik* informiert, dass dieser See in den letzten 11.000 Jahren sehr unterschiedliche Wassertiefen hatte - ca. 10 Meter 1000 v.Chr., 60 Meter 400 v.Chr., kaum 2 Meter 1000 n. Chr. „Heute hat er etwa den gleichen Wasserstand wie im Jahre 1000 n.Chr.“ (S. 529). Und dann die Frage: „Wie tief ist der Tschadsee heute?“ Mit Alternativangeboten: Etwa zwei oder fünfzehn oder fünfzig Meter oder ist er vollständig verschwunden oder aber: Die Information wird nicht gegeben“. Etwas ist anzukreuzen.

Die zu testende Leistung besteht offenbar darin, aus der Grafik (Längsachse mit Jahreszahl, senkrechte Achse mit Meterzahl) und der verbal gegebenen Zusatzinformation den aktuellen Stand der Wassertiefe abzulesen bzw. zu folgern.

Ich versuche, meine Erinnerungsroutinen an ähnliche „eingekleidete“ Aufgaben vor allem aus Mathematik-Lehrbüchern außer Kraft zusetzen (denn ihnen scheint das eine ganz normales Schnittmuster zu sein). Und komme dann ins Grübeln: Zunächst: Da wird jemand etwas gefragt, obwohl oder weil die Frageinstanz die Antwort schon genau kennt. Zugleich will diese Instanz mich dabei noch irgendwie in Unsicherheit lassen: warum sonst breitet sie 5 Alternativen aus - wenn die Sache sozusagen objektiv doch so glasklar zu sein scheint wie bei jeder Mathematik-Aufgabe? Und weiter: Wie kommt da auf einmal wie ein Blitz aus heiterem Himmel ein See aus der Sahara ins Spiel- ohne jede Spur einer Vorbereitung, einer Annäherung, einer Einbettung in einen Zusammenhang. Was soll ich einem See in der Sahara nachdenken, der mir unbekannt und völlig gleichgültig ist? Zumal der anonym Fragende ja schon Bescheid weiß. Wäre das nicht eine vernünftige Reaktion eines unbefangenen Kopfes? Es sei denn, dass ihm zu diesem merkwürdigen See noch ganz andere Überlegungen durch den Sinn gingen als die geforderte Schmalspur-Antwort. Etwa solche: Wie will man denn herausbekommen haben, welche Wassertiefe er 4000 und 2000 v.Chr. hatte? Und womit hängt wohl diese Differenz zusammen? Gibt's mehrere Seen mit ähnlichen Zügen in der Sahara? Alle im Zusammenhang mit diesem Seegebaren auftauchenden Frag-Würdigkeiten sind abgeschnürt. Die Leistung, sie scheint zum nicht kleinen Teil gerade darin zu bestehen, Merk- und Denkwürdigkeiten der in der Aufgabe präsentierten Materie nicht zum Zug kommen zu lassen. Nichts ist zu beachten als die vorgezeichnete Fragerichtung. Dem dient auch das keine Rückfragen oder Gespräche zulassende Testritual. Disziplin? Askese? Denkverzicht? Schule der Einübung in die Gläubigkeit gegenüber Expertenfragen oder Schule der Sachkonzentration? Aufgabengehorsam? Phantasiebeherrschung? Fähigkeit, sich auf Tests einzulassen?

2. Ein anderer „Aufgabenstamm" heißt „Fühl dich wohl in deinen Turnschuhen". Da wird ein Bericht aus dem Sportmedizinischen Zentrum in Lyon über Verletzungen junger Amateur- und Profisportler vorgelegt - mit Folgerungen für die Beurteilung sportartspezifischer Schuhe (S. 526). Konfrontiert werden die zu Testenden mit der Aufgabe, zwei Teile eines Satzes aus diesem Bericht zu bedenken - und zwar auf die Art ihrer Beziehung hin: „Widersprechen oder wiederholen sich die Teile - oder veranschaulicht Teil 2 das im ersten Teil beschriebene Problem - oder bietet er die Lösung für das Problem?"

Erster Teil des fraglichen Satzes: „Um kleinere, aber schmerzhafte Beschwerden, wie z.B. Blasen und sogar Risswunden oder Pilzinfektionen zu verhindern ...“

Zweiter Teil: „... muss der Schuh das Verdunsten von Schweiß ermöglichen und äußere Feuchtigkeit am Eindringen hindern.“ (S. 93)

Zunächst mag der zu Testende zur Kenntnis nehmen, dass es hier um etwas geht was in erster Linie für Sportschuhverkäufer oder auch Fußpfleger besonders wichtig ist. Für sportbeflissene Heranwachsende mag da die Frage *Adidas* oder *Puma* aufkommen, das war ja lange die lagerbildende Frage unter gleichaltrigen Sportschuhträgern -. Was spricht wofür? Was sagt Stiftung Warentest? Was der Sportlehrer? Und wie teuer dürfen sie sein, die Sportschuhe, wenn's denn um neue geht? Passen irgendwelche Fabrikate für mehrere Sportarten gleich gut? Nichts von solchen Ungewissheiten, die einen Vierzehnjährigen wohl in seiner Lebenspraxis interessieren könnten, taucht auf: Dafür die Frage nach den Beziehungen der Satzteile. Wie sehen mögliche Antworten aus? Mir geht durch den Sinn: Blasen an den Füssen kommen doch wohl gewöhnlich daher, dass die Schuhe reiben, weil sie zu eng sind. Pilzinfektion, die mögen mehr mit Schweiß zusammenhängen, dächte ich. Dann wäre also die Beziehung der Teile mehrartig - Teil 2 würde für einen Bereich in Teil 1 die Lösung sein, nicht aber für einen anderen. Aber das denkt die Testfrage-Instanz doch gewiss nicht, es fehlte die eine richtige Antwort, die die Fragen voraussetzen ... Und wiederum: eine Reaktion eines unbefangenen Kopfes („Die Probleme möchte ich haben“) ist nicht vorgesehen - eine andere (die differenziert oder anderes für bedenkenswert hält) ist abgeschnürt. Gute Punktzahlen erreicht, wer wittert, worauf die Frager hinauswollen. Wer da eine schlechte Figur macht, wird wohl auch in Schulunterricht und in Klassenarbeiten Schwierigkeiten haben. Insofern scheint die Testleistung zu Schulleistung zu passen.

Kein Mensch käme doch wohl von sich aus, wenn er denn überhaupt einmal über Sportschuhqualitäten nachsänne, darauf, zu überlegen, ob und wie Teil 1 und Teil 2 dieses Satzes aufeinander abgestimmt sind. Es sei denn, er ist Texter oder Evaluator eines Werbepapiers.

Der Bezug des geforderten Denkens zu einem Alltagsproblem ist fadenscheinig.

3. Dann gab es da noch den „Aufgabenstamm Graffiti“. Zwei Kurzessays von einer Helga und einer Sophie wurden präsentiert und waren kritisch zu lesen. Helga kritisiert Verschandelung der Umwelt, Sophia wägt Für und Wider ab - sieht Parallelen zu Graffiti in Reklame- und Stoffmustern der Mode (S. 528). Eine Testfrage: „Unabhängig davon, welchem Brief du zustimmst: Welcher Brief ist deiner Meinung nach besser? Erkläre deine Antwort, indem du dich auf die Art und Weise beziehst, wie einer oder beide Briefe geschrieben sind“. Eine andere Testfrage sucht Antwort, welchem der beiden Briefe der zu Testende zustimmt- und fordert eine Begründung durch Inhaltsangabe des vorgezogenen Brief mit eigenen Worten (S. 93).

Die beiden Texte bergen gewiss stärkere Anreize zum spontanen Mitdenken als der Saharasee oder die Sportschuhqualitätsfragen. Aber auch hier wird die Aufmerksamkeit rasch enggeführt. Wer sich nachhaltig auf die Texte einlässt, wird unterschiedliche Akzentuierungen und Wertungen finden, die manches Für und Wider haben. Man mag nach dem Erfahrungshintergrund der Schreiberinnen fragen. Aber solches sich Einlassen in Textvorgaben kann und soll offenbar nicht die Oberhand gewinnen. Die Testfrage fordert nicht nur den Vergleich - sie fordert die Wertung. Und das in zweierlei Hinsicht.

Warum aber muss eigentlich gewertet werden? Diese Zweifel Frage ist zur erfolgreichen Testbearbeitung zu unterdrücken. Sie ernst zu nehmen, bedeutete Zeitverlust bzw. Antwortunfähigkeit.

Das Testritual erlaubt es nicht, dass ein PISA-Schüler während der zwei Stunden Testzeit den Fingers streckt und mitteilt, dass er beide Texte in ihrer Art gleich gut findet.

Und es ist gewiss auch eine Leistung, solche und ähnliche Fragen zu unterdrücken und seine Gedanken den Fragevorschriften zu anzupassen. Der Denkverzicht wird honoriert. Bei den höchst differenzierten methodologischen Überlegungen über die Einschätzung und Interpretation der Testdaten wird dieser Denkverzicht weder erwähnt noch in seiner Auswirkung auf die Gewichtung der erhobenen Daten bewusst gemacht.

Der Forschungsbericht notiert, gleichsam in Vorausverteidigung gegen den Einwand, Schüler könnten aus Interesselosigkeit nicht ihr Bestes geben wollen: „Alle Schülerinnen und Schüler beabsichtigten, sich sehr anzustrengen (Werte über 3,5).“ (S. 59) Das sorgfältige Verrechnen solcher good-will-Bekundungen seitens der zu Testenden kann freilich den hier angepeilten Reflexionsverlust nicht zudecken.

Die ziemlich gigantische PISA-Forschung, die ein bildungspolitisches Erdbeben ohnegleichen ausgelöst hat, unterschätzt systematisch die pathischen, d.h. die sensibel empfangenden Anteile menschlicher Erfahrungsfähigkeit: zu Buche schlägt nicht die Intelligenz, die sich treffen (und übertreffen) lässt von Widerfahrnissen, sondern die, die präparierte Sachverhalte aufforderungsgerecht aktiv bearbeitet (vgl. dazu Bernhard Waldenfels: Bruchlinien der Erfahrung. Phänomenologie, Psychoanalyse, Phänomenotechnik. Frankfurt/M 2002). Eine Bildungspolitik, die Unterricht naiverweise auf genau die Kompetenzen ausrichten wollte, die die PISA-Tests erfasst haben- sie wäre das Opfer der Blickbeschränkung, die die PISA-Forscher mehr oder minder bewusst in Kauf genommen haben, um zu standardisierten Vergleichsergebnissen unterschiedlicher Länder und Kulturen zu kommen. Ein Holzweg.

Ich stelle mir die Expertengremien vor, die über solche David-Einwände gegen den Goliath Großwissenschaft nur kurz lächeln können - so naiv muss sie das anmuten, was jedem unbefangenen Testleser durch den Sinn gehen kann, wenn er diese Testfragen erwägt. Soll der Mann doch erst einmal anständig Methoden der psychologischen Forschung studieren, dann vergehen ihm solche Flausen. Und im Übrigen: Die Resonanz der PISA-Ergebnisse beweist doch schließlich die Triftigkeit der Forschungsmethoden. Wirklich? ...

Belehrungswut - Bewertungswut

Schier allgegenwärtig ist eine bestimmte Art, sich Kindern in pädagogisch wohlmeinender Absicht zuzuwenden und dabei ihrer Weltberührung das Offene zu nehmen.

Beispiel 1: Eine unscheinbare Szene auf einem Spielplatz. Ein Kind klettert auf ein paar Eisenbahnschwellen, ist ungefähr einen Meter über der Erde. Ruft einem erwachsenen Begleiter zu. „Guck mal." Er antwortet nicht, er kam nicht dazu. Eine fremde Frau, die mit ihrem Kind auch auf dem Spielplatz war, reagiert: „Wie tüchtig du bist." Und der Begleiter des Kindes, das hochgestiegen war, notiert in einer Art Tagebuch: „Ich kam nicht zum Denken. Ich war aufgestanden und unterwegs zu ihr, um ihr den Kopf abzureißen. Dann fiel mir ein, dass sie die Mutter eines kleinen Kindes war und dass sie eine Frau war ... Ich setzte mich wieder, doch es verging eine lange Zeit, bis ich aufhörte zu zittern. Das Kind hatte um Aufmerksamkeit gebeten. Es hatte nur darum gebeten, gesehen zu werden. Doch es bekam eine Bewertung: „Wie tüchtig du bist". Es ist keine böse Absicht, wenn man Leute bewertet. Man tut es nur, weil man selbst so oft getestet worden ist. Schließlich kann man gar nicht mehr anders denken" (Peter Hoeg: Der Plan von der Abschaffung des Dunkels. 1995, S. 115/116). Es genügt demnach nicht, sich auf bestimmte Weise in der Welt zu spüren, sich zu bewegen, ihren Widerstand hervorzulocken. Die Erwachsenen erwarten, dass Kinder erwarten, beurteilt, eingestuft, zensiert zu werden. Erst durch solche Einordnung, so scheint es, fühlt das Kind sich beachtet. Die Gegenrede: es wollte wahrgenommen werden in seinem DA - diese Hoffnung trog, es wurde beurteilt, in einen Tüchtigkeitsrahmen gerückt.

Beispiel 2: Ein Vater geht mit seinem Buben im Herbst durch den Wald: „Warum sind die Blätter rot, Vater?" Leicht verwirrt flüchtet der Vater in naturwissenschaftliche Erklärungen:

„Die Kälte macht das Blatt von innen anders, und das, was dann anders geworden ist, ist zufällig rot ..." Der leere Blick des Kindes macht ihm unverzüglich die Dürftigkeit dieser Belehrung klar: was kann Kälte mit der Färbung der Blätter zu tun haben. Warum werden sie ausgerechnet rot und nicht blau? Die Faszination des hier und jetzt anbrandenden Widerfahrnisses ist durch die Belehrung über unsichtbare allgemeine, in der Vergangenheit wirksame Zusammenhänge entkräftet. Die Belehrung hat die offene Gegenwart zugeschüttet. Dabei hat es der Vater doch gut gemeint mit dieser Vorschule wissenschaftlicher Welterklärung. J. H van den Berg, dessen großartigem, leider fast vergessenem Buch „Metabletica. - Über die Wandlung des Menschen“ (Göttingen 1960) das Beispiel entnommen ist, korrigiert sich dann selbst: „Warum sind die Blätter rot, Vater?“ - „Weil es so schön ist, mein Kind. Siehst du nicht, wie schön das ist, all die Farben, das ist der Herbst.“

Keine richtigere Antwort. So sind die Blätter rot. Eine Antwort, die keine Frage aufruft, die das Kind nicht in eine endlose Reihe von Fragen lotst, und deren Antworten dann eine um die andere Schwellen bilden. Dass es auch einen Chemismus in den Blättern gibt, hört das Kind später schon, es ist dann schon schlimm genug; machen wir ihm nicht zu schnell die Welt unbewohnbar“ (Van den Berg: Metabletica, Göttingen 1960, S. 72).

Nietzsche spricht in einer Unzeitgemäßen Betrachtung einmal von der seinerzeit grassierenden „Belehrungswuth“ - und hätte heute erst recht dafür reiches Illustrationsmaterial - von Waldlehrpfaden bis Quizsendungen und „lustigen Rätselbeilagen“ zu diversen Käsesorten, vielerorts werden wir belehrt über Zusammenhänge, die nicht zutage liegen. Van den Bergs Diagnose, die natürlich auch den Sachunterricht in den Schulen, die Sachinformationen in unzähligen Sendungen und Zeitungsartikeln betreffen, lautet: „Wir glauben nicht an eine Antwort, die den Sinn der Geschehnisse *in die Geschehnisse,* und den Sinn der Dinge *in die Dinge* legt. Für uns liegt der Sinn notwendigerweise außerhalb der Dinge, außerhalb vom Gegenwärtigen. Das ist unsere erste Lebensregel: *Sinn hat, was in der Vergangenheit liegt“* (S. 72/73)

Beispiel 3: Der vierjährige Bub sagt bei jedem Spaziergang in der Bodenseeregion, kurz nach dem Aussteigen - mit kurzem Blick nach oben: „Mond geht mit.“ Keine Frage, nur (!) Artikulation einer bloßen (!) Aufmerksamkeit. Kein Rückgriff auf Vergangenes, eine Intelligenz regt sich, die sich treffen lässt, die betrachtet. Und nichts Durchblickerhaftes hat.

Beispiel 4: Unter der Überschrift „Leichte Experimente für Eltern und Kinder" ist ein Taschenbuch (von Gisela Lück) erschienen, das den Physikunterricht ins Familienleben einlagert. „Weshalb kann Eis im Wasser nicht untergehen, wo doch viele andere Feststoffe sinken?" Experimente in der Salatschüssel mit Vermutungen und Prognosen folgen. Schließlich kommt die Erklärung: „Die entscheidende Größe, die über das Sinken und Nichtsinken entscheidet, ist die Dichte. Darunter versteht man die Masse vergleichbarer Volumina der Stoffe ... Ursache ist die Kristallstruktur des Eises, die voluminöser ist als die des Wassers. Unter einer Riesenlupe kann man erkennen, dass die Wasserbausteine ganz dicht nebeneinander liegen, während sich im Eiskristall Lücken befinden". Die schwierigen theoretischen Begriffe „Masse" und „Dichte" schieben sich vor die nahe liegende Deutung, dass das Sinken oder Nichtsinken einfach davon abhängt, ob ein Stoff schwer oder leichter ist.

Wird hier eine bestimmte Aufmerksamkeit nicht nur geweckt, um unverzüglich wieder neutralisiert zu werden? Und zwar durch Begriffe aus einem weit abliegenden Forschungskontext. Recht selbstverständlich wird es dann, dass „die Dichte", dem rätselhaften Nichtsinken des Eises die Rätselhaftigkeit wieder nimmt.

Belehrungswut, Bewertungswut - sie sind drauf und dran den Menschen die Anwesenheit in dem leibhaft hier und jetzt Empfundenen und Wahrgenommenen auszutreiben. Die Staunkraft droht angesichts der korrekten Belehrung zu erlahmen. Kinder drohen zu kleinen Problemlösemaschinchen getrimmt zu werden. Schreckt PISA? Solche Wissenschaftlichkeit kappt ihre Wurzeln.

Diagnostische Kompetenz?

Man könnte 200 Jahre Schulkritik oder Schulverzweiflung unter dem Thema resümieren „Was Lehrer alles nicht können, was sie aber können müssten oder sollten". Neuerdings, eine PISA-Folgeerscheinung, taucht da ganz oben das Fehlen „diagnostischer Kompetenz" auf. Ein so besonnener und reformsensibler Autor wie Reinhard Kahl meint sogar, bestimmte

PISA-Nebenergebnisse über Pädagogen müssten“ den Berufsstand der Lehrer und seine Verbände in große Nachdenklichkeit stürzen“ (DIE ZEIT Nr. 11, 2003, S. 34). Die Leute, die ständig von Amts und Berufs wegen Leistungen beurteilen, und zwar mit erheblichen Folgen für die Beurteilten, scheinen ziemlich blind für Leistungsqualitäten. Was liegt vor?

Kahl berichtet, im Anschluss an PISA-Informationen von Baumert, dass Lehrer befragt wurden, welche PISA-Aufgaben wie viele ihrer Schüler wohl bewältigen könnten. Gymnasiallehrer wähnten, mehr als 80% ihrer Schüler würden Aufgaben in der Lese-Kompetenzstufe 5 (höchstes Informationsverarbeitungsniveau) schaffen - in Wirklichkeit (wenn denn Testergebnisse Wirklichkeit widerspiegeln und nicht produzieren) gehörten im *Gegensatz zur* Lehrerwartung nur 29% der 15-Jährigen zur Spitze.

Erstaunlicherweise folgert Kahl daraus, die Mehrheit der Schüler werde deshalb behandelt, als seien sie Versager. Ganz im Gegenteil: Die Mehrheit wird doch behandelt, als seien sie Spitze!

Es bleibt nur der Vorwurf der Blindheit für tatsächliche Leistung.

Überraschend ist, bei einem kritischen Autor wie Kahl, dessen fernsehjournalistische Leistungen in Sachen Bildung ganz unbestritten sind, der Glaube an das, was PISA-Tests zutage gefördert haben. Es bleibt in dieser Darstellung nicht der Schatten eines Zweifels daran, dass diese Tests - die Schülern abverlangen, aus jedem Gesprächskontext herausgerissene Einzelaufgaben in diskontinuierlicher Reihenfolge ohne Rücksicht auf persönliche Sinnrückfragen zu den Aufgaben zeitgerecht zu erledigen- mehr von der wirklichen Kompetenz eines Schülers zu Tage fördern als das, was ein Lehrer, der seine Klasse über Monate und Jahre kennen und einschätzen gelernt hat - in vielen unterschiedlichen Situationen, an verschiedenen Inhalten wahrnehmen zu können geglaubt hat. Nicht dass Lehrer nicht auch häufig ihren Vor-Urteilen und Bequemlichkeiten verfallen sein könnten und tatsächlich sind - aber in dieser Rigorosität Testergebnisse in der sterilen Testsituation als „objektive“ Tatsachenbelege Lehrereinschätzungen als illusionären und bloß subjektiven Fehlurteile gegenüberzustellen, das heißt dann doch, die recht gewaltsame Künstlichkeit der Testsituation herunterzuspielen. Ebenso wie die Urteilskraft von Lehrern, die ja nun doch vielleicht mancherlei auf den Radarschirm ihrer Aufmerksamkeit bekommen könnte, was durch die Maschen der einschlägigen Tests fällt. Die so zurechtgemachten „Fehlurteile“ von Lehrern, die ihre Schüler zu positiv einschätzen, können außerdem viele Ursachen haben, die nicht unbesehen Blindheit besagen: es kann ja sein, dass Schüler in lebendigen Gesprächen wirklich „besser“ sind als in der Konfrontation mit ausgetüftelten Aufgaben, die ihnen gewissermaßen an den Kopf geworfen werden. Es könnte sein, dass bei nicht wenigen unter diesen Umständen das lebendige Denken aussetzt, obwohl sie den Testleuten zuvor versichert haben, dass sie bereit sind sich sehr anzustrengen (was PISA-Forscher ja ermittelt haben).

Es könnte sein, dass ihre Schulen unter dem administrativen und politischen Druck stehen, möglichst viele und möglichst gute Abiturienten zu produzieren. Es könnte der Ruf der Schule, des einzelnen Lehrers mitspielen. Und niemand wird den Druck von Eltern und Schülern selbst in Richtung gute Noten leugnen, der die Schule von innen kennt. Man hält sich viele Probleme vom Leib, wenn man Schülerleistungen hoch einschätzt und gut benotet. Und das kann sogar zur wirklichen Verbesserung führen. So einfach ist es nicht, aus der Konfrontation von Testergebnissen und Lehrereinschätzungen auf nichts anderes zu schließen als auf die inzwischen stereotyp werdende Klage von der fehlenden „Diagnostischen Kompetenz“ bei Lehrern. Im Übrigen steht zu erwarten die Anklage der fehlenden diagnostischen Kompetenz bei den Hochschullehrern, seit Daten aus dem Statistischen Bundesamt belegen, dass Studenten in sehr vielen namentlich bekannten Fächern Durchschnittsnoten zwischen 1 und 2 in ihren Abschlussexamen davontragen (vgl. die Tabelle in der Zeitschrift „Forschung und Lehre“ 4/2003, S. 174 sowie „Rheinischer Merkur“ v. 27.2.2003). Schier uferlose Tätigkeitsfelder für die Produktion von Leistungstests in den Wissenschaften eröffnen sich. Damit man auch Hochschullehrern ihre diagnostische Inkompetenz und Studentenleistungsüberschätzung wird nachweisen können. Der Wahnsinn hätte Methode.

In der gleichen Linie liegt die lehrerkritische Bemerkung eines Professors für „Qualitätsentwicklung und Evaluierung“: Wolfgang Böttcher schreibt: „In erschreckendem Masse hat eine Sonderauswertung der PISA-Daten gezeigt, dass Schüler mit gleichen Testleistungen völlig unterschiedlich von Lehrern bewertet werden“ („Pädagogik“ Themenheft „Diagnostische Kompetenz“, 4/2003, S. 51). Auch hier die stillschweigende Voraussetzung: Der Test gibt die objektive Leistungsfähigkeit zur Kenntnis, das Lehrerurteil, das davon abweicht, ist mangelbehaftet. Seit mindestens vier Jahrzehnten, seit den empirischen Versuchen zur subjektverzerrten Benotung von Rudolf Weiss und Karlheinz Ingenkamp wird den Lehrern dieser Befund um die Ohren geschlagen. Scheint es PISA endlich zu schaffen, diese subjektive Willkür auszurotten?

Auch hier muss die Gegenfrage erlaubt sein: Kann es denn das nicht wirklich sachgemäß geben, dass zwei Lehrer äußerlich sehr ähnlich scheinende Leistungen (Aufsätze, Aufgabenlösungen, Übersetzungen) unterschiedlich einstufen? Der Satz, wenn zwei dasselbe tun, ist es nicht das gleiche, hat ja seine Weisheit. Es können durch jeden Test fallende Züge - ein überraschender Nebengedanke, ein intelligenter Fehler, eine gar zu glatte Antwort, ein spürbares Ausweichen oder eine ebenso spürbare Ernsthaftigkeit in der Bearbeitung eines Problems - sein, die zu unterschiedlicher Bewertung führen. Und natürlich auch unterschiedliche Ansprechbarkeiten bei urteilenden Lehrern, die ja schließlich sinnlich-sterbliche Menschen mit ihrer persönlichen Lebens- und Lerngeschichte sind und sein sollen, wenn sie als Pädagogen und nicht als unbeteiligte und ferngesteuerte Testhandhaber die Szene betreten.

Ist es gänzlich absurd, daran zu erinnern, dass auch Sachbücher, auch wissenschaftliche Texte (also keineswegs nur ästhetische Produktionen) von verschiedenen Kritikern und Experten ganz unterschiedlich beurteilt werden? Und niemand kommt deswegen auf den Gedanken, die diagnostische Inkompetenz von solchen Rezensenten liege nun zutage und müsse abgeschafft werden durch objektivierende Verfahren. Sind die Leistungen von Schülern, gerade die allenthalben verbal geforderten kreativen Leistungen, davon qualitativ so unterschieden? Droht nicht mit der Forcierung „diagnostischen Kompetenz“ der genannten Sorte die Strangulierung und Homogenisierung dessen, worum es in der Schule, ihrem Unterricht gehen muss: die lebendige Auseinandersetzung mit einer vielgesichtigen und immer neu zu entdeckenden Wissenskultur? Unbestritten bleibt dabei, dass es gewisse Inhalts- und Kompetenzbereiche gibt, für die Leistungsstandards und ihre möglichst objektive Messung sinnvoll und möglich sind. „Diagnostische Kompetenz“, wie sie landauf landab gefordert und gefördert wird droht allerdings deren Grenzen zu übersehen und unkenntlich zu machen. Diese Art von Objektivität hat ihren Preis. Unterricht schrumpft zur Produktion von Leistungen nach Maßgabe der verfügbaren objektiven Leistungsbeurteilungsinstrumente. Es gab übrigens diese ganze Debatte vor über dreißig Jahren schon einmal im Zeitalter der Lernzieleuphorie und der so genannten „geschlossenen Curricula.“

Erziehungspraktiker - durch die PISA-Wissenschaft entmündigt?

Die Klage ist alt: Lehrer und Erzieher einerseits - Leute, die sich wissenschaftlich mit Erziehung und Unterricht befassen anderseits - sie scheinen auf verschiedenen Sternen zu siedeln. Lehrer lesen keine Erziehungswissenschaft, kennen keine pädagogische Literatur, die einschlägigen Zeitschriften krebsen dahin, Fachdiskussionen finden in der geschlossenen Gesellschaft der Insider statt - so ähnlich lauten die gewiss leicht vereinfachenden Urteile seit Jahrzehnten. Und: „Man stelle sich vor, dass Mediziner oder Juristen diese Nichtbeziehung zu ihrer Berufswissenschaft unterhielten!“ Der Entrüstung, des Kopfschüttelns ist kein Ende - „obwohl doch die nur mit Hilfe von Wissenschaft zulänglich zu bearbeitenden Erziehungsprobleme überhand nehmen.“

Der Tatbestand ist kompliziert, hat vielerlei Ursachen. Immerhin: das Bildungs-Erdbeben, das die PISA-Studie ausgelöst hat, könnte einen wenig beachteten Aspekt der genannten Entfremdung deutlicher sehen lassen.

Jemand hat kürzlich bemerkt, dass es unter den vielen Stimmen, die sich zu den Ergebnissen dieser empirisch erhobenen

Vergleichsstudie gemeldet haben, auffällig wenig praktizierende Lehrpersonen gab. Ganz als hätte ihnen die Sprache verschlagen, was da schwarz auf weiß über die Früchte ihrer Bemühungen, und somit auch über die Kompetenzen ihres Berufsstandes zu Tage trat.

Kein Wunder: sie haben zu dieser auf 547 Seiten dokumentierten Forschung im genauen Sinn nichts zu sagen. Die ist hinzunehmen. Was gibt es nach so solcher wissenschaftlicher Fundierung noch zu diskutieren? Und Lehrer haben aus der Mitgift ihrer Erfahrungen auch nichts zu fragen. Zu überwältigend sind die methodischen und theoretischen Instrumente, mit deren Hilfe die vorgelegten Daten erzeugt wurden. Wird die daraufhin angekündigte und mit viel Geld unterstützte Massierung empirischer Unterrichtsforschung den Graben zwischen Praktikern und Forschern vermindern helfen? Kaum - wenn die Forschungsrituale dieselben wie bei PISA bleiben.

Man sieht sich in der Rolle eines schwachen David gegen einen kräftemäßig weit überlegenen Riesen, wenn man trotzdem zwei Fragen an das PISA-Forschungsgebäude stellt, die Sorge um die Distanz von Wissenschaft zur Lebenswelt im Sinn.

(1) Die PISA-Forscher sind erklärtermaßen darauf aus herauszubekommen, ob junge Leute mit ihrem Wissen, ihren Fähigkeiten etwas in der Lebenspraxis anfangen können - ob es also mehr ist als totes Wissen, was sie in der Schule mitbekommen. Von daher waren die Testfragen so zu konstruieren, dass sie lebenspraktische Vernunft in vielerlei Situationen hervorzulocken imstande sein sollen. Einem Außenseiterblick freilich können sich widersprüchliche Züge dieses Unterfangens aufdrängen: Die lebenspraktisch werdende Kompetenz soll in einer Situation zum Vorschein gebracht werden, die systematisch gereinigt ist von allen Zügen des wirklichen Lebens mit seiner Besonderheit, mit der Offenheit und Vieldeutigkeit jeder realen Situation. Nichts ist da spürbar von der Ernsthaftigkeit, von Konsequenzen jeder Entscheidung, nichts von deren Verflochtenheit in persönliche und lebensgeschichtliche Beziehungen, nichts von dem Druck von Institutionen, Atmosphären, Überlieferungen, von der affektiven Gestimmtheit, auf die eine Herausforderung trifft. Alle diese Komponenten jeder

lebenspraktisch realen Lage, in der eine Kompetenz gefordert sein könnte, sind systematisch ausgeschaltet, wenn eine unbekannte Person den Saal betritt und in einer Zeitspanne von etwas über drei Stunden eine so genannte „Erhebung durchführt" und Testaufgaben auf Erhebungsbögen zum Ausfüllen vorlegt - wobei jede Auseinandersetzung über den Sinn dieser Fragen unterbleibt, auch jedes Gespräch unter den Testpersonen. Sie finden sich in einer imaginären Isolierzelle bei freundlich sachlichen Umgangsformen. Und die Annahme ist wohl, dass gerade in dieser Isolierung alltagswirksame Fähigkeiten ungestört zu Tage treten könnten. Wobei vielfältige Expertenberatungen bei der Erfindung der Aufgaben verbürgen sollen, dass die Aufgaben mit den Zielen des Schul-Fachunterrichts in den verschiedenen Ländern übereinstimmen. Es gibt keine Möglichkeit zu überprüfen, ob ein so getesteter Schüler die dabei gezeigten Kompetenzen oder Schwächen auch in realen Lebenssituationen in der entsprechenden Ausprägung zeigt. Man denkt unwillkürlich an Fahrprüfungen, die nur auf dem Papier stattfänden. Verfängt sich das Verfahren nicht auf tragikomische Weise in dem Schulwissen, über das es hinauszukommen beabsichtigte - im Interesse der Lebensdienlichkeitsüberprüfung?

(2) Die zweite Querfrage: Da erscheint ein Forschungsbericht mit über 500 Seiten detailliertester Angaben und Begründungen zur Ermittlung von Schülerleistungen in Verbindung mit anderen Faktoren (vorab der sozialen und ethnischen Herkunft). Und ich finde auf keiner Seite die Wiedergabe einer einzigen wirklich erbrachten Schülerleistung - beispielsweise der geforderten kritischen Äußerung zu zwei Aufsätzen über Graffiti oder zu einer Abhandlung über die Qualität von Sportschuhen. Zwar werden hochdifferenzierte Auswertungen dieser Schülerleistungen präsentiert - von ihnen selbst aber nicht eine Silbe. So dass sich dem Leser nirgends die Möglichkeit bietet, sich ein eigenes Bild von dem realen Kern dessen zu machen, wovon diese riesige Forschung vorgeblich handelt: von den tatsächlichen Leistungen der Schüler. Ein praktizierender Lehrer könnte wohl interessiert und befähigt sein, solche Materialien unter die Lupe zu nehmen und sein Urteil mit dem in der Forschung ermittelten Urteil zu vergleichen. Dass er dazu

> nirgends Gelegenheit bekommt, dass er insofern entmündigt und aus jeder eigenen Urteilsbildung ausgesperrt ist - sollte das nicht auch ein Grund dafür sein, dass solche empirische Wissenschaft vollkommen getrennt von der Handlungspraxis der Leute abläuft, die schließlich für die Entstehung dieser zu messenden Leistungen nachhaltig mitverantwortlich sind.

Natürlich höre ich den Einwand: Experten (auch solche mit Schulerfahrung) haben die Testaufgaben und die Bewertungsmaßstäbe festgelegt; Experten haben mit sorgfältigen Verfahren dafür gesorgt, dass die Schülerantworten „auf die offenen Fragen von geschulten Codierern anhand von detaillierten Codieranweisungen bewertet“ wurden (PISA 2000, S. 42). 30% der Testhefte wurden sogar vierfach codiert „um sicherzustellen, dass die Codierungen zu zuverlässigen Ergebnissen führen“ (S. 42). Mit andern Worten: Es ist ganz und gar überflüssig, dass ein Normalleser irgendwelche Schülerantworten in der ursprünglichen Form zu Gesicht bekommt. Seine Eindrücke über die Qualität dieser Leistungen sind von vornherein unerheblich - weil seine Urteilsmaßstäbe so unüberprüfbar subjektiv bleiben wie deren Anwendung. Weil es aber auf vergleichbare allgemeine Maßstäbe in dieser Forschung ankommt, ist die Veröffentlichung der Schülermaterialien überflüssig. Wichtig sind die mit intersubjektiven Kriterien aus den Materialien herausgefilterten (herauskonstruierten?) Daten.

Freilich bleibt der Einwand: die Art wie diese Daten zustande gekommen sind, d.h. welche konkreten Leistungen wie bewertet wurden, ist der Nachprüfbarkeit durch den Leser entzogen. Er bekommt mitgeteilt, dass mit allen erdenklichen Mitteln dafür gesorgt wurde, dass keine subjektive Willkür von Beurteilern und Einstufern um sich greifen konnte. Eine nicht unbedenkliche Art von Glauben an die Wissenschaft, ihre Autorität und ihre Wege zu verlässlichem Wissen ist damit stillschweigend gefordert.

Man kann diesen Argumenten folgen. Und man kann trotzdem ziemlich fassungslos registrieren, dass auf über 500 Seiten zu Schülerleistungen nicht eine einzige in ihrer ursprünglichen Gestalt dem interessierten Leser (und Lehrer) zugänglich gemacht wird. Sie haben nichts zu sagen, wenn die wissenschaftliche Methode - erfunden zur Überwindung beliebig subjektiver Meinungen - das letzte Wort hat.

Und eine Entmündigung des Praxiswissens ist dabei auch am Werk. Über die zu wenig nachgedacht wird. Man begnügt sich mit dem Leben auf getrennten Sternen. Der Preis, um dem vermeintlichen Sumpf der Subjektivität zu entkommen, ist hoch.

V. Abgetötete und wieder belebte Vergangenheiten

Dachau, 29.4.1945 - Zwei kontrastierende Lehrszenen und ein Dia

Was ist im KZ Dachau an diesem Tag wem passiert? Zwei Versuche, dem nahe zu kommen:

Szene 1

Eine Schülergruppe vor einer Dia-Projektion auf einer Leinwand. Der Lehrer gibt Regeln bekannt, streng einzuhaltende - über die Art der Aufmerksamkeit, die den zu zeigenden Dias zuzuwenden ist:

(a) Betrachten Sie das auf einem Dia Abgebildete wie die Spur eines unbekannten Geschehnisses, ähnlich sorgsam wie ein Kriminalbeamter, der aus unscheinbarsten Spuren auf unbekannte Vorgänge schließen muss, die zuvor abgelaufen sein könnten. Der kein Vorwissen mobilisieren darf. Vorwissen und Vorerklärungen machen leicht blind für alles, was nicht dazupasst. Und das könnte das Wichtigste zur Aufklärung des Falls sein.

(b) Was dürfte unmittelbar zuvor, was längere Zeit vor dem abgebildeten Ereignis passiert sein? Woraus genau ist das zu schließen? Was bleibt unklar oder mehrdeutig?

(c) Was ist aus der Haltung und Stellung der Personen zu schließen über ihr Interesse, ihre Gestimmtheit?

(d) Machen Sie Einzelbeobachtungen zu der Räumlichkeit, zu körperlichen Gesten, zur Kleidung von Menschen auf dem Bild.

(e) Gibt es Dinge? Welche Rolle spielen Sie?

(f) Gibt der Blickwinkel, den der Fotograf gewählt hat etwas her über das, was ihn mehr oder weniger interessiert?

Schlussvorschrift: Verzichten Sie bitte auf den Vorwitz aus schnell sich aufdrängenden Erklärungen, Deutungen, Wertungen. Lassen Sie das Bild so weit wie möglich unvertraut und unbekannt werden.

Zusatzbemerkung zur didaktischen Regie: In einer Lehrsituation gilt das für Anfänger und Fortgeschrittene, für Laien und Kenner, für Lehrer und Schüler gleichermaßen. Wer in der Lehrposition ist hat allenfalls die Aufgabe, zu schnelle Deutungen zu bremsen - durch Hinweise auf unbeachtet gebliebene Unbekanntheiten und Ungereimtheiten in dem Bild.

Hier einige Splitter aus einem imaginären Gespräch: „Soldaten in einem Raum mit Leichen." „Ein Bretterverschlag scheint es zu sein." „Nein, keine gefallenen, keine toten Soldaten." „Es sieht nicht so aus, als wären die Toten Opfer von Kriegshandlungen." „Zwei Soldaten, einer steht in der Ecke, ein anderer kniet." „Helme, nichtdeutsche Soldaten?" „Keine soldatische Tätigkeit - kein Exerzieren, keine Kampfhaltung, auch keine lockere Freizeithaltung." „Keine Spur verweist darauf, wie die beiden zueinander stehen - Vorgesetzte oder Gleichrangige?" ... „Auf dem Boden Stroh, Kleider, herumliegende Menschenkörper." „Erinnern an Kleiderpuppen." „Einige Körper in gestreiften Kleidern, also vermutlich Gefangenenkleidung." „Nicht bei allen zu erkennen, manche teils nackt." „Sie liegen unordentlich herum, teils aufeinander ..." „Als wären sie da reingeworfen." „Die zwei Soldaten geben sich merkwürdig teilnahmslos, als hätten sie eigentlich nichts damit zu tun." „Tun nichts, verhalten sich wie Besichtiger." „Der Stehende hat eine Knarre." „Kleiderknäuel auf dem Boden ..." „Der Holzverschlag hat kein Dach." „Sehr ernster Gesichtsausdruck bei dem hockenden Soldaten." „Ein halb nackter Menschenkörper im Vordergrund liegt auf dem Bauch." „Die Körper liegen ganz durcheinander." „Ein nackter Unterkörper, ganz verhärmt- wie hingeworfen, am Rand." „Auf dem Boden auch ein helmartiger Gegenstand, eine Schüssel?"

Fazit der Gesprächssplitter: Viel Ungereimtes, Unverständliches: Zwei ruhig betrachtende Soldaten, anscheinend fern jeder Kampfhandlung, vor einem Haufen von ungeordnet übereinander liegenden Leichen in einem Bretterverschlag. Das passt zu keiner Erfahrung im normalen Alltag. Auch zu keinem Kriegsbericht. Und um die Funde einer Ausgrabung handelt es sich auch nicht, die Leichen sind soweit man sehen kann, nicht verwest. Szene nach einer Explosion, einer Katastrophe? Dazu passt manches nicht. Spannungen bleiben

Einzelne Beobachtungen werden, locker geordnet aufgeschrieben, bevor ein zweites Bild mit den gleichen Regeln der Aufmerksamkeit entziffert wird. Darauf, ohne weiteren Kommentar wird ein Brief eines jungen GI der 7. US-Armee an seine Eltern über seine Erlebnisse bei der Einnahme des KZ Dachau am 29. April 1945 vorgelegt und Satz für Satz (also nicht als ganzer) in ähnlicher (sequenzanalytischer) Weise abgetastet, unter detektivischem Verzicht darauf, sich von einem Gesamteindruck den Blick fürs Detail trüben zu lassen (gemäß dem Verfahren der Sequenzanalyse, wie sie nach Ulrich Oevermann in der „objektiven Hermeneutik" in den Sozialwissenschaften praktiziert wird: Gegebenheiten nicht einordnen, sondern in sie verstehend eindringen und dabei auftretende Spannungen freilegen).

Im Kontrast dazu *Szene 2* zur gleichen Materie (nach dem Transskript der Forschungsgruppe Holstein, Meseth, Radtke u. a). Es handelt sich um die genaue Aufzeichnung eines Unterrichtsausschnitts zum Thema Nationalsozialismus in Klasse 12 im Gymnasialzweig einer kooperativen hessischen Gesamtschule, Sommerschulhalbjahr 2001, Grundkurs Geschichte, dreistündig unterrichtet, 17 Schüler, weitgehend homogen in der nationalen Herkunft.

Der Lehrer hat die Klasse in vier Arbeitsgruppen aufgeteilt. Sie erhielten für Lehrzwecke aufbereitetes Material über Aufbau und Praxis von Konzentrationslagern: Dia- Bilder mit zugeordneten Informationstexten (Institut für Film und Bild in Wissenschaft und Unterricht 1976) (Themenbereiche: Lagerorganisation/Anfänge des Lagers/Lagerinsassen/Befreiung des KZ Dachau). Die Dias sollten den Gruppen kurz vor dem Bericht zur schnellen Information zugereicht werden. Das scheint aus Zeitgründen jedenfalls nicht für alle Gruppen funktioniert zu haben. Aufgabe: Erarbeitung der Materie aus den Begleittexten in der Gruppe, Mitteilung der Ergebnisse ans Plenum. Birgit, die für die Gruppe 4 (Befreiung) referieren soll, bekommt jedenfalls die projizierten DIA Bilder erst zu Gesicht, als sie ihren Ergebnisbericht aus der Gruppenarbeit vorträgt. Zuvor noch ein Geplänkel (die Reihenfolge der Präsentation wird auf Bitten Birgits wegen eines Optikertermins geändert - Gruppe vier kommt gegen die numerisch vorgezeichnete Reihenfolge zuerst dran).

„L. (=Lehrer): Birgit muss dann zur zweiten Stunde weg, dann hat sie ihren Teil auch, äh, referiert.

S. (=Schüler) (m=männlich):“Ach, die geht schon wieder !?“

Udo: Wenn die Birgit geht, dann gehe ich auch.

S. (w.) Ich will auch gehen.

S. (m) Geht einer, gehen alle. (40 sek. Gemurmel bis zur Präsentation des ersten Bildes.)

Birgit: OK, (--), das ist jetzt aus dem Blickwinkel von den amerikanischen Soldaten, das, ähm, sind Bilder von, also von Toten, die aus dem, ähm, Güterzug, also die sind im Güterzug eingepfercht, ähm, sind die achtzehn Tage lang, sollten die in das Konzentrationsläg/ äh, Lager gebracht worden und da war halt vorher also total die Konfusion, dass man nicht wusste, wo ist der Güterzug, wo kommt der hin oder so was, die, ähm, sind selber dann wieder ge /äh// flüchtet und, ähm, ja letztendlich wurde dann eben unter menschen//, also unmenschlichen Bedingungen wurden dann eben diese Häftlinge so eingepfercht und sind da drin verendet. Und ähm, das Ganze soll halt eben, ähm, ja die Bilder sind von der amerikanischen Komm.//Kommission gemacht worden und, ähm das sollte dann eben der Weltöffentlichkeit dann mal Aufklärung über, ähm, die faschistischen Unmenschlichkeiten geben. Das ist auch das nächste Bild (der Lehrer bedient den Diaprojektor) Nein! Das ist es, oder? Ist es das? Nein! (3 Sek. Pause). Herr Pauly, das ist nicht das Bild (lacht).

L: Das ist nicht das, was Sie mir gegeben haben, das ist das Innenleben von einer Baracke ist das.

Birgit: Ja, gut, dann sind das jetzt wahrscheinlich die überlebenden Häftlinge (kurzes Lachen).

L.: HM, hm.

Birgit: Und, ähm, also das ist, nein. Das ist doch nicht das Bild das

S. (m): Mach doch mal weiter!

S (w.): Mach doch einfach

(folgt Rücklauf aller Dia-Bilder ...) ...

L.: Aber noch mal zu den Güterwagen, hat das überhaupt jeder verstanden, was da Sache ist mit den Güterwagen?

S. (m).: Tod.

L.: Genau. Das ist in der Endphase des Krieges, das muss man sich mal vorstellen, ist noch ein, äh, Häftlingstransport unterwegs und die suchen jetzt krampfhaft vor den anrückenden

Westalliierten, vor der roten Armee, von allen Richtungen kommen sozusagen die Befreier, ja, und die fahren jetzt mit dem Güterzug Tag und also wochenlang fahren die jetzt mit Menschen drauf ... und sind am Ende alle gestorben. Und die sollten, wie gesagt in ein anderes KZ verlegt werden. Und dann kommt in der Endphase, äh, kurz vor der Befreiung Dachaus, können Sie noch mal schnell sagen, wann das war?

Birgit: Ähm, das war neunundzwanzigster April.

L.: Neunundzwanzigster April fünfundvierzig, ne.

Birgit: Ja, genau.

L.: Wird Dachau befreit und in die Situation kommt dann so ein Gütertransport an, mit einem Zug voll Leichen.

(Die Schülerin beginnt mit der Präsentation des nächsten Bildes)."

(Transskript entnommen aus „Nationalsozialismus im Unterricht- Bericht zu einer Pilotstudie. Frankfurter Beiträge zur Erziehungswissenschaft 3, Goethe-Universität Frankfurt/M, Fachbereich Erziehungswissenschaften, hg. F. O. Radtke, S. 61-63).

Die Unterschiede beider Lehrszenen im Zuschnitt der Inhalte und der Äußerungen sind gravierend und aufschlussreich:

Lehrszene 1 inszeniert eine nicht durch Vorinformationen gerahmte Konfrontation mit einem fragmentarischen Dokument - in der Annahme, dass so Züge eines unvermittelten Widerfahrnischarakters in die künstliche Lernsituation gerettet werden können. Lehrszene 2 lässt denselben Inhalt mehrfach gefiltert und auf Distanz gebracht Thema werden. In wenigen (durchaus der Ausarbeitung bedürftigen Thesen) lässt sich die Eigenart von Szene 2 im Kontrast zu Szene 1 so diagnostizieren:

(1) Szene 2 repräsentiert einen Unterricht, der sich beim Thema Nationalsozialismus gelöst hat von moralisierenden, sentimentalisierenden und indoktrinierenden Zügen. Nichts (mehr) ist zu spüren vom Zeigefinger der „Nie-wieder-Generation“ ...

(2) Zwischen Lehrperson und Schülern herrscht eine nichtautoritäre, arbeitsorientierte Umgangsform vor. Der Lehrer verzichtet auf Beurteilungen, er drängt nicht auf „erwünschte Antworten“. Er übergeht ohne Kommentar schulkritisches Murren („Geht einer, gehen alle“).

(3) Eine Sachorientierung herrscht vor, die freilich auch Züge der Gleichgültigkeit, um nicht zu sagen der Respektlosigkeit gegenüber einem befremdlichen Inhalt annimmt. Ein Lehrstoff wie jeder andere wird einem ritualisierten Bearbeitungssystem unterzogen.

(4) In Szene 2 hat der Gestus der Erledigung nach einem im Voraus festliegenden Behandlungsplan also absoluten Vorrang vor dem Gestus der Aufmerksamkeit für ein vieldeutiges und die Normalitäten aufstörendes Phänomen.

(5) Das zeigt sich vor allem im Umgang mit dem Foto von den Leichen mit den zwei Soldaten. In Szene 2 ist das Bild von vornherein in eine Rahmung gebracht, die es seiner verstörenden Wucht weitgehend entledigt: Es schrumpft zur Illustration: (a) eines Informationstextes, (b) einer amerikanischen Aufklärungsbemühung, (c) einer Gruppenarbeit. Das Bild ist von vornherein eingeordnet und entwickelt kaum explosive Irritation.

(6) Was in Szene 2 als Störung auftritt, ist nicht durch den Inhalt der behandelten Sache bedingt, sondern durch das soziale und medientechnische Arrangement (Birgit muss zum Optiker, der Lehrer scheint das falsche Dia beizuknipsen, Schüler murren über Anwesenheitspflicht im Unterricht).

(7) Die die Schüler aktivieren sollenden didaktischen Maßnahmen, die auch die autoritären Züge des dozierenden Frontalunterrichts abbauen sollen, liegen zutage: Der Lehrstoff wird den Schülern als Text (mit oder ohne Bild) in die Hand gegeben - sie sollen und können ihn „selbsttätig“ und „kooperativ“ (= herrschaftsfrei) „erarbeiten“ und Mitschülern dann ein „Ergebnis“ mitteilen. Diese Aktivierung hat indes scheinhafte Züge und verbirgt eine weitgehende Passivierung: Die Ergebnisse und die Erkenntnisse (die etwa aus der Betrachtung des Bildes zu gewinnen wären) liegen von vornherein fest - ebenso wie die Aufteilung der Themenbereiche und der Aggregatzustand, in dem die Ergebnisse mitgeteilt werden. Die Aufgaben der Schüler bestehen darin, vorgefertigte Erkenntnisse über Tatsachen zur Kenntnis zu nehmen und zu geben. Wissen wird nicht etwa erzeugt - was in Szene 1 immerhin in Ansätzen möglich ist - es liegt vor Beginn des Unterrichts fertig vor, sozusagen frei Haus mit Garantiesigel angeliefert vom Institut für Film und Bild in Wissenschaft und Unterricht. Es ist nur noch aufzufassen und weiterzugeben. Die Schüleraktivitäten in diesem Gruppenunterricht haben Züge der totalen Fremdsteuerung.

(8) Scheinhaft bleibt auch die Verlebendigung durch authentisches Bildmaterial. Es provoziert nicht riskante und offene Nachdenklichkeit (die würde auch schwer benotbar sein) sondern eine durch den Kommentar vorgezeichnete Einordnung und Einschätzung..

(9) Der Fragmentcharakter von Zeugnissen gilt in Szene 2 nicht als Chance zum Gewinnen unvorhersehbarer Formen der Aufmerksamkeit, sondern als Anlass, ihn durch korrekte Informationen auszufüllen und unspürbar werden zu lassen.

Die Chancen des Nichtwissens, des Nichtverstehens, der Ratlosigkeit, des Schweigens in Leeräumen kommen in Szene 2 nicht zum Zug. Birgits syntaktisch entgleisende Äußerung resultiert aus Informationsunsicherheit. Sie hat die Tatbestände nicht deutlich vor Augen- kommt aber nicht etwa ins Nachdenken. Hier ist durch das Lehrarrangement jede Leere unverzüglich auszufüllen - sei's durch Gruppentätigkeit, durch Materialien, durch resümierenden und wiederholenden Lehrerkommentar.

(10) Von der Wissenschaftsorientierung, die auch der Unterricht in Szene 2 gewiss für sich beansprucht, bleibt das Bemühen um den distanzierten wertfreien Tatsachenblick, der nüchtern zur Kenntnis nehmen will, was Sache ist, ohne Entrüstung, ohne Fasziniertheit.. Das Staunen und die Irritation, die auch zur Wissenschaft gehören - sie haben angesichts dieser reduzierten Spielart von Objektivität keinen Entfaltungstraum.

(11) Alles in allem bleibt die Tatsachenwelt der Geschichte, die Szene 2 nahe zu bringen sucht, merkwürdig arm an Spannungen - Spannungen in den Sachverhalten (Unbekanntheiten und Ungereimtheiten) kommen ebenso wenig zum Zug wie Spannungen zwischen den beteiligten Menschen (die in Deutung, und Einschätzung aneinander geraten könnten). Eine Sachlichkeit, die zu Entsubjektivierung führt.

Dinge imprägnieren das Erleben der Welt - der Tisch im Kinderzimmer

Die so genannten Dinge regulieren uns mehr als wir wissen. Wie zu sitzen, wie sich bewegen, wie wahrzunehmen, als was etwas zu empfinden ist- solches und ähnliches bestimmen sie jedenfalls mit, diese stummen Lebensgenossen. Wie die Sprache, wie die Umgangsformen uns imprägnieren, darüber gibt es Bibliotheken. Was Dinge, sie umgebende Räume, Farben, Klänge vermögen, wie sie uns zu einer gewissen Ordnung und Stabilisierung dieser reichlich fremd auf den Neuling einprasselnden Umwelt helfen, anregen, nötigen- wie kann man darüber etwas herausbekommen? Ein Weg sind Beobachtungen, ein anderer Erinnerungen - vielleicht an markante Wohn-Dinge. Wohn-Dinge sollten doch wohl nicht ausschließlich den Planern und Designern von IKEA und anderen Industrien überlassen bleiben. Wissen die eigentlich genug?

Wenn man mich fragt nach wichtigen Wohn-Dingen in meinen Kindheitserinnerungen, so fällt er mir sofort als Erstes ein, der Tisch im Kinderzimmer.

Bei zwei Anlässen kam er groß heraus. Einmal jede Woche samstagabends beim familiären Abendessen. Kakao mit Brötchen, und oft auch ein Kotelett dazu, ein altmodisches, nicht ausgebeint, sondern eins mit dem Knochen, den abzuknabbern höchst lustvoll war. Dann hatte der Tisch Glanz, die Woche war vorbei, der Jungvolkdienst am Samstagnachmittag auch. Um den Tisch saßen wir herum, war er ein Ding? Nein, viel eher ein sehr vornehmer Bediensteter, der das Köstliche trug, präsent hielt - zwar diskret bedeckt mit Tuch und Speisegeräten - aber grundsolide war er darunter da, dieser gute: mit einer dicken hellholzigen Platte, die unter der Decke natürlich viele Spuren diverser Tätigkeiten trug, Tintenflecke, Beulen vom Hämmern, Verletzungen von Laubsägereien, merkwürdig: ich glaube mich zu erinnern, dass diese dicke Platte etwas Weiches, Nachgiebiges hatte, wenn man über sie strich. Übrigens war dieser Tisch im Kinderzimmer auch viele Jahre der normale Mittagessenstisch der Familie bis zu seinem bitteren Ende 1944, doch davon später ...

Der andere Anlass, bei dem er groß in Erscheinung trat, das war der Geburtstag, der 1. Mai. Zwei Betten standen im Zimmer, für einen meiner Brüder und für mich. Und das Aufwachen am frühen Morgen, wenn es hell wurde, an diesem Jubeltag. So strahlte der Tisch sonst nie: der verstohlene Blick aus dem Bett - drüben, eine Armlänge entfernt trug er die geheimnisvoll verhüllten Geschenke, die Decke mit ihren rätselhaften Wölbungen machte ihn zum Geheimnisträger, er wusste ja wohl schon, was er da trug. Nur ich wusste es nicht, es war zu warten, bis die Mutter kam, bis Aufstehen dran war. Solcher Glanz war sonst nie im Raum.

Und er war halt immer zuverlässig anwesend, stand zudiensten, trug mein eigens von mir angefertigtes Kaspertheater, auch mein Schattentheater, trug meine Schulhefte und Schulbücher - und der helle weißliche Charakter des Holzes machte ihn mir so einmalig. Solch Tisch sah ich sonst nie, es war eine ziemlich massive Holzplatte, nicht abnehmbar, der Tisch wurde nie verrückt. Allenfalls regte seine Unbeweglichkeit dazu an, in seiner Unterwelt eine Art Geisterbahn einzurichten. Der Unterraum wurde da zugehängt, und darin, Genaueres weiß ich nicht mehr, versuchte ich ein Wägelchen im Dunkeln (das war wichtig) herumfahren zu lassen.

Sein Ende war traurig. In der Nacht vom 11. zum 12. September 1944, als Darmstadt die Vorläuferrolle von Dresden zu spielen genötigt ward und zerbombt wurde, stand ich, wohl zwischen eins und zwei Uhr in der Nacht auf dem Rasenstück hinter dem vierstöckigen Mietshaus in der Heinrichstrasse 157 neben meiner Mutter (wo da mein Vater und meine Brüder zu dieser Zeit waren, weiß ich nicht) und wir schauten stumm zu, wie das Feuer von Stockwerk zu Stockwerk nieder brannte. Die Augenblicke, die letzten Augenblicke des Kinderzimmers, in dem der Tisch stand, erinnere ich noch recht genau. Dann brannte die Decke, dann stürzte sie ein. Und wir schauten zu, noch einmal davongekommen, und ringsum Feuersturm und Gestank aus Phosphor-Kanistern. Zu reden war nichts, eigentlich auch nichts zu fühlen, man war merkwürdig erstarrt, es waren halt für zuvor für unglaublich gehaltene Tatsachen, die jetzt passiert waren. Keine Zeit, keine Kraft zu klagen und über etwas anderes nachzudenken als darüber: Wie und wo verbringt man die nächsten Stunden? Der Vierzehnjährige freilich wusste insgeheim, dass er dafür keine Verantwortung trug. Irgendwie werden sie's schon richten, die Alten. Aber bitter war es, das Kinderzimmer, die geliebte hellrötliche Tapete mit ihren Rauhigkeiten, die über dem Tisch hängende kastenförmige Lampe die graublau gestrichenen Stühle und Betten, das Nachtschränkchen mit den Operntexten, schon damals eine behütete Kostbarkeit, der Linoleumfußboden, die altmodische Uhr mit ihrem *Bimbam*, die Truhen mit dem Fußball, alle Vertrauten des Alltags über mindestens ein Lebensjahrzehnt - alles in ein paar Minuten sehenden Auges verschwinden, ins Nichts stürzen zu sehen, auf Nimmerwiedersehen - ein merkwürdiger Abschied. Und die nächsten Tage und Wochen waren diese Dinge in ihrer Abwesenheit noch fühlbarer als je zu ihren „Lebzeiten." ... Als es sie selbstverständlich gab (Wer gab?).

Wer wüsste zu sagen, was ich ihnen verdanke, diesen Kinderzimmerobjekten - ob ich ihnen etwas verdanke.

Eine Initiative gegen die Abtötung der Erinnerungs-Phantasie

Arthur Schnitzler beschrieb - als Zeitgenosse des ersten Weltkriegs - Abstraktionen als Instrumente, mittels derer sich

Menschen die schwer erträgliche Wirklichkeit vom Leibe halten. Informationen fungieren als Abtötungen einer wirklichkeitssensiblen Phantasie. „Wodurch werden Kriege möglich? (1) Durch die Schurkerei der Mächtigen. (2) Die Dummheit der Diplomatie und (3) die Phantasielosigkeit der Völker.

Diese letzte wird unterstützt durch die in Geschichte und Politik übliche Flucht ins Abstrakte. Schon die Mehrzahl an sich hat die geheimnisvolle Kraft, das Konkrete ins Abstrakte umzuzaubern. Tausend Verwundete stellen sich der Phantasie keineswegs so schlimm dar wie ein Verwundeter. Sie bedeuten nicht tausendmal eins, auch nicht eins, auch nicht einen Bruchteil von eins, sondern etwas qualitativ anderes. Die Unfähigkeit der Menschen, selbst der phantasievollen, sich etwas „vorzustellen", ihre Phantasielosigkeit ist eine außerordentliche, immer von neuem überraschende. Zu erklären ist sie nur als eine im Laufe der Zeit entstandene innerliche Abwehr gegenüber der von den menschlichen Sinnen nicht zu ertragenden Grauenhaftigkeit der Welt" (A. Schnitzler: Vom Kriege. Aphorismen).

In dieser Hinsicht ähneln sich die Sprachen der Geschichtsbücher, der Wehrmachtsberichte, der Tagesnachrichten, der journalistischen Berichterstatter. Wie ist der jungen, nachwachsenden Generation zu übermitteln, was passiert ist? Ohne die Geste der „Nie-wieder-Entrüstung", ohne die coolness der Abgebrühtheit?

Von einer bemerkenswerten Initiative österreichischer Schüler ist zu lesen (SZ 6.5.03). Anfang Mai 2003 stiegen über dem Himmel von Wien tausende Luftballons auf - 15.000 Schüler hatten sich aus den 80.000 Österreichern (darunter 65.000 Juden), die dem Nationalsozialismus zum Opfer gefallen sind einen Namen herausgesucht und nach besten Kräften den Lebenslauf und den Charakter dieses Menschen ausgeforscht, auch durch Reisen an den Ort des Geschehens, durch Recherchen bei Freunden und Verwandten. Und schließlich schrieben sie als Ergebnis ihrer Bemühungen einen Brief an „ihren" Toten. „Wir können alle diese Menschen nicht wieder lebendig machen, aber wir können ihnen ihren Namen, ihr Gesicht, ihre Würde zurückgeben" hieß es in den Leitideen dieser Initiative.

Das lässt sich wohl als schier verzweifelte Gegeninitiative gegen die Übermacht der Abstraktion und die mit ihr verbundene Erinnnerungsvernichtung entziffern. Auch wenn es genug Leute geben wird, die über das, was sie pädagogische Spielereien zu nennen belieben, nur die Nase rümpfen können. Einem Toten die Ehre der Erinnerung, der Erinnerungsarbeit anzutun - wer das einmal im Ernst mit wie unzulänglichen Mitteln auch immer versucht hat, der wird etwas zögerlicher von dem lesen und hören, was in der Geschichte seiner Heimat alles passiert ist. Weil er eine Spur von der Unbekanntheit und Ferne dessen gewittert hat, was sich unter abstrakten Zahlen und Begriffen mehr verbirgt als enthüllt.

NS-Geschichte - zwischen Belehrungsmaschinerie und unverbindlichem Angebot?

Tagung an der Uni Frankfurt/M: Schule und Holocaust, Mai 2003. Teilnehmend: diverse Wissenschaftsrichtungen und auch einige Lehrer. Fazit zu Beginn wie am Ende: Die Vermittelbarkeit von Geschichte in der Schule bleibt eine ungeklärte Frage.

Der Sozialforscher Welzer legt dar, wie wirkungslos die offizielle Version der NS-Geschichte für das tatsächliche, im offenen Gespräch hervortretende Geschichtsbewusstsein der Enkelgeneration ist. Fast alle sind überzeugt, dass ihre seinerzeit aktive Großvätergeneration nazikritisch gewesen sei. Kumulative Heroisierung, je weiter man sich von dem Geschehen entfernt hat, nennt das Welzer. Schönfärberische Geschichtsverfertigung im Interesse des Rufs der Vorvätergeneration ... Ein Medienforscher (H. Loewy) demonstriert anhand von Filmen seine These: Es gibt in den Medien, in Filmen wie auch in so genannten Dokumentationen nur Märchen über das Geschehen, wir haben nichts als Konstruktionen. Das soll man sich klar machen, wenn man mit Schülern drüber spricht. Rückfrage aus dem Zuhörerkreis: Gibt's nicht bessere und schlechtere Märchen? Antwort: Mit besser und schlechter kommt man sofort in das Gebiet eines langwierigen Diskurses. Es bleibt bei den Märchen. Ein anderer Teilnehmer: Wir haben nichts als Anschauungen vom Holocaust. Das Wort Wirklichkeit auszusprechen ist tabuiert, die gibt's nicht, die kann es für uns zur ständigen Konstruktion Verurteilte (oder Ermächtigte) nicht geben. (Leider fiel mir die Gegenfrage nicht ein: Und was ist, wenn ein Schüler die Konsequenz aus so viel Geschichtsverfertigungstheorie zieht und fragt: Also ist doch wohl der gesamte Holocaust auch nichts anderes als ein Märchen, nichts als eine Präparat aktiver Anschauung. Wozu also die Aufregung?)

Zugrunde lag der Tagung die Pilotstudie einer Frankfurter Forschungsgruppe um F.O. Radtke - die hochinteressantes empirisches Material über tatsächliche Unterrichtsverläufe in Gymnasialklassen zu Themen der NS Geschichte erhoben und analysiert hat. Ein Fazit: Das auf Luhmann u.a. zurückgehende Bild von Schulunterricht (Lehrerimpuls - Schülerreaktion - Lehrerurteil) überformt quasi naturwüchsig die Inhalte so, dass kein Spielraum für Abweichungen, konflikthaltige Verarbeitungsdifferenzen, offene und bewusst geöffnete Fragen bleibt. Die Erledigungszwänge des Lehrmechanismus zermahlen Sachansprüche und reglementieren allfällige Subjektreaktionen. Die verfügbaren Medien sind dem eingepasst. Man neigt zu der Auffassung, dass diese sich blind durchsetzende Belehrungsapparatur schließlich prinzipiell auch darauf aus sein muss, etwas zu verfertigen, was Märchencharakter hat - d.h. aber dass der Stachel der Widerständigkeit von Widerfahrnissen, die sich der Belehrungsapparatur widersetzen, gar nicht zur Geltung kommen *kann*. Subjektive Aneignungsprozesse im Sinn von pädagogischen Leitideen der Emanzipation etc. haben unter diesen Umständen keine Angriffspunkte. Schließlich: Ein Soziologe (W. L. Schneider) analysierte mit den hochsensiblen Instrumenten der Konversationsanalyse einige Unterrichtspassagen daraufhin, wie Lehrer mit einem bestimmten Dilemma fertig werden: angesichts von Dokumenten der NS Geschichte bzw. des Holocaust und der darin zu Tage tretenden Handlungen kann man auf moralische Einordnungen nicht völlig verzichten, anderseits liegt es zutage, dass man ihnen mit moralischen Bewertungen auch nicht gerecht werden kann.

Schließlich: mein pädagogisch gemeinter Vortrag mit dem Plädoyer für eine Aufmerksamkeit, die sich den Lähmungen durch Erledigungs- und Beurteilungszwänge bewusst entzieht und Anwesenheit vor den Sachverhalten zu gewinnen sucht.

Worauf der im mainstream der Tagung liegende Einwand artikuliert wurde: solche wie auch immer reflektierte Unmittelbarkeit zur Sache zu fordern (gar mit dem apokalyptischen Unterton, der den Verlust der Wirklichkeit beklagt) sei doch wohl im Aeon des Konstruktivismus erkenntnistheoretisch etwas blauäugig, gehe aber auch an den Tatsachen vorbei, dass sich junge Leute heute aus den sie umschwirrenden symbolischen Welten und Informationen eh ein Bild auch von der NS Geschichte zusammenb(r)auen, von dem die Alten wenig wissen und das sie wohl auch nichts angeht - es wird ihnen schon etwas einfallen, was sie damit anfangen, diese doch so munteren jungen Menschen. Man möchte fast folgern: Lasst den Nachwuchs sich doch seine Märchenwelt auch aus Bausteinen der NS Geschichte bauen. Wir können das kommentieren, aber das wirkungsvoll beeinflussen zu wollen - nein das wäre doch Selbstüberschätzung dessen, was Lehrer und Pädagogen zustandebringen können. Und das, was Erziehungswissenschaft heute letzterdings den Lehrern mit auf den Weg geben kann, wäre die ernüchternde Einsicht: Die jungen Leute wie wir alle basteln uns unentwegt aus vielen Versatzstücken unser Weltwissen zusammen. Und über diese Konstruktionen kommen wir eh nie hinaus. Also verzichte man auf die illusionäre Überanstrengung, sich um den Aufschluss von Sachverhalten, von dem, was früher mal Wahrheit hieß, beunruhigen und anfechten zu lassen- damit das so genannte Bildungssystem zu befrachten - das hat, Luhmanns Einsichten sei dank, andere Systemaufgaben

Es war dann schon fast grotesk und wirkte ratlos naiv, dass zum Schluss der Veranstaltung eine Lehrerin, auch im Rückblick auf mehrere Jahrzehnte Unterrichtarbeit einwarf, aber es komme doch wohl im Unterricht darauf an, darauf hinzuwirken, dass Auschwitz nie wieder passiere ... Nein, sie war gewiss nicht auf dem Stand der wissenschaftlichen Diskussion. Ob das freilich für die Qualität der erreichten Reflexionshöhe spricht, das steht dahin.

Merkwürdigerweise verträgt sich diese konstruktivistische Skepsis, (die ja aus den Lehrinhalten den Verbindlichkeitsdruck nimmt), recht gut mit der Belehrungswut, die den Nachwuchs mit Bildern und Informationen zudeckt. Wenn man eh keinen Einfluss darauf nehmen kann und will, was die jungen Leute damit anfangen, ist diese Mentalität, die aus der Schule ein Warenhaus mit reichhaltig unverbindlichem Lern-Angebot macht wiederum verständlich.

Vergangenheit - von Belehrung zu Konfrontation

Wie mit der schwierigen Vergangenheit von uns Deutschen umgehen? Wie kann er aussehen, der oft beschworene „Kampf gegen das Vergessen“? Mit forcierter Informationsüberschüttung ist es gewiss nicht getan, im Gegenteil. Man mag an den Spruch erinnern: „Immer davon reden, nie daran denken“. Es gibt auch eine Flucht vor der Erinnerung, die die Gestalt der Häufung von Erinnerungsgegenständen annimmt. Es gibt ein Bewältigen, das sich eine Überlegenheit erschleicht. Der Historiker Koselleck legte in einer detaillierten Studie über Kriegerdenkmäler dar, in wie vielen Spielarten dabei Kriegsgefallene und ihr Leiden staatlicherseits vereinnahmt und enteignet worden sind. Robert Musil hat einmal notiert, die unsichtbarsten Objekte in einer Stadt seien ihre Denkmäler. Niemand schaut sie an, weil jeder bescheid zu wissen wähnt.

Einige leicht schräge Initiativen zu einem etwas anderen Umgang mit unserer Geschichte verdienen Beachtung:

Da wurde vor einiger Zeit ein Wiener Schauspieler, Erwin Steinhauer, dessen müde, an Wiener Theatern das geläufige Repertoire „herunterzunudeln“, wie er sagte. Und er begann öffentliche Lesungen von ihm so genannten „bösen österreichischer Autoren“, darunter auch „etwas aus dem Werk „Mein Kampf“ des Dichters Adolf Hitler“. Andere authentische Texte der Nazizeit schlossen sich in weiteren Lesungen an - so die Lesung einer Mitschrift der „Grossen Besprechung über die Judenfrage“ zu der Hermann Göring am 12. November 1938 ins Reichsluftfahrtministerium eingeladen hatte. Der Schauspieler Stefan Hunstein vom Bayerischen Staatsschauspiel hat sich einen einschlägigen Lesezyklus von drei bis fünf Abenden erarbeitet, den er - passenderweise - im Münchner Haus der Kunst präsentiert. Zum Repertoire gehören außer „Mein Kampf" auch Hitlers Tischgespräche und die Memoiren von Rudolf Höss. Wichtig für beide: es geht nicht um schauspielerische Attitüden und Verlebendigungen - die würden sich zwischen die Texte und die Köpfe der Zuhörer schieben. Die Imitation etwa von Hitlers schnarrender Bellstimme würde zur Belustigung oder zur Einordnung ins Altbekannte („ja, so hat er rumgeschrien, haben wir schon oft gehört") führen. So bliebe das aus, worum es den Vorlesern geht: die möglichst ungepufferte Konfrontation mit den immer wieder unerhört wirkenden Aussagen. Das Unglaubliche würde zum nur mehr entrüstet zu besichtigenden Demonstrationsmaterial entschärft, wollte man es irgendwie mimisch einzuholen versuchen.

Das wird auch verhindert in Initiativen sowohl der Münchner Kammerspiele wie des Staatstheaters Darmstadt. Da lasen vor einiger Zeit Schauspieler abwechselnd durch mehrere Tage ohne Unterbrechung den ganzen Tag durch ungekürzt die Klemperer-Tagebücher aus dem jüdischen Alltag unter dem Nationalsozialismus. Die Häppchendarbietung würde zu mundfertigem Wissenskonsum einladen.

Weiter: Da las der Schauspieler Manfred Zapatka im Fernsehen über zwei Stunden ungekürzt, mit äußerster Konzentration, sachlich, ohne die Miene zu verziehen und messerscharf artikulierend den Wortlaut der berüchtigten Geheimrede Himmlers vor SS-Chargen auf dem Höhepunkt des 2. Weltkriegs.

Und es passierte nicht, dass nachher ein freundlicher Herr oder eine ernst dreinblickende Dame die Zuhörer zu Kommentaren und Einordnungen ansetzte - auch kein Historiker-Experte kam Souveränität ausstrahlend zu Wort.

Vielleicht mag man einen Augenblick staunen, dass es die genannten Schauspieler riskieren, oft genug unerträglich wirkenden Rohmaterialien unpräpariert in der Gegenwart zur

Sprache zu verhelfen. Pädagogen müssen wohl registrieren: Hier wird nichts festgestellt, nichts erklärt, nichts vertraut gemacht, nichts von einer höheren Warte aus beleuchtet, nichts auf praktische Nutzanwendungen und Folgerungen hin ausgewertet, und es finden keinerlei Aktivierungen des Publikums statt. Keine Spur von so genannten „Lernhilfen".

Darf man das? Droht nicht Missbrauch, Missverständnis, Beliebigkeit in der Deutung? Müssen bei solch prekärem Quellenmaterial nicht wissenschaftlich und pädagogisch gestützte Kommentare hier angefügt werden und somit eine „professionelle Vermittlung" anbahnen?

Nichts von alledem scheint die genannten Akteure zu bekümmern. Und eine Formulierung des Komponisten Ruzicka - der mit seiner „Celan"-Oper seinerseits einen Beitrag zur ungepufferten Konfrontation mit kaum erträglichem Vergangenheitsmaterial auf die Bühne gebracht hat - mag andeuten, was die genannten Aktionen antreibt: Es könne heute, sagt Ruzicka, nicht mehr darum gehen, die Vergangenheit zu bewältigen, es gehe darum, sie zu bewahren. Das, was Nietzsche einmal in den „Unzeitgemäßen Betrachtungen" „die Belehrungswuth" nennt, ist dieser Bewahrung im Weg.

Der entfesselten Belehrung durch immer perfekter aufbereitete Informationen entspricht das entfesselte Vergessen - von der Furie des Verschwindens ist nicht umsonst immer häufiger die Rede.

Ein letztes Beispiel: Die Konzertbesucher der Alten Oper in Frankfurt/M mögen am 31. Mai und 1. Juni 1987 ihren Ohren nicht getraut haben: Zunächst das Musikstück für Sprecher, Männerchor und Orchester Opus 46 von Arnold Schönberg: „Ein Überlebender aus Warschau". Der Sprechertext beschwört in englischer Sprache die Erinnerung an einen Morgenappell im Warschauer Ghetto, zu dem die zu Tode gepeinigten Menschen ohne Rücksicht auf Alter, Krankheit, Zustand schleunigst anzutreten hatten. Eingesprengt sind deutsche Sprachbrocken des kommandierenden Feldwebels: „Abzählen ... Noch rascher: one, two, three ... nochmal von vorn anfangen: in 1 Minute will ich wissen, wie viele ich zur Gaskammer abliefere. Abzählen!" Und während des Abzählens beginnt unter den Geschundenen der Gesang: Shema Yisroel ... Höre Israel, der Ewige ist unser Gott, der Ewige ist einzig ...“

Die übliche Konzertrahmung - ergriffenes Schweigen, Applaus, Verbeugungen - blieb diesmal aus. Kaum war das Schönberg-Stück zu Ende, folgten nach wenigen Sekunden, kaum glaublich für die Hörer (obwohl sie durch das Programm ja vorbereitet waren) die ersten Takte der Neunten Sinfonie von Beethoven, welche Sinfonie einschließlich des Schlusschors „An die Freude“ sich anschloss. (Verantwortlich Michael Gielen).

Man hatte die Feldwebelworte noch im Ohr, als der Solist des letzten Satzes erneut in deutscher Sprache begann: „Freunde, nicht diese Töne ...“ Und die Ekstase in die Freude der Menschheits-Umarmung bekam nach diesem Vor-Spiel irre Züge. Was war passiert? Die eingeschliffenen Ordnungsleistungen, mit den wir Kulturinhalte zu rahmen und auf Distanz zu halten gewöhnt sind, zeigten Risse. Es brandete etwas an, woran sie scheiterten. Das Vorwissen um das Warschauer Ghetto, um Schönberg, um die Neunte Sinfonie, um unsere Kulturtradition - es bekam einen Sprung. Vorsichtiger gesagt: es kam in eine Schwebe, die die gewohnte Einordnung und Wertung lähmte. Gewahren statt Bewältigen. Es handelte sich um etwas völlig anderes als um Belehrung und Vermittlung einer neuen Einsicht oder Einschätzung. Und dieses Etwas ist es, wofür professionelle Belehrer aus vielen Gründen leicht unempfindlich werden. Bei Künstlern und Schauspielern könnten sie etwas lernen. Wenn sie nur ihren blinden Fleck noch merken könnten ...

Kulturbruch und Ressource Ernst - Eine Erinnerung

Denkmäler wurden errichtet, um an des Denkens Würdiges unübersehbar und möglichst steinern zu erinnern. Und Erziehung wie Schulunterricht war ja bislang auch von der Idee getragen, weiterzugeben, was man „das Erbe der Väter“ nannte. Daraus resultierte der Vorschuss-Respekt vor dem, was die

Alten den Jungen voraus hatten und infolgedessen zu lernen vorschreiben konnten. Seit geraumer Zeit regen sich Zweifel an diesem Muster, Schule zu denken.. Dabei ist es noch die harmlosere Variante, die auf die rasende Veränderung der gesellschaftlichen Umwelt hinweist: das Wissen der Alten passt demnach nicht mehr für die neuen Gegenwarten nach dem Abbau überlieferter Kulturhierarchien.. Bohrender sind die Zweifel, die, in Deutschland aus dem Erinnern an den Kulturbruch entstehen, der mit den Worten Nationalsozialismus und Auschwitz verbunden ist.

Man mag an eine Bemerkung von Max Frisch erinnern; ratlos sinnierte er darüber, wie es denn hat sein können, dass inmitten der NS-Diktatur auf vielen Bühnen Deutschlands Beethovens Oper „Fidelio“ hat aufgeführt werden können, ohne dass die Beteiligten gemerkt haben, in welch schreiendem Widerspruch die Botschaft dieser Oper zu ihrem politischen Alltag stand. Und Schreiber dieser Zeilen registriert betroffen, dass er im Jahr 1943 als Dreizehnjähriger mehrere Male „Fidelio“ am Darmstädter Landestheater erlebt hat - ohne irgendetwas auffällig oder gar anstößig zu finden ... Man mag weiter erinnern an bittere Äußerungen von Jean Amery, der zu erwägen gab, dass schließlich alle Kulturinhalte der deutschen Tradition - mit Ausnahme der seinerzeit verfemten - durch die Nazidiktatur mit Blut und Lüge versudelt, wir würden heute sagen kontaminiert, seien. Und das entspricht der These von Adorno, dass Auschwitz das Misslingen der Kultur unwiderleglich bewiesen habe. Kultur, Wissenschaft, Philosophie haben sich demnach als definitiv unfähig erwiesen, die Menschen zu ergreifen und zu verändern: „Alle Kultur nach Auschwitz, samt der dringlichen Kritik daran, ist Müll.“ Müll aber ist nutzlos, wirkungslos, unbrauchbar gewordenes Zeug. Wie soll so etwas noch des Weitergebens an die jüngere Generation würdig sein?(Kein Wunder möchte man einwerfen, dass Pädagogen und Bildungspolitiker seit Jahrzehnten die unglaublichsten theoretischen und empirischen Verrenkungen vorführen, um die so genannten „Legitimationsprobleme“ des Curriculums, der Auswahl der Lehrinhalte und -ziele zu bearbeiten).

Zwei Zeugnisse aus den letzten fünfzig Jahren seien noch angefügt - ihre innere Verwandtschaft ist deutlich: Reinhold

Schneider, konservativer Katholik und Dichter des christlichen Widerstandes, der sich zeitlebens der Angst und Ohnmacht des Mannes am Kreuz näher fühlte als einer triumphierenden und weltangepassten Kirche und der die Welt in eine Katastrophe driften sah, schrieb in seinem letzten Buch „Winter in Wien“: „Unsere Zeit ist das Intervall zwischen dem Ende des Reiches und dem letzten Ruck des Zeigers.“ (Und „Reich“ war dem der alteuropäischen Geschichte Verbundenen das Heilige Römische Reich, dessen Kaiserkrone in Wien aufbewahrt ist).

Der Literaturnobelpreisträger Istvan Kertesz sagte im November 2002 in seiner Nobelpreisrede, auch unter Bezug auf sein Leben im KZ: „Seit Auschwitz ist nichts geschehen, was Auschwitz widerlegen könnte ... Ich habe im Holocaust die Situation des Menschen erkannt, die Endstation, an der der europäische Mensch nach zweitausend Jahren ethischer und moralischer Kultur angekommen ist.“

Kann man das abtun als altersbedingte Schwarzmalerei resignierter alter Männer, die die Welt nicht mehr verstehen? Kann man so tun, als habe das alles mit Erziehung und Schule, die ja nicht innehalten können, nichts zu schaffen?

Eine letzte Äußerung: George Steiner, Kulturphilosoph, Lehrer und Literaturforscher, sagte in seiner Rede zur Verleihung des Börne-Preises im Mai 2003 in der Paulskirche: „Die Umweltverschmutzung, die Ausbeutung und Schändung unseres kleinen, überbevölkerten Planeten ist jetzt zur selbstmörderischen Raserei geworden ... Die Meere liegen im Sterben. Zahllose Pflanzen und Tierarten werden zugrundegerichtet. Der Gast (sc. als welchen Steiner den Menschen auf dieser Erde in seiner Rede deutet) ist zum technologisch berauschten und blinden Vandalen geworden. Er verhunzt systematisch die Gastsstätte, die ihn willkommen hieß. Nur mit der Selbstzerstörung der vom Geldwahn irrinniggewordenen Menschheit wird sich die Umwelt erholen. Nur wenn wir verschwinden, hat der Planet eine Chance“ (FAZ 31.5.2003).

Apokalyptische Übertreibungen? Eine bequeme, eine verständliche Abwehr auch vonseiten derer, die Tag für Tag vor der nachwachsenden Generation stehen und irgendwie für die

Bedeutsamkeit dessen haften müssen, was sie ihr als unsere Kultur nahe zu bringen haben.

Und die angefochten sind von der nahe liegenden Versuchung, ohne Rücksicht auf solche „Intellektuellenbedenken" die überlieferten Kulturinhalte genauso auszupowern wie wir es mit der natürlichen Umwelt schon länger treiben.

Eine andere Folgerung wäre: der Verzicht auf die Haltung des Besitzers und Verwalters - der nun den Kulturstoff mit modernsten Mitteln zubereitet, kleinarbeitet und in die Schülerköpfe transportiert, je glatter, je schleuniger, je lernkonsumfreundlicher desto besser.

Die zitierten Äußerungen von Personen, die wissen wovon sie reden, müssen nicht notwendig zur Resignation führen. Aber vielleicht können sie etwas lehren, was dem oft gar zu flotten Lern-Lehrbetrieb von heute abgeht: Bescheidenheit, Schweigen- und vor allem die kostbarste Ressource im Umgang mit Erkenntnissen und Gestalten der Kultur: *Ernst*.

„Wir sind Bettler alle, das ist wahr" - soll jemand (war es Luther?) gesagt haben, als er im Sterben lag. Bettler sind keine Besitzer.

Es gibt schon Universitätspräsidenten, die allen Ernstes in Programmpapieren von Studierenden als den Kunden sprechen, die von exzellenten Wissenschaftlern auf exzellente Weise mit den exzellenten Wissenschaftsprodukten zu beliefern sind ...

Katholische Kindheit zwischen Nazikram und Krieg - Kurt Flasch

Wie habt ihr das ausgehalten in der Nazizeit, ihr um 1930 herum Geborenen? Wie fühlte sich das Leben von unten an? So fragen junge Leute, die vielleicht übersättigt sind mit Geschichtsinformationen über die groben Entwicklungen und Katastrophen. Und hören auffällig genau zu, wenn jemand ohne beschönigende Puffer ins Detail geht. Kurt Flaschs randscharf beschriebene Geschichte seiner „Mainzer Kindheit 1930-1949" unter dem Titel „Über die Brücke" (Universitätsdruckerei H. Schmidt, Mainz 2002) lässt einen nicht los, und wohl nicht nur jemand gleichen Alters und mit sehr ähnlichem lebensweltlichem Hintergrund Was haben die als Heranwachsende in so genannten bildsamsten Jahren erlebt, die in Deutschland zwischen 1960 und 2000 mehr oder weniger das Sagen hatten?

Hier einige Splitter aus Erinnerungen eines Autors, der auch bezüglich der Philosophie und Geschichte des Mittelalters Bedeutendes in Forschung und Lehre geleistet hat und der darüber nicht die Erinnerung an Einzelheiten seiner Kindheit hat verwehen lassen.

(a) Der dreizehnjährige Junge wird von einem der zahlreichen mit der Familie gut befreundeten Kapläne mitgenommen zum Bibliothekar des Mainzer Priesterseminars, einem Historiker, der gerade dabei war, die Bibliothek in Kisten zu verstauen, um sie vor Bombenangriffen in Sicherheit bringen zu können. Der Junge ist fasziniert vom Umgang mit diesen alten Folianten. „Über dem alten Hörsaal lag ein leicht betäubender Duft, den ich nie vergessen werde“ (S. 76). Viermal die Woche, ein Jahr lang, half er dem Doktor Brück, der bald ein väterlicher Freund wurde. Einige Folianten waren in mittelalterliche Pergamente eingebunden. „Mich beeindruckte das Alter des Pergaments, das ich in Händen hielt; aber mehr noch überkam mich die Lust des Entzifferns. Ich sah sofort, dass man auf diese Weise etwas entdecken könnte, was noch keiner gesehen hatte“ (S. 78). Brück gab ihm Bucheinbände und Entzifferungsaufgaben mit, in dosierten Schwierigkeitsgraden - aus der Stadtbibliothek lieh sich der Junge Tafelwerke zum Erlernen der mittelalterlichen Schriften aus. Montags legte er die Ergebnisse seiner Hausaufgaben zur Durchsicht vor. „Ich war jetzt vierzehn Jahre alt, und mit vierzehneinhalb war ich ein recht guter Paläograph. Man unterschätzt meist, was Kinder alles lernen können, wenn man sie geschickt und freundlich anleitet“ (S. 78).

(b) Ein ganz anderes Lernprogramm fand über Jahre hindurch statt: das Lebenmüssen in einem Staat, der Verbrechen begeht, zu dem man irgendwie gehört und den man nicht lästern darf, der zudem die katholische Familie bedrohte (der Vater war ehemaliger Zentrumspolitiker, ein Kollege namens Dr. Fritz

Bockius wurde nach dem 20. Juli 1944 verhaftet und in Mauthausen umgebracht), - zudem noch in einem Krieg, von dem die Eltern und Verwandten inständig wünschten, dass er von den Feinden gewonnen würde, damit „der Hund" verschwände. „Mir war einmal aufgefallen, dass meine Mutter erbleichte als es klingelte. „Warum erschrickst du so? „fragte ich meine Mutter, deren Gefühle mir immer sehr wichtig waren. Sie antwortete: „Immer wenn es klingelt, vor allem in den frühen Morgenstunden habe ich Angst, es ist die Gestapo, die kommt, unseren Papa abzuholen" (S. 45). Und der Jungvolkführer, ein früherer Messdiener, der sich zum radikalen Nationalsozialisten gewandelt hatte, hatte den jungen Kurt Flasch mehrmals vor versammelter Mannschaft angefahren: „Warte nur, jetzt sind die Juden dran, nach dem Sieg kommt ihr Katholiken an die Reihe" Dieser Jakob Marx wurde später der Landtagsabgeordnete der CDU im Landkreis Rüsselsheim ..." (S. 57). Diese Zeit resümierend heißt es: „Im Rückblick erscheint mir meine Kindheit wie eingeklemmt zwischen zwei Scheusalen: dem Nazi-Kram und dem Krieg. Sie haben mein Kinderleben bestimmt und dann schrecklich beendet, zuerst durch die Ausbombung in Kastel (8. September 1944: Verlust der Wohnung und der Habe), danach durch die Katastrophe von Bingerbrück (27.11.1944: der Keller stürzte durch eine Sprengbombe ein, Mutter und Schwester wurden neben ihm erschlagen, der Junge wurde schwer verletzt aus den Trümmern gezogen) ... So beherrschend diese Ungeheuer waren, alles konnten sie nicht bestimmen. Sie haben nicht die Aufmerksamkeit und die Liebe unserer Mutter gemindert; sie konnten auch nicht das bunte Leben des Alltags durchdringen; dazu war der Staat weder personell noch technisch imstande ..." (S. 86). „Ich habe später oft auf dieses Jahr, vom Sommer 1943 bis Sommer 1944, auf das Jahr vor der Zerstörung meiner Familie, zurückgeblickt in dem Glauben, ich sei nie intelligenter und tätiger gewesen als damals. Wir hatten Hunger; wir spürten ständig den politischen Druck; die Schule war mir verhasst, auch wenn ich meine Klassenkameraden mochte. Es war die Zeit, in der Schwalbach (das war der Pfarrer in Mainz-Kastel) verhaftet oder in Mainz tätig war ... und doch war es für mich eine glückliche Zeit. Ich entdeckte die Welt. Ich hatte jetzt gelernt, allein spazieren zu gehen und zu meditieren. Ich hatte die Schätze der Mainzer Stadtbibliothek zur Hand; die Doppelung von verhasster Schulpflicht und privatem Luxusstudium hatte mein Selbstbewusstsein gestärkt." (S. 61).

(c) Zwei markante Szenen werfen ein scharfes Licht auf das konkrete Leben des Jungen:

1. Der Vater hatte ein großes Radio gekauft: „Viele Stunden habe ich vor dem Gerät gesessen, meist zusammen mit meiner Mutter unter einer Wolldecke, und wir haben Beromünster oder BBC London gehört. Wir wussten, dass auf das Hören von Fremdsendern schwerste Strafen standen, manchmal wurde deswegen die Todesstrafe verhängt. Ich habe durch dieses Radio mehr gelernt als in beiden Schularten. Ich machte mir einen Zeitvertreib daraus, die Zeitungen sorgfältig zu lesen und das Gedruckte mit dem Gehörten zu vergleichen. Ich lernte die Propagandalügen zu erkennen, auch wenn sie in Ablenkung oder kleinen Vertuschungen bestanden ... So habe ich politisch und historisch denken gelernt, immer mit dem Atlas in der Hand. Ich hörte auf, Gedrucktes für bare Münze zu nehmen. Jahrelange Übung im Aufdecken von Unterschieden schult den Verstand. Als denkendes Wesen bin ich ein Kriegskind. Mein Verstand verdankt Goebbels viel. Ich musste lernen, damit zu rechnen, dass Staat und Kirche (!Ausrufezeichen zugefügt! H.R.) zwar Interesse an Meinungsherrschaft, nicht aber an Wahrheit haben. Mein späterer Hang zur strengen Philologie, insbesondere zur Gräzistik ... das war die Fortsetzung meiner Kriegserfahrungen mit anderen Mitteln." (S. 40)

2. Eine Traube von etwa acht Jungen überquert die Rheinbrücke von Mainz nach Kastel. Einer kommt auf den Gedanken, man könne doch mal die herumliegenden Steine (auch Backsteine) dazu verwenden, sie auf die unter der Brücke durchfahrenden Lastkähne fallen zu lassen. „Auf Kommando warfen wir los. Wenn jeder nur zwei Backsteine hatte, mögen es vierzehn oder sechzehn Steine gewesen sein, die unten krachend aufschlugen." (S. 98). Ein Gestapomann beobachtete das Ganze, erstattete Anzeige, der Vorwurf der Kriegssabotage stand im Raum. Monatelange Verhandlungen mit Schule und Eltern folgten. „Unsere Lehrer waren so vernünftig, die Sache zu einem Jungenstreich herunterzuspielen." „Die Dun-

kelheit, die Gruppensituation, die Lust, den allgemeinen Druck loszuwerden und mit anderen das zu machen, was die Bomber mit uns machten, das alles wird zusammengekommen sein ... Mir bleibt das Unbegreifliche, dass wir mit Zerstörung spielten. Wir mussten uns doch sagen, dass wir Menschen hätten töten können und dass wir wahrscheinlich auch erwischt würden. Nichts dergleichen hat uns abgehalten; wir mussten irgendwie so handeln. Das Ungeheure war an diesem feuchten Winterabend überall; wir mussten es in unseren Quasi-Spielen wiederholen. Krieg ist eine alles durchdringende Schuld; in ihm gibt es keinen unschuldigen Alltag, auch nicht für Kinder." (S. 98)

Was junge Leute von heute immer wieder fragen und was im Unterricht leicht unter den Teppich gekehrt wird: warum habt ihr euch das alles gefallen lassen - die Propagandalügen und die Ausbombungen; wie habt ihr das total Widersprüchlich (Etwa: Kirche, Schulhumanismus, Hitlerjugend, NS Öffentlichkeit, Kriegsfasziniertheit, normalen Familienalltag und Dauerbedrohung durch den Luftkrieg) zusammengebracht, ohne aufzuschreien oder durchzudrehen - und wie sind eure Eltern damit fertiggeworden, dass sie nicht offen reden durften, wenn sie zweifelten: waren das alles Duckmäuser? - auf solche und ähnliche mit Kopfschütteln gekoppelte Fragen zum Alltag im Dritten Reich mag das nüchterne Buch von Flasch Antworten ermöglichen, die nicht einfach sind. Zumal Flasch nirgends der bei seiner Herkunft nahe liegenden Gefahr erliegt, etwa die katholische Kirche der Nachkriegszeit hochzujubeln. Dem stickigen „Mainzer Milieukatholizismus" (S. 131), sowie einer nach dem Krieg sich ausbreitenden CDU - Wert-Besitzerattitüde" gegenüber ist er tief skeptisch- wie überhaupt gegenüber dem offiziell gewordenen Christentum. Es sei denn ein Christ wie Pascal würde ihm begegnen, „ein klarer Feind der Religionsbeamten und der frommen Schlaumeier, ein Mann oder eine Frau von seiner Intelligenz, von seiner Leidenschaft und christlichen Selbstverschwendung" (S. 114).

Der Einspruch gegen die unredliche Inanspruchnahme des Christentums als der wahren und eigentlichen Gegenmacht gegen Nationalsozialismus und Kommunismus ist klar artikuliert. Und damit auch die Frage nach der Art, wie korrumpiert das Christliche durch seine Amtswalter und Verfechter in der Geschichte vor und nach dem Nationalsozialismus wurde. Flasch erinnert bitter daran, dass ein als Reformer geltender Kardinal wie Nicolaus von Kues vor fünf Jahrhunderten die Juden zwang, „den gelben Judenkreis zu tragen, wie es das Kirchenrecht tatsächlich seit 1215 vorschrieb. Aber er hat mehr getan. Er wünschte und sprach es aus, christliche Länder sollten judenfrei sein“ (S. 32). Und im Rückblick registriert er politische Erfahrungen eines katholischen Kindes zwischen 1935 und 1939: in den religiösen Blättern, die zuhause herumlagen, war unablässig von den Bestialitäten der Franco-Truppen im Spanischen Bürgerkrieg die Rede: die Kommunisten plündern Kirchen und schlachten Nonnen. Dass prominente französische Katholiken (Maritain, Bernanos, Vignaux) auf Seiten der Franco-Gegner kämpften oder dass Franco einen Staatsstreich gegen die gewählte Regierung unternommen hatte - davon war in diesen antikommunistischen Tiraden nicht die Rede (hinter denen sich auch eine Anbiederung an NS Propaganda verbarg). Diese böse Mitgift, so Flasch, „hat die Signatur des deutschen Katholizismus während des Kalten Krieges mitbestimmt“ (S. 25).

Auschwitz ist nicht zu vereinnahmen

Was tun mit Auschwitz? Die Publikationen dazu übersieht kein Mensch mehr, die Pädagogen sehen sich überschwemmt von Lernhilfen, so genanntem Unterrichtsmaterial. Man muss alles Erdenkliche tun, damit der Nachwuchs nicht vergisst. Ich habe noch die Rede eines gutmeinenden politischen Fortbildners im Ohr, als Ende der fünfziger Jahre des letzten Jahrhunderts eine einschlägige Bibliothek (für „christlich-jüdische Zusammenarbeit“) eröffnet wurde: Wir müssen mit allen Mitteln daraufhin wirken, „dass so etwas nicht noch mal passiert“. Und irgendwie wurde ich bei den zahllosen Bemühungen zur so genannten Aufarbeitung der Vergangenheit immer an den Satz erinnert (von wem er stammt, weiß ich nicht): *immer davon reden, nie daran denken.* Laden die Alten ihr Unbehagen, ihr diffuses Schuldgefühl in Gestalt von Informationsmassen auf den Nachwuchs ab? Der die Unredlichkeit des Verfahrens merkt und abzuschalten neigt, wenn wieder die Leier vom Dritten Reich und den Sünden der Väter in Gang gesetzt wird. Wird der unheilbare Bruch in unserer sozialen und politischen Identität mit forcierter Didaktik und mit Entrüstung zugeschüttet? Beflissene Erklärungen und Deutungen mit allen erdenklichen Theorien - vertreiben sie nicht das Empfinden, das unweigerlich aufkommt, wenn man sich auch nur den Bruchteil einer Sekunde etwas von dem nahe kommen lässt, was unter dem Wort Auschwitz lauert - „gewissermaßen als blicke man nach einer Nacht voller Albträume ratlos in der Welt umher“. Der das sagte, weiß wovon er spricht: als vierzehnjähriger Bub nach Auschwitz und Buchenwald deportiert denkt er sechzig Jahre später über das nach, was ihm da passiert ist, ihm und Millionen anderer. Und vermag nicht, sich zu den klugen Reflexionen aufzuschwingen, die das Unfassliche in größere Zusammenhänge einordnen oder literarisch „zu bewältigen“ suchen. Ihm scheint das unpassend: „Ich habe nie versucht, den als Holocaust betrachteten Problemkreis als so etwas wie einen unaufhebbaren Konflikt zwischen Deutschen und Juden zu betrachten; ich habe nie geglaubt, er sei etwa das jüngste Kapitel der jüdischen Leidensgeschichte, das logisch auf die vorangegangenen Prüfungen gefolgt ist; ich habe ihn nie als so genannten einmaligen Ausrutscher der Geschichte gesehen, als ein in seiner Dimension alle früheren übersteigendes Pogrom, als die Vorbedingung des jüdischen Staates.“ Der Autor weigert sich, die Geschehnisse dadurch zu entschärfen und in gewisser Weise zu normalisieren, dass sie wie Perlen auf eine Kette von Ursachen und Wirkungen aufgereiht werden - als schrecklicher Höhepunkt, gewiss, aber als etwas, was gewissermaßen als Fall eines Allgemeinen, eines größeren Zusammenhangs zu besichtigen, zu erklären zu deuten ist. Diese Gescheitheiten interessieren ihn nicht. Was aber dann? „Ich habe im Holocaust die Situation des Menschen erkannt, die Endstation, an der der europäische Mensch nach zweitausend Jahren ethischer und moralischer Kultur angekommen ist.“ Das sagte Istvan Kertez in der Nobel-Vorlesung anlässlich der Verleihung des Literatur-Nobelpreises am 7. Dezember 2002 (Frankfurter Allgemeine Sonntagszeitung vom 8. Dezember 2002, S. 21).

Wie kann man über etwas sprechen oder schreiben, das einem schier notwendig die Sprache verschlägt? Da bekennt jemand, der den angesehensten Literaturpreis erhält: „Was hatte ich überhaupt noch mit der Literatur zu tun? Denn das war klar, von der Literatur und den Ideen, die mit diesem Begriff verbunden sind, trennte mich eine unübertretbare Demarkationslinie, und diese Demarkationslinie trug - wie so vieles andere auch - den Namen Auschwitz." Da liegt etwas vor, was sich nicht nur der literarischen Sprache entzieht - an ihm scheitert auch alle Problemlösepsychologie, die ja in fataler Banalisierung den Schulalltag, die Medienkommentierung durchherrscht: Es gibt Probleme - und die Experten, die Wissenschaftler, die Lehrer sind dazu da, sie zu lokalisieren, zu analysieren und nutzbare Konsequenzen aus ihrer Lösung zu ziehen. Und da ist etwas, anlässlich dessen solche Bearbeitungsprozeduren wie geschwätziger Vorwitz wirken: „Das Problem Auschwitz besteht nicht darin, ob wir sozusagen einen Schlussstrich darunter ziehen oder nicht; ob wir für die Millionen von Ermordeten Mahnmale errichten und wie sie beschaffen sein sollten. Das wirkliche Problem Auschwitz besteht darin, dass es geschehen ist und dass wir an dieser Tatsache mit dem besten, aber auch mit dem schlechtesten Willen nichts ändern können." Kertesz endet nicht in verstummender Resignation vor undurchdringlich katastrophalem Schicksal. Nicht Einordnung, sondern *Erinnerung* ist das, was er bezeugt, was sein „Roman eines Schicksallosen" über sein KZ-Schicksal hervorruft „... und die einzige Möglichkeit, zu überleben und uns schöpferische Kraft zu bewahren, besteht darin, dass wir diesen Nullpunkt erkennen" ... „dann widme ich das Werk den vielen Millionen Toten und all denen, die sich heute noch dieser Toten erinnern." Es handelt sich um ein Erinnern, das die Toten nicht in welcher Form auch immer ausschlachtet für Pläne und Interessen der Lebenden.

Auschwitz ist nicht zu vereinnahmen. Peinlich, auch für den pädagogisch-didaktischen Betrieb, dem nichts schwerer fällt, als zu schweigen.

Antigone - Schulunterricht und Totengedenken

Wir sind es gewohnt, Theaterstücke, Filme, TV Dramen zu betrachten. In der Schule, so war es jedenfalls bislang, hat man auch das eine oder andere Stück gelesen und, wie es so heißt, besprochen, durchgenommen, interpretiert. Vorschule der Aufmerksamkeit für später. Was soll man mit Stücken anfangen, die oft genug in Welten spielen, die recht anders geschnitten sind als der vertraute Alltag? „Antigone“ war jedenfalls lange Zeit ein Muss für jeden, der ein Gymnasium durchgemacht hatte. Und anlässlich dieses jungen Mädchens, das in den Tod geht, nur um die Begräbnisrechte eines gefallenen Bruders gegen die Staatsautorität, verkörpert in ihrem Onkel Kreon, durchzusetzen, wurde nicht selten ein Satz zum Zentrum der Deutung. „Nicht mitzuhassen, mitzulieben bin ich da.“ Da war ein Schlüssel gefunden, der die ansonsten etwas abstrus fern liegende Handlung (was lohnt es schon darüber einen Konflikt vom Zaun zu brechen, ob ein auf dem Schlachtfeld liegender Toter jetzt mit Erde bedeckt wird oder so liegen bleibt?), kraft eines moralischen Imperativs auf eine überzeitliche Ebene hebt und so pädagogisch ausmünzbar macht.

In Alfred Döblins großem Romanzyklus „November 1918“ findet sich eine Szene, die den Sinn für eine andere Aufmerksamkeit öffnet:

Nach vier Jahren im Krieg, heimgekehrt mit schweren Verwundungen, kommt der Griechischlehrer Becker zurück an sein altes Berliner Gymnasium. Thema ist „Antigone“.

Es kommt zu harschen Auseinandersetzungen mit den Primanern. Wie ist das starrsinnig wirkende Gebaren der jungen Antigone zu beurteilen. Ist der auf Staatsräson bedachte König Kreon nicht im Recht, wenn er Beunruhigungen des Staatswesens befürchtet, weil einem Staatsfeind (der Bruder war als Gegner der Stadt gefallen) gegen die polizeiliche Anordnung kultische Ehre erwiesen wird? Sind die Toten nicht tot und damit für aktuelle Politprobleme unerheblich? Die Primaner plädieren, zukunftsgewandte Realisten, für das Recht der Lebenden, des Staates, der Stabilität garantieren muss, gegen Privatgefühle eines jungen Mädchens, das sentimentalen Bindungen an einen toten Bruder nachhängt.

Da wird in dem Lehrer Becker, der das Grauen des Krieges noch in den Knochen hat, eine andere Sicht wach - und die Belehrungsrituale mit der üblichen Scheindebatte zwischen zwei moralischen Positionen zerfallen. Becker sagt: „Das Thema der „Antigone“ ist weder „Gefühl gegen Pflicht“ noch „Pflicht gegen den Staat gegenüber Pflicht gegen die Himmlischen“, sondern: „Wie hat sich die Welt der Lebenden zur Welt der Toten zu verhalten? Die Heldin des Stücks empfindet den Tod als ein sehr wichtiges Ding ... Es handelt sich in dem Stück um den Rechtsanspruch eines Toten an die Lebenden. Ein Krieger ist gefallen. Er hat kein reines Andenken hinterlassen. Dieser Tote wird nicht sichtbar und nicht fühlbar, nicht einmal hörbar, aber er drängt sich in die Sphäre der Lebenden ein und findet einen Anwalt in seiner Schwester Antigone. Es ist eine Frau, die sich seiner annimmt. Wie die Frau das Ungeborene, das noch nicht Vorhandene empfängt. Er ist behindert und kann sich selbst nicht äußern, aber er agiert in ihr, bedient sich ihres Körpers und ihrer Seele, und sie kann sich ihm nicht entziehen ... Sie spricht für ihn und bringt seine Argumente vor. Eine Stütze seiner Existenz, eine Pflege wird von dem Toten verlangt ... Aber sicher war den Alten: Das Leben des Menschen fällt nicht mit seiner sichtbaren Existenz zusammen. Es ragt darüber hinaus. Die Alten meinten, wie wir auch aus diesem herrlichen Stück erfahren: Wir sollten mit Ehrfurcht und Schauern auf das Jenseits unserer irdischen Existenz blicken. So wie sich Antigone ihres eigenen toten Bruders annimmt, so habe ich mich vieler Gefallener anzunehmen, vieler zu früh Gestorbener und bewusstlos Dahingegangener. Ich weiß es, ich diene ihnen, ich vergesse sie nicht“ (Alfred Döblin, November 1918, Bd. 4, München 1978, S. 224). Es handelt sich um ein Eingedenken, das weder vereinnahmt noch ausschlachtet. Erinnerung die sich einlässt, der stumm gewordenen Sprache der Toten gewärtig. Ein Denken, das in „Antigone“ wie in anderen Kunstwerken zum Zug kommt, etwa in der Trauermusik und in Brünnhildes Totenklage in der letzten Szene von Wagners „Götterdämmerung“ („Der Ring des Nibelungen“) Der Tote gewinnt Anwesenheit, eine andere als er sie im Leben hatte - aber eine nicht minder intensive. Man verliert die Deutungshoheit. Die Plakatierungen der so genannten Heldengedenktafeln und -feiern verlieren an Kraft.

VI. Das Lehren lernen? Welches Lehren?

Exerzier-Ritual Gruppenunterricht. Ein Beispiel

Die fälligen Schulreformen sollten - endlich - den konkreten Unterricht anpeilen, so ist vielerorts zu hören. Frau Schavan, Kultusministerin von Baden-Württemberg, mahnt das Defizit seitheriger Initiativen immer wieder nachdrücklich an. Mit Recht. Wer Schulen von innen und unten kennt - und wer eine Ahnung von dem so genannten (Berufs-) Leben hat, für das die Schule handlungsfähig machen soll, stößt immer wieder auf die gleichen Klagen und Verheißungen: Schulunterricht, so wird kritisiert, macht Schüler zu passiven Stoffkonsumenten, sie lernen weder Kooperation noch Kreativität, sie lernen nicht das Lernen, sondern rapid veraltende Stoffmengen, sie werden nicht individuell gefordert - und ihre Leistungsbereitschaft verwahrlost nicht selten in modernistischen Spielereien. Der Markt der Angebote für *neues lernen*, aktivierend, kommunikativ, kreativ, handlungsorientiert, integrativ ist kaum mehr zu übersehen. Bücher, Zeitschriften, Lehrmittelangebote triefen, so scheint es, von einschlägigen Lehrhilfen. PISA tat ein Übriges.

Was soll man sich konkret vorstellen? Die weit verbreitete Lehrerzeitschrift „Pädagogik" präsentiert dankenswerterweise seit Jahren konkrete Beispiele für den allenthalben ersehnten anderen Unterricht, handlungsorientiert, machbar, schüleraktivierend. Hier ein Beispiel aus dem Themenheft „Selbstgesteuertes Lernen" (Heft 5/Mai 2003). Ich übergehe den Vorspann und beschreibe das Skelett einer exemplarischen Unterrichtseinheit, verantwortlich ist ein Schulleiter einer Nordrhein-Westfälischen Realschule, der mit dem Kollegium seiner Schule in mehreren Jahren ein „Curriculum Lernkompetenz“ eintrainiert hat: es geht dabei in den Bereichen Methoden „Kooperations-, und Kommunikationskompetenz“ darum, „Schülerinnen und Schüler zu lebenslangem Lernen zu befähigen“ (J. Blombach: „Lernkompetenzen aufbauen“ in „Pädagogik“ 5/2003, S. 25). Wie läuft dieser Unterricht?

Thema (im Fach Englisch): Die Geschichte der amerikanischen Ureinwohner (Klasse 8/9).

1. Die Klasse wird nach dem Zufallsprinzip in Dreiergruppen aufgeteilt.
2. Jedes Gruppenmitglied erhält über einen Gruppensprecher einen englischen Text mit Teilinformationen über das Thema. Die Gruppen erhalten unterschiedliche Texte.
3. Jedes Gruppenmitglied vertieft sich zunächst allein in sein Textstück, hält die wichtigsten Informationen schriftlich fest, nach 20 Minuten werden die zunächst ausgeteilten Texte wieder eingesammelt.
4. Nun informieren alle Mitglieder der Dreiergruppen die jeweils beiden anderen über ihre Notate. Die andern hören aufmerksam zu und bemerken die Unterschiede.
5. Jeder der drei notiert sich jetzt das, was die anderen festgehalten haben und was in seinen Aufzeichnungen fehlt.
6. Die Gruppe kommt durch Austausch der Defizite auf einen gemeinsamen Informationsstand.
7. Die Gruppe diskutiert und entscheidet, in welcher Form (evtl. mit welcher der zuvor in einem anderen Kurs erlernten Visualisierungstechniken) sie ihre Ergebnisse (d.h. das Produkt der Lerntätigkeiten (1) bis (6) dem Plenum vorstellen werden („z.B. Zeitleisten, Mind Maps, Networks, Flussdiagramme). Sie kennen und berücksichtigen dabei: (a) den vorgegebenen Zeitrahmen für die Präsentation. und (b) die Kriterien, nach denen ihre Präsentation im Plenum bewertet werden wird.
8. Die Produkte der Gruppenarbeiten werden nacheinander im Plenum vorgestellt und sodann evaluiert bzw. bewertet. Dabei erhält jede Gruppe von den anderen Gruppen Punkte anhand einer so genannten „Evaluationszielscheibe“, auf

der offenbar detaillierte Bewertungsgesichtspunkte, die Stärken und Schwächen „treffen“ sollen, niedergelegt sind.

9. Danach geht es, wieder unter Leitung eines Schülers, der im Fachunterricht Methoden der Eigenkorrektur gelernt hat, ans Verfassen eines Summary als des Produktes der gemeinsamen Arbeit am Thema.

Der Autor legt Wert darauf, festzuhalten, dass der Lehrer nur Impulsgeber ist - der Lernprozess hingegen unterliege ausschließlich der Selbststeuerung durch die Schüler, die dabei unterschiedliche Lernkompetenzen - Lesen, Exzerpieren, Zuhören, Vergleichen, Ergänzen, kooperieren, präsentieren, evaluieren, zusammenfassen - ins Spiel bringen.

Es scheint so, dass die Passivierung und die Stoffabfütterung durch den Lehrer im Kern überwunden ist. Jeder wird aktiv, jeder kooperiert, jeder handelt nach vorgegebenen Qualitätskriterien und reflektiert dabei seine Tätigkeiten - die von den Kognitionspsychologen so hoch geschätzte Metakognition, das Nachdenken über das eigene Tun und denken - kommt unablässig zum Zug.

Es gehört wenig Phantasie dazu, dass in diesem Verfahren beliebige Inhalte der Selbststeuerung durch Schülergruppen unterworfen werden können - wenn die nötigen Informationstexte, die aufgeteilt werden können, vorliegen. Man kann das ohne Zweifel mit dem Entstehen der attischen Polis, der französischen Revolution, der Geographie der Meeresküste dem Leben Goethes oder dem Inhalt von „Michael Kohlhaas“ ebenso hinbekommen wie mit dem Fallgesetz oder dem Leben in einem Biotop. Diese Methode, pardon, hat etwas Allesfresserisches, sie ist im genauen Sinn sachneutral. Und daher rührt es ja, dass in ihr und ihren schier zahllosen Verwandten auf dem Methodenvermittlungsmarkt, die Inhalte in ihrer Eigenmaserung, ihrem Eigengewicht blass und ohne Widerständigkeit bleiben, darin den PISA-Denkformen sehr ähnlich. Inhalte schrumpfen zu Anlässen gruppenunterrichtlicher Informationsbeschaffungsmaßnahmen.

Und das ist der Haupteinwand gegen solche inhaltsneutrale Methodenschulung: Die geforderte Lernleistung besteht darin, aus einer inhaltlichen Vorgabe (Arbeitsblatt, Info-Text) Informationen sachgerecht herauszuholen, festzuhalten, zu diskutieren und mit anderen Informationssplittern zusammenzubauen. Welche Montage ihrerseits auf die Qualität ihrer Konsistenz, Verständlichkeit, Anschaulichkeit beurteilt wird. Mit Händen zu greifen ist die Ausrichtung auf die von der Berufswelt im Zeitalter der Informationsgesellschaft angeblich überlebenswichtige Kompetenz, immer neue, sich ändernde Informationsmassen in den Griff zu bekommen. Und dass die weitgehende Selbststeuerung in Wirklichkeit durch die Spielregeln eine sehr detaillierte Fremdsteuerung bedeutet, liegt zutage: Kein Gruppenmitglied kann in diesem Räderwerk der Aktivitätssteuerung im Ernst auf eigene Ideen und Einwände, Fortführungen verfallen: „Woher will man das wissen?“, „diese Erklärung überzeugt mich nicht“, „das erinnert mich an ...“, „das steht im Widerspruch zu ...“, „was steckt hinter dieser Aussage, diesem Ereignis“ „diese Formulierung in dem Text ist unklar, fad, uninformativ, interessant, verlockend ...“ - kurz: alles, was auf persönliche Betroffenheit, auf die Auseinandersetzung mit eigenem Denken, auf das Fahnden nach Hintergründen aus ist, alles das hat keinen Raum, wenn das gemeinsame Lernen auf nichts anderes zielt als darauf, Informationen über Tatbestände und Erkenntnisse einem vorgegebenen Material sachgerecht zu entnehmen, sie festzuhalten und in eine Gruppenarbeit einzubringen (was heißt da eigentlich noch „Arbeit“?). Lernen lernen wird zum Erlernen einer Informationsentnahmetechnik. Man kann in dieser Art von Aktivierung und Kommunikationsförderung freilich auch eine Passivierung und eine Sterilisierung dessen sehen, was lebendige Kommunikation mit unvorhersehbaren Herausforderungen bedeutet. Aus dem Bemühen, Schüler kommunikativ zu aktivieren ist ein erstarrtes Gruppenritual geworden. Unterricht wird zum Exerzierplatz, Inhalte trocknen zum Trainingsmaterial aus.

Hartmut von Hentig hat den entsprechenden Mangel an den Aufgabenbeispielen von PISA scharfsichtig analysiert. Es gehe da immer ums Testen inhaltsneutraler Lebensbewältigungstechniken (die ja ihre Wichtigkeit haben). Aber: „Nirgends geht es in ihnen um die für die persönliche und politische Bildung kennzeichnenden Anforderungen: Zusammenhang herstellen, Sinn geben, bewerten, (nicht nur begründen), etwas

Tradiertes aneignen und bewahren, etwas auf sich beziehen, etwas genießen können, Vergangenes rekonstruieren, Künftiges entwerfen, Einzigartiges verstehen, Ambiguität oder Aporie aushalten.“ (H. v. Hentig: Die Schule neu denken. Vorwort zur Taschenbuchausgabe Weinheim 2003, S. 28).

Unterrichtsgarantie und die neuen Hilfsschulen

Auf welchem Feld sucht unsere Wähler umwerbende Bildungspolitik ihre größten Erfolge? Wo liegt der Kernschaden, an dessen Heilung alles gelegen scheint?

Nein: nicht an der Verstörung der Kinder durch eine absurde Erwachsenenwelt - nicht an der Erstickung der Geister durch das mediale Trommelfeuer von Informationen, nicht an der Zersetzung der Einbildungskraft durch den Katarakt von optischen und akustischen Eindrücken von Bildern, nicht an der Ratlosigkeit der Lehrpersonen hinsichtlich dessen, was unabdingbar wichtig zu lehren und zu lernen ist, nicht an der Erledigungshektik, die der verwalteten Schule den Atem nimmt, nicht an dem Übermaß von Vorschriften, die die Amtsblätter der Ministerien Jahr für Jahr anschwellen lässt, nicht an der unbearbeiteten Differenz zwischen Jugendkultur und Schulwelt.

Die größten Erfolge werden errungen im Kampf gegen das, was unter dem neudeutschen Schlagwort *Unterrichtsausfall* firmiert (die Assoziation zum Haarausfall liegt nahe). Während der Niederschrift dieser Zeilen läuft der Hessen-Wahlkampf 2003. Man kann kaum eine Straße überqueren, ohne dass einem Schülergesichter von Plakaten entgegenstrahlen, auf denen in Kurzfassung die bildungspolitische Triumphmeldung zu lesen ist: „100 000 Unterrichtsstunden mehr“ und: „Unterrichtsgarantie erfüllt“. „*Gut für Hessen*“, „Bildung mit Qualitätsgarantie“ gefolgt von den Lettern einer Partei. Der normale Zeitungsleser und Nachrichtenhörer scheint inzwischen so weich geklopft (oder soll man sagen so „weichinformiert“), dass er nicht mehr ins Nachdenken darüber kommt, ob es denn ausgemacht ist, dass diese 100.000 Unterrichtstunden ein unbezweifelbares Gut sind - wie 100.000 Euro oder 100.000 Orangen. Ganz als wirkte jede

Unterrichtsstunde, von staatlich geprüften Lehrpersonen in der staatlichen Behörde Schule quasiautomatisch in die ersehnte Richtung *gutes Abschlusszeugnis. Wirtschaftswachstum.*

Und er muss dabei gar nicht an manche Unterrichtsstunden seiner Biographie denken, deren lähmende Nichtigkeit ihm dann und wann in der Erinnerung aufstoßen- vielleicht im Gespräch mit den eigenen Kindern über ihre realen Schulerfahrungen - Er braucht nur die Anzeigenseiten seiner Tageszeitung in derselben Woche zu mustern, in der die 100.000 zusätzlich ermöglichten Unterrichtstunden als Qualitätsausweis einer Politik gefeiert werden. Da ist zum Beispiel zu lesen: „In unseren Minigruppen können unsere Lehrkräfte individuell auf jeden Schüler eingehen. Sie haben dabei sowohl die Wissenslücken als auch die Gründe für fehlende Motivation im Blick. Das macht den Schülern Spaß und mit dem Spaß am Lernen kommen meist auch Notenverbesserungen.“ - Nein, es handelt sich da nicht um eine überprüfbare Empfehlung dessen, was eine „richtige“ Schule mit ein paar der gewonnenen 100.000 Unterrichtstunden angefangen hat. Es handelt sich um Reparaturmaßnahmen, die Fehlwirkungen der öffentlichen Schule zu vermindern trachten. Es steht in einer Anzeige mit der fett gedruckten Überschrift. „Gute Zeugnisse - wichtig wie nie“. Und dann folgt der lapidare Satz: „Rund 7.000 Schülerinnen und Schüler haben bisher mit dem Studienkreis ihre Schulprobleme gelöst ... Studienkreis-Leiterin NN. Erklärte uns das Erfolgskonzept.“ Es scheint niemandem mehr aufzufallen, dass hier wie selbstverständlich davon ausgegangen wird, dass die normale Schule vorwiegend als Anstalt auftaucht, in der Lehrstoffe, Lernaufgaben und Zeugnisnoten ausgegeben werde. Die Bearbeitung von Schwierigkeiten bei der individuellen Aneignung ist demnach nicht ihre Sache, sie ist außerschulischen Agenturen (zu denen auch die Familie gehört) zur gefälligen Erledigung überlassen. Das Wort „Hilfsschulen“ gewinnt einen überraschend neuen Sinn.

Zwei unterschiedliche Lesarten dieses Tatbestandes sind denkbar. Lesart 1: Da kann etwas Fundamentales nicht stimmen, wenn einerseits genau die Schulen zu ihrer pädagogischen Verbesserung perfekt bestückt werden, die anderseits so viele Lernprobleme miterzeugen, dass Eltern und Schüler zu

Hunderttausenden in ihrer Not zu Nachhilfeeinrichtungen ihre Zuflucht nehmen müssen. Wobei diese Nachhilfeeinrichtungen die pädagogischen Umgangsformen anpreisen, von denen in den Vorschriften und Bildungsplänen der Staatsschulen vollmundig die Rede ist: individuelle Förderung, Motivation, Freude am Lernen usf. usf. Dieser Pädagogik-Anteil scheint arbeitsteilig in nachmittägliche Gegenschulen auszuwandern, die deshalb besser Hilfsschulen hießen, weil sie ganz im Schlepptau der Staatsschulen agieren - die allein haben durch ihr Zeugniserteilungsrecht die Macht, das festzulegen, was eine gute oder schlechte Leistung ist. Man wagt nicht sich vorzustellen, wie viel Lebensmut bei jungen Menschen ruiniert wird, die nach der Vormittagsschule sich auch noch nachmittags didaktischen Maßnahmen aussetzen müssen.

Es lohnt, die Anzeigentexte dieser modernen Hilfsschulen zu mustern. Auf einer einzigen Seite ist da zu lesen - oft gekoppelt mit Porträts lachender Jungengesichter: „*Maßgeschneiderte Nachhilfe*“ wird von der an 5 Orten der Umgebung ansässigen „Pädagogischen Schülerförderung“ angepriesen. - Es ist offenbar schon ganz normal, dass „Pädagogische Schülerförderung“ sich außerhalb der Schulen abspielt. Weitere Anzeigenüberschriften: „Die Lernhilfe - Wir nehmen uns Zeit für Kinder. Schon ab € 5,50/Schulstunde ... endlich alles im Griff“ (5 Orte mit Telefonadresse). „Zeugnissorgen? Nachhilfe von der Grundschule bis zum Abitur.“ (Telefonnummer gebührenfrei vor Ort). „Selbstbewusst durch gute Noten! Motivierte und erfahrene Lehrkräfte. Individuelles Eingehen auf die Bedürfnisse der Kinder - Schülerhilfe Beratungswochen“ 9 Orte werden genannt: Schüler-Beratungswochen, täglich und gebührenfrei 8.00-20.00 Uhr“ (alle Anzeige in Darmstädter Echo v. 25.1.2003, S. 11).

Dieser kritischen Deutung entgegenzuhalten wäre eine Lesart 2:

Schon ein Blick in neuere (systemtheoretische und evolutionstheoretische) erziehungswissenschaftliche Theoriefelder sollte genügen, um die Schwächen der reformpädagogisch angeheizten Entrüstung in Lesart 1 bewusst zu machen. Diese Vorwürfe gehen einher mit weltferner Überlastung und Überschätzung dessen, was der einzelne Lehrer, der einzelne Unterricht, die einzelne Schule hier und heute vermag: denn die sind allesamt in einem Maß von gesellschaftlichen, biographischen, biologisch evolutionären Faktoren beeinflusst, dass sie mit ihren schmalen zeitlichen und inhaltlichen Ressourcen nur einen äußerst bescheidenen Einfluss auf das Lernschicksal und die Leistungen von Heranwachsenden nehmen können. Schulunterricht kann nicht mehr und nicht weniger als Selektionsofferten anbieten: ob und was Schüler damit anfangen, steht nicht in pädagogischer Regie. Die Zwecke, die sich Erzieher erreichen zu können einbilden, sind „nur Fetzen und Fragmente in einem letztlich „teleonomen Prozess“ (d.h. in einem Prozess, dessen Ziel die „Kulturgeschichte qua Evolution“ bestimmt) (so etwa Treml in der Zeitschrift für Pädagogik Heft 5/2002, S. 659). Treml schreibt an die Adresse von Pädagogen und Lehrern, die wähnen, per Unterricht ließen sich quasi im Alleingang bestimmte wertvolle Ziele erreichen: „Aber dort erweisen sich normative und teleologische Beobachtungskategorien zunehmend als überlastet, weil sie die Komplexität nicht mehr angemessen zu reformulieren erlauben“ (Treml a.a.O.)

Die Folgen dieser Perspektive auf Schulunterricht: Die Kritik in Lesart 1 wird gegenstandslos.

Die reformpädagogische Entrüstung über pädagogische Schwächen der Staatsschulein der individuellen Lernbetreuung ist blind für die vielfältigen Überformungen und Fernsteuerungen der Lernprozesse. Sie überlastet die Lehrkräfte mit überhöhten Ansprüchen und programmiert dadurch Verzweiflung, Resignation und burn-out-Symptome bei Pädagogen. Von einem einfachen Apotheker kann man nicht Diagnose und Therapie einer schweren Krankheit erwarten.

Im Übrigen ist es unsachlich und weltfern, die Politik zu kritisieren, wenn sie 100.000 lehrplangemäße Unterrichtstunden durch Erfüllung des Lehrerplansolls gewährleistet. Sie hat damit ihr Ding getan.

Sie hat sich in pädagogische Intimsphären nicht einzumischen - das haben die Diktaturen des 20. Jahrhunderts bis zum Exzess getan. Man sollte es honorieren und nicht kritisieren, wenn der Staat nicht mehr tut als äußere Bedingungen für Unterricht zu setzen. Der Staat, seine Schule - sie sind bei der immensen Verschiedenheit und Vertracktheit der Lernmitgiften von Heranwachsenden, schlichthin die falsche Adresse, wenn individuelle Förderung und langwierige Lernhilfe verlangt werden. Früher war das wohl eher Sache häuslich-familiärer Atmosphären, heute gibt's den freien Markt der Nachhelfer-Einrichtungen. Dass sie florieren ist dann kein Grund, die Staatsschulen zu kritisieren. Pädagogen sollten aufhören, die Schulen mit ihren Wunschträumen weiter zu verwirren und zu überfordern. Sie sollten froh sein, dass die unendlich komplizierten Aufwachsprozesse in einem Segment - im formellen Lernen von Basisqualifikationen - nicht an ihrer Komplexität ersticken.

Wer will bestreiten, dass beide Lesarten starke Gründe für sich haben? Misstrauen verdient wohl nur, wer die seine vollkommen unangefochten vertritt. Und definitiv Bescheid zu wissen vorgibt.

Vielleicht sollten die Zielvorgaben der Schule und somit auch die Sprache der Bildungspolitik - viel bescheidener, viel weniger vollmundig werden. (Etwa so: Die Schule hat die Aufgabe, Kinder und Heranwachsende auf dem Weg des Unterrichts das Schreiben, Lesen, Denken, Sprechen zu lehren - und zwar so, dass der Nachwuchs einige Schritte weit in Kernbereiche der des gesellschaftlichen Lebens und der Kultur eingeführt wird.)

Das Wissen des Nichtwissens lehren - wo und wie lernt man das?

Dietrich Benner, fulminanter Theoretiker der deutschen Erziehungswissenschaft, hat relativ beiläufig in seinem Aufsatz über das Kritische in Erziehung und Erziehungswissenschaft eine interessante Beobachtung festgehalten: Er schreibt von den „oft scheiternden Versuchen, im schulischen Unterricht die Lehrkunst großer Vorbilder wie Sokrates oder auch Wagenschein nachzuahmen" - und bemerkt, es bliebe weithin unbekannt, „wie diese Lehrkunst von denen, die sie besaßen, erworben wurde und wie sie von anderen, die sie nicht besitzen, erlernt werden kann" (Benner: Kritik und Negativität. In

„Zeitschrift für Pädagogik" 46. Beiheft, April 2003, S. 99 Anmerkung 3). Wie haben Lehrer es gelernt, so zu lehren, dass das Negative, das Unbekannte, das Nichtgewusste, das nicht ins verfügbare Wissen Einzuschmelzende so stark gemacht wird, dass es Lernende nicht lähmt. Ein Nichtwissen, das Lernende auch nicht gleichgültig darauf warten lässt, bis der Lehrende die Lösung, das Ergebnis mitteilt, weil er es ja eh schon kennt; das sie im Gegenteil elektrisiert und zum Nachdenken herausfordert wie seinerzeit die jungen Leute, die Sokrates in Athen in Gespräche verwickelte.

Benner hat sicher recht mit der Diagnose, dass nicht wenige, die sokratisch zu lehren sich einbilden, es sich doch unverhältnismäßig leicht machen mit dem Sturz ins Nichtwissen, der ja etwas anderes ist als das „Stellen wir uns mal ganz dumm" aus der „Feuerzangenbowle".. Sich dumm stellende Lehrer machen sich nur lächerlich. Schüler und Studenten merken genau, ob es ernst wird mit dem Nachdenken oder ob eine Motivationsstrategie lehrtaktisch zum Einsatz gebracht wird ...

Was Wagenschein, unzweifelhaft ein Meister im lehrenden Umgang mit Negativität, angeht, so gab er schon Aufschlüsse über die Schule, in der er über Jahrzehnte das Lehren gelernt hat. Und ich meine nicht nur seine häufigen Hinweise darauf, dass es die staunende Nachdenklichkeit von Kindern und die von Forschern im Frühstadium der Wissenschaftsentwicklung war, von denen er gelernt habe. Er schilderte auch dann und wann Lebens-Situationen, in denen ihm Selbstverständlichkeiten zerfallen sind. Und das brachte ihn weiter auf seinem Lehrweg.

So berichtet er von einem Gespräch mit „Übriggebliebenen" nach einer Lehrveranstaltung (die wohl fragten, wie man denn so ins Nachdenken kommen könne, wenn man sich den Kopf voll mit Ergebnissen und Erkenntnissen studiert hat, die doch das Nichtwissen ausrotten sollen): „Habe ich Ihnen die Geschichte vom Vollmond schon erzählt? Nein? Passen Sie auf: ich war schon fünfzig, als ich dahinter kam, dass meine Kenntnisse über die Kugel nicht viel wert waren. Ich sah eines Abends wieder einmal den Vollmond an. Wie ein flacher Teller!, denke ich. Und ist doch eine Halbkugel, was man da sieht. - Er hat also mehr Fläche als er zu haben scheint. - Sie verstehen, weil sie sich uns ja entgegenwölbt. Und da fragte ich mich also ganz naiv: Wie viel Mal mag diese Fläche wohl größer sein, als sie zu sein scheint?“ (M. Wagenschein: Ursprüngliches Verstehen und exaktes Denken. Stuttgart 1965, S. 512). Eine Lektion im sokratischen Lehren - ohne Bücherstudium, ohne Theoriehäufung - einzig im sinnierenden Betrachten eines Phänomens: dem der automatisierte Gewohnheitsblick zerfällt. Das Betrachten sucht sich nicht in seinem Vorwissen zu bestätigen, sondern wühlt Rätselhaftes heraus. Es fahndet nach dem Unbekannten im Bekannten. Ein schönes Bild dafür: das Palimpsest, von „psao“, griechisch: ich schabe. Alten Pergamenthandschriften wurde durch Schaben eine darunter liegende ältere Niederschrift abgewonnen. So ähnlich betrachtet Wagenschein den Vollmond. Die „Negativität“ (Benner), die die scheinbar offen zu Tage liegenden Zusammenhänge negiert und aufsprengt, kommt zum Zug.

Ein anderes Stück aus dem Lerngang des Lehrers Wagenschein. In seiner Autobiographie „Erinnerungen für morgen“ beschreibt er eine Szene auf dem Schloss Heiligenberg bei Jugenheim an der Bergstrasse, seinerzeit einer Lehrerbildungsstätte auf einer Anhöhe umgeben von Wald: “Ich vergesse nicht, wie nach einer (wie ich meinte - hinreichenden) Aussprache über die Fallgesetze, eine junge Frau aufstand und mit entwaffnenden Ernst „noch eine Frage“ stellte: „Aber wie ist das mit den Vögeln?“ Ich verstand erst gar nicht, und niemand sagte etwas. Es war ein bedeutender Augenblick in meiner pädagogischen Ausbildung. Vielleicht war draußen vor dem großen offenen Fenster, das auf die ferne Rheinebene sich öffnete, vielleicht war gerade vor den Augen der Fragenden ein Vogel aufgeflogen, als ob es keine Fallgesetze gäbe“ (Wagenschein: Erinnerungen für morgen, Weinheim-Basel 2001, S. 58). Welcher Fachmann, der „seine“ Physik studiert und kapiert hat, hätte in dieser Situation nicht zu Belehrungen angesetzt, die das angebliche Missverständnis unverzüglich aus der Welt geschafft und den Fallgesetzen zum Triumph verholfen hätte?

Sich treffen lassen von Zügen, die nicht zum Vorwissen passen und die anstehenden Unbequemlichkeiten in Kauf nehmen - billiger ist es nicht zu lernen, das sokratische Lehren.

Mathematik, Theater, Lehrerbildung

Da schreibt jemand über bestimmte Lehrinhalte: sie „müssen doch einmal Objekte eines spannenden Suchens, einer aufregenden Handlung gewesen sein, nämlich damals als sie geschaffen wurden ..." Man rate, wovon die Rede ist: Wohl doch am ehesten von Erkenntnissen der Archäologie, vom Ergebnis von Ausgrabungen, von Übersetzungsbemühungen, von Zeugnissen der Geschichte, von Produkten der Kunst oder der Literatur, von der Konstruktion einer Dramen-Handlung. Mit solchem verbindet man wohl noch am ehesten „spannendes Suchen" und „aufregende Handlungen" im Entstehungsvorgang. Dort gibt es Ungewissheiten, Wagnisse, Überraschungen, offene Situationen, die es wohl allenthalben schwer haben, wenn sie zu Lehrstoff domestiziert werden. Aber wer würde als Normalabsolvent einer Schule dabei an Fachinhalte denken, die der Autor dieser Zeilen im Sinn hatte, an Mathematik? Das Zitat stammt von einem bedeutenden Mathematiker, Otto Toeplitz, und steht im Vorwort seines Buches „Die Entwicklung der Infinitesimalrechnung (Berlin-Göttingen-Heidelberg 1949). Im Kontext liest es sich so: „Ich sagte mir: alle diese Gegenstände ..., die heute als kanonische Requisiten gelehrt werden ... und bei denen nirgends die Frage berührt wird: warum so? Wie kommt man zu ihnen? Alle diese Requisiten also müssen doch einmal Objekte eines spannenden Suchens, einer aufregenden Handlung gewesen sein, nämlich damals, als sie geschaffen wurden: Wenn man an diese Wurzeln der Begriffe zurückginge, würde der Staub der Zeiten, die Schrammen langer Abnutzung von ihnen abfallen, und sie würden wieder als lebensvolle Wesen vor uns entstehen" (S. 67). Alexander Israel Wittenberg, der viel zu früh verstorbene Mathematiker und Pädagoge, zieht die Leser seines Buches „Bildung und Mathematik" (Stuttgart 1963) in den Sog der Fragen Warum so und nicht anders? Wie konnte man auf diese Fragen und Antworten verfallen? Er tut das etwa am Beispiel eines geistigen Abenteuers - er nennt es die Entstehung

„einer jener Gedanken, die geistige Welten in Trümmer legen und neue Welten entstehen lassen“ (S. 182), das mit der den Laien gewiss nicht vom Stuhl reißenden Überschrift „Die Entdeckung der Irrationalzahl bei den Griechen“ überschrieben wird. Ausgehend von der Frage, wie das zahlenmäßig zu erfassende Verhältnis zwischen den Längen zweier gerader Strecken festzustellen ist (Wie viel Mal so lang ist die längere als die kürzere?) wird schließlich die Frage brisant, mit welchem gemeinsamen zahlenmäßig zu fassenden Maß das Größenverhältnis der Diagonale und der Seite eines Quadrats festzustellen ist - welcher Zahl es sich gewissermaßen fügt. Wittenberg schreibt über eine Phase dieses von Umschwüngen, Ratlosigkeiten, Querideen durchzogenen Lernweges: „Hier sind wir auf einem dramatischen Höhepunkt angelangt. Kunstvoller Unterricht muss diesen Knoten wie den Knoten eines klassischen Dramas schürzen. Es ist ja eines der großen Dramen der geistigen Geschichte der Menschheit, das hier aufs Neue zum Leben erwacht. Bedauern wir den Schüler, dem dieses Erlebnis versagt blieb, der teilnahmslos „noch ein Theorem“ lernte, wo Herzen gepocht und Götter gewütet haben. Zu beklemmender Spannung muss sich das Problem zugespitzt haben, bis ein *Schüler* den Knoten durchhaut: *„Es gibt kein* gemeinsames Maß!“ (S. 181/182) Es handelt sich ersichtlich um den Unterschied des Erlebens bei der Ausgrabung einer allmählich zum Vorschein kommenden seltenen und unbekannten Kostbarkeit und der Besichtigung dieses Objekts, gekennzeichnet mit Namen, Fundort, Entstehungszusammenhang im gut ausgeleuchteten Museumsraum. Und um die These, dass im Schulunterricht der Mathematik solche Ausgrabungserfahrung möglich, wünschbar und geradezu dramatisch inszenierbar ist, wenn denn die Lehrperson imstande ist, auf den gefahrlosen und sicher zu steuernden Gestus der Besichtigung von Fertigwahrheiten und Requisiten zu verzichten. Warum fällt dieser Verzicht so maßlos schwer? Es droht der Verlust von Sicherheit.

Wo und wie lernen die Lehrer das Lehren? Lehrerbildung, ein Endlosthema der Debatten um Schul- und Universitätsreform. Niemand überblickt mehr die Vorschläge, welche Art von Praxisbezug mit welcher Mischung von Theorie- bzw. Wissenschaftsanteilen zu kombinieren sind, um die vielbeschworene Professionalität auch im Lehrerberuf anzubahnen.

Der letzte Abschnitt des letzten öffentlichen 1985 in Wolfenbüttel gehaltenen Vortrags von Martin Wagenschein, dem Pädagogen und Lehrer der Physik und Mathematik, der viele Jahrzehnte auch in der Lehrerbildung tätig war- macht auf schräge Zusammenhänge aufmerksam, die bislang niemand im Ernst ins Auge gefasst hatte: Über den Lehrer der Physik oder der Mathematik, den er sich wünschte, sagte er in diesen letzten Sätzen unter anderem: „Er sollte nicht gleich den fachlichen Nachwuchs seiner Wissenschaft im Sinn haben. Er sollte Kinder mögen, und er müsste außerhalb seines Faches vielseitig aufgeschlossen und anrührbar sein.

Das würde wohl auch auf Alexander Israel Wittenberg zugetroffen haben, den jungen Mathematikprofessor, in Toronto zu früh gestorben. Er war vor 25 Jahren mein Bundesgenosse. Ich schrieb ihm einmal scherzhaft: „Sie sind ja wohl keiner, der vom Schulphysiker oder Mathematiker erwartet, dass er seine ganze Freizeit damit verbringt, den rastlosen Fortschritten seiner Wissenschaft auf den Fersen zu bleiben?“ Er antwortete, und damit möchte ich schließen: „Nein! Nein! Ins Theater sollte er gehen!“ (Wagenschein in „... Zäh am Staunen“, hg. H. Rumpf, Seelze-Velber 2002, S. 65).

Was Toeplitz über „das spannende Suchen“ und die „aufregende Handlung“ schrieb, die sich in mathematischen Erkenntnissen niederschlagen, Wittenbergs Formulierungen über das Drama der Erkenntnisgenese - das zeigt, dass es sich nach Meinung der Autoren hier nicht um einen äußerlichen Vergleich, sondern einen inneren Zusammenhang handelt. Im Theater sehen sich die Zuschauenden unentwegt in Prozesse hineingezogen, in denen Menschen in Krisen geraten: in immer neuen Variationen werden Konflikte und Katastrophen präsentiert: Gewissheiten, zerfallen, Institutionen zerbrechen, Unvorhersehbares stört die kalkulierbaren Abläufe - Menschenerwartungen zerbrechen oder werden übertroffen. Von „König Ödipus“ bis „König Lear“, von „Emilia Galotti“ bis „Hedda Gabler“, von „Die Zauberflöte“ bis „Wozzeck“ - wohin man greift, Abend für Abend lassen sich Menschen vorspielen, was es heißt, in die Strudel von Konflikten und Unabsehbarkeiten zu geraten, weil der zunächst fest geglaubte Boden der Normen und Bedeutungen Risse bekommt. Ein erstaunliches Bedürfnis - unablässig seit der Erfindung der Tragödie in unserer Kultur am Werk.

Wittenberg und Wagenschein dachten gewiss nicht an den so genannten musischen Ausgleich nach der strengen Denkarbeit in den abstrakten Gefilden der Mathematik. Sie hatten im Sinn, dass es eine Fehlentwicklung ist, wenn man den lebendigen Geist - wie Schrödinger schrieb - in „wasserdichte Abteilungen einschachtelt" (zit. bei Wittenberg 1963, S. 169). Es könnte ja tatsächlich sein, dass für die Geistesbildung eines Studenten oder Lehrers der Mathematik im Theater Samen ausgestreut werden, die im Umgang mit Kindern, mit entstehenden Gedanken Frucht tragen.

Ich weiß: solches heute auszusprechen, gar als bedeutsam für Lehrerbildung zu halten, ist denkbar unzeitgemäß. Es könnte freilich sein, dass die Fachintelligenz mitsamt den didaktischen Komponenten austrocknet, wenn sie sich nur noch mit ihren eigenen Produkten abgibt. Das gilt selbstredend auch für die Erziehungswissenschaft und die Psychologie. Noch so raffiniert ausgewogene und ausgehandelte Lehrstundentafeln werden die Lehrerausbildung nicht beflügeln.

Was macht Lehrer kaputt?

Die Katastrophenmeldungen häufen sich. Eine Studie des Erlanger Instituts für Arbeitsmedizin hat ermittelt: Von 7.100 Beamten, die zwischen 1994 und 1999 in Bayern einen Antrag auf Dienstunfähigkeit gestellt haben, waren 63% Lehrer, im Schnitt 54 Jahre alt und schon am Ende ihrer Karriere (SZ 24./25. Mai 2003). Fast 90% der Mitglieder dieses Berufsstandes gehen vorzeitig in Pension, meldet die SZ vom gleichen Tag.

Eine Studie des Zentrums für Lehrerbildung an der Universität Kassel vermeldet, dass 65% aller Lehrer schon in einem Durchschnittsalter von 57 Jahren in den Ruhestand gehen. „Es gibt Kliniken, die in den Schulferien 60% ihrer Betten für Lehrer reservieren" (SZ v. 11.2.2003). Die Zeitschrift „Profil" des

Deutschen Philologenverbands berichtet in ihrer Mai-Nummer 2003 ausführlich über eine Forschung an der Universität Potsdam zur Lehrerbelastung, die in unerträglich vielen Fällen das „Ausgebranntsein" („burn out Syndrom") diagnostizierte. Federführend für die Studie: Prof. Schaarschmidt. Als Gründe werden immer wieder allerorts genannt: Undisziplinierte verhaltensauffällige Schüler, Zunahme von Erziehungsaufgaben, Überlastung mit bürokratischem Kleinkram, wachsende Stoff-Fülle, Beunruhigung durch immer neue Reglementierungen und Außenanforderungen an die Lehrerarbeit. Seit Jahrzehnten steht solches in den Lehrerzeitschriften, jüngst immer häufiger auch in Tageszeitungen: Lehrer zu sein, das scheint mehr und mehr ein überlasteter, ein unmöglicher Beruf zu werden. Und die, z B. Von der Leiterin der psychiatrischen Klinik an der Freien Universität Berlin, Isabella Heuser, vorgeschlagenen Therapiemaßnahmen - von Gesprächs- und Verhaltenstherapien bis zur medikamentösen Behandlung von Depressionen wirken sachneutral und ratlos. Auch wenn sie einräumt: „Aber im Grund ist es ja bereits zu spät, wenn jemand zu uns kommt. Lehrer müssen viel früher auf die Belastungen im Schulalltag vorbereitet werden und lernen, wie man mit ihnen umgehen kann. Das muss schon in der Ausbildung beginnen und später in der Fortbildung immer wieder erneuert werden." (SZ 24./25. Mai 2003, S. 2) Was kann es bringen, wenn junge Leute schon in ihrer Studienzeit den ruinösen Bedingungen ihres späteren Berufslebens konfrontiert werden? Abhärtung? Zynismus? Wird die Fronterfahrung ihre Studierkraft steigern?

Wie sehen Diagnosen aus, die nicht bei Symptomen hängen bleiben?

Der Systemtheoretiker Niklas Luhmann hat schon vor Jahren kühl registriert, dass in den Schulen eine Diskrepanz zwischen den programmatischen Zielsetzungen und den Handlungszwängen der Unterrichtspraxis (dem Verhaltenscode) eingebaut ist. Im Klartext heißt das: die Lehrer sind durch die Institution unentwegt etwas zu tun gezwungen, was dem widerspricht, wozu sie offiziell verpflichtet sind und was sie in ihrer Ideenseele auch tun möchten: Die Institution zwingt, Unterricht zu erteilen mit dem Zwang zu selegieren, durch Benoten

Tabellierungen von besser und schlechter festzulegen und anderseits schreibt sie vor, sich der Idee verpflichtet zu sehen, alle Schüler in ihrer Individualität zu fördern und zu bilden (Luhmann in dem Band H.E. Tenorth (Hrsg.): „Allgemeine Bildung“ Weinheim München 1986).

Ein anderer Aspekt wird deutlich, wenn man den „Ordnungsschwund“ in Sachen Schule und Erziehung ins Auge fasst. Allenthalben droht das Chaos auszubrechen: das feste Bild dessen, wie eine ordentliche, eine richtig normale Schule auszusehen hat, was da Lernen und Lehren bedeutet, wie Räume, Zeiten, Inhalte, Medien geschnitten sind, wie normale und richtige Umgangsformen der Schulmitglieder sind - alles das scheint ins Rutschen zu kommen. Waldenfels hat geschrieben, dass mit dem Schwund des Glaubens an die eine Ordnung, mit dem modernen Wissen, dass alles auch ganz anders geht - dass mit diesem Wissen auch die Angst vor dem Chaos auszubrechen beginnt. (Vgl. B. Waldenfels: Der Stachel der Fremdheit. Frankfurt/M 1990, S. 19). Und die Angst vor dem Chaos ist seit eh eine Urangst der Pädagogen angesichts der unabsehbaren Andersheit der in der jungen Generation mit ihrer Subkultur heraufziehenden Zukunft, der in jedem Schultag lauernden unabsehbaren Querschläger. Die Unsicherheit und ihre Übertäubung durch das sich Anklammern an formale Regelungen, an formale Lerntechniken und inhaltsneutrale Methodentrainings - sie quillt der modernen Schule aus allen Poren. Und scheint die Lehrpersonen zu ruinieren.

Hilft da „Schulentwicklung“, Schulprogrammforcierung, „wissenschaftliche Schulbegleitung“, Verzahnung von Theorie und Praxis? So gut gemeint all das ist - angesichts der Unsicherheiten und Widersprüche im System wirken sie doch eher wie Kamillentee zur Behandlung einer schweren Lungenentzündung. Vielleicht findet die knochentrockene Luhmann-Diagnose der Schulwidersprüche auch deshalb solche Resonanz, weil ein erster Schritt zur Heilung der Verzicht auf Nebelwerfer sein könnten. Die lassen den als Narren oder als pädagogischen Schwärmer erscheinen, der sagt, was alle wittern, was aber nicht ausgesprochen werden darf, weil so keine Wahlen zu gewinnen und keine Karrieren zu machen sind.

Unterrichtsgarantien oder einheitliche Bildungsstandards wirken freilich wie Nebelwerfer.

Die Wut auf die Räte vom grünen Tisch

Seit langem ist es bekannt: Lehrer im Allgemeinen lesen nichts, was nach Pädagogik riecht. Und die ist doch, heißt es, ihre Berufswissenschaft. Bei Ärzten und Juristen sei das anders, hört man. Ich erinnere einen Kollegen, Deutschlehrer und Referendarausbilder - er rief einmal, vierzig Jahre ist es her, im Lehrerzimmer aus: Die Leute- gemeint waren die Universitätspädagogen - werden dafür bezahlt, dass sie sagen und schreiben, was *nicht* ist. Ist es seit der „Empirischen Wende der Erziehungswissenschaft" anders geworden? Man kann zweifeln.

Drei Splitter aus dem bitteren Lehrer-Buch „Grosse Pause" von Marga Bayerwaltes werfen ein Licht auf dies Zerwürfnis, das praktizierende Lehrer immer wieder den Kopf schütteln oder erbost sein lässt, über das was den Leuten an den grünen Tischen der Wissenschaft wie auch der Bildungspolitik und Bildungsverwaltung so alles einfällt und was sie „nach unten" oder „nach vorne" reichen, an Empfehlungen oder Vorschriften.

(1) Über Teamarbeit, flache Hierarchien, kleine autonome Arbeitsgruppen, die gemeinsam Schul- und Unterrichtsprobleme zu lösen imstande seien, schreibt die Autorin: Und kommentiert einen „pädagogischen Satz": *„Diese Aufgaben kann man nur im Team bewältigen. Die Zeit der Einzelkämpfer ist vorbei"*.

> „Mein Gott, das wissen wir! Das haben wir schon circa sieben Milliarden Mal gehört! Der dämliche Spruch hängt uns kilometerweit zum Hals raus! Unsere Meinung dazu lautet: Verschont uns bitte mit diesen stockdoofen, pseudomodernen Nullwertparolen! Jeder von uns und auch von euch weiß doch längst: Diese Aufgaben sind überhaupt nicht zu bewältigen! Und am allerwenigsten im Team!" (Bayerwaltes: Große Pause! München, Kunstmann 2002, S. 123)

(2) „Das schöne Konzept vom *„Haus des Lernens"* verschwand von einem Tag auf den anderen in der Versenkung.

Stattdessen wurde der gute alte *Unterricht* nun wieder zum *Kern der schulischen Arbeit.* Und in diesem Unterricht kam es ganz entschieden auf *Leistung* an. Und zwar ganz entschieden auf solche Leistungen, die sich in internationalen Vergleichstests messen lassen ...

> Die „Schulprogramme, Kern und Motor der inneren Schulentwicklung, in denen Lehrer, Eltern und Schüler gemeinsam „das Konzept ihrer Zielvorstellungen in curricularen, pädagogischen, organisatorischen, personellen und finanziellen Fragen dokumentieren" und gleichzeitig „ Verfahren aufzeigen, wie diese Ziele zu erreichen, zu überprüfen und zu bewerten sind" (Originalton unserer Ministerin) hatten nun „bis zum Jahr 2000 „fertig und zur Kontrolle bei der Schulaufsicht eingereicht zu sein". (Bayerwaltes, S. 134/135.

Die vollmundigen Floskeln einer heruntergekommenen Erziehungswissenschaft suggerieren, dass es ja schließlich für beamtete Profi-Lehrer kein größeres Problem sein kann, termingerecht (natürlich im Team!) das zu bewerkstelligen, was einfach heißt: Zu Zielen die Mittel zu ihrer Erreichung, Bewertung, Überprüfung zu finden und nach oben zu melden. Als ginge es bei der fasst ausweglos schwierigen Aufgabe, für den Nachwuchs unter den heutigen Bedingungen zentrale Kultur- und Erkenntnisinhalte in Schulen zu revitalisieren - als ginge es um ein schlichtes Zweck-Mittel-Problem. Als ob man nur wissen müsste, was man will. Um einen Nagel in die Wand zu schlagen, braucht man außer dem Nagel nur noch ein funktionsfähiges Schlaggerät, am besten einen Hammer. ... Man ist an die Zeiten vor etwa drei Jahrzehnten erinnert, als ganze Kollegien, trunken von Magers Lernziel-Schrift, daran gingen seitenweise operationalisierte Lernziele aufzuschreiben - in der auch von Pädagogen entfachten Wahnvorstellung, wenn man nur präzise Verhaltensziele formuliert hätte, ergäben sich die Wege, sie zu erreichen, gewissermaßen nebenbei. Und die Frage, ob die wichtigsten und kostbarsten Leistungen, die in einer Schule entstehen können, sich nicht den Kriterien der Messbarkeit und Vergleichbarkeit entziehen - diese Frage kann im PISA-Taumel, der die Schulpolitik erfasst hat, gar nicht mehr wahr- geschweige ernst genommen werden. Ob da Bildungsreisen nach Schweden oder Finnland helfen?

Lehrerwerden, Lehrerlernen oder: die Tücken der Lehrer-Professionalisierung

Die Lehrer können's nicht richtig (die Schüler so unterrichten, dass wir an die PISA-Spitze herankommen) - also muss die Lehrerausbildung besser, professionalisierter werden. So tönt es seit einiger Zeit durch die Lande. Ausbildung, Fortbildung - sie müssen intensiviert, koordiniert, praxisorientiert werden, damit das geheimnisvolle Etwas entsteht, was als Lehrerkompetenz unentwegt beschworen wird. Und nichts, so scheint es, leuchtet mehr ein: Ein Zahnarzt hat sein kompliziertes Handwerk gelernt, gestuft, kontrolliert, an einem fixen Kompetenzstand orientiert. Und wie steht es mit dem Handwerk des Lehrers. Muss er nicht auch ein Spezialist für Lehrgriffe und die Erzeugung von Schülerkompetenzen sein?. An der Praxis wären sie zu lernen und zu üben, entsprechend der Ausbildung des künftigen Arztes am Krankenbett.

In dieser schulpolitischen Großwetterlage ist es kein Wunder, dass niemand mehr die Veröffentlichungen über Lehrerbildung zu überschauen vermag. Lehrerausbilder aller Arten überbieten sich zudem in der Produktion von Methodenbüchern - mit Hinweisen darauf, wie richtig, lebendig, praxisorientiert, lebensweltbezogen zu unterrichten sei - selbstverständlich auch gruppenorientiert, handlungsanregend und Disziplinprobleme auf diese Weise unterlaufend. Und es mag ja stimmen, dass der Unterrichtsalltag für zehn Millionen Schüler tag für tag durchweg recht primitiv gestrickt ist und durchaus so genannte Innovationen vertragen kann.

Freilich: In die Erwartungen der Wirkungen eines optimal professionalisierten Lehrerhandelns, das möglichst jede Aktion wissenschaftlich abzustützen gelernt hat - in diese hochgespannten Erwartungen wären einige bittere Tropfen Skepsis einzuträufeln. Stimmt diese ganze Denkrichtung? Steuert dieser Lehrtechnikvervollkommnungsdampfer nicht in die Irre? In der schließlich jede Nachdenklichkeit, jede Spontaneität, jede Überraschung, jedes Dunkel, jeder funktionslose Zwischenraum, jeder schräge Gedanke, jeder Wildwuchs aus dem durchprofessionalisierten Schultag zu verschwinden droht, weil sich dazu kein theoretisches Pendant oder kein praktisch legitimierbarer Lehrgriff ausmachen lässt? Hier folgen einige Splitter, die immerhin das Nachdenken über Lehrqualitäten im Gegenstrom anregen könnten.

(1) Drei Zitate von Lichtenberg, die auch auf die fortschreiten sollende Durchwissenschaftlichung der Lehrerbildung zu beziehen wären:

(a) „Ich bin überzeugt, wenn Gott einmal einen solchen Menschen schaffen sollte, wie ihn sich die Magister und Professoren der Philosophie vorstellen, er müsste den ersten Tag ins Tollhaus gebracht werden. Man könnte daraus eine artige Fabel machen: ein Professor bittet sich von der Vorsicht aus, ihm einen Menschen nach dem Bilde seiner Psychologie zu schaffen; sie tut es, und er wird ins Tollhaus gebracht" (Lichtenberg: Dieses und Jenes. Ausgewählt von Egon Friedell. Diogenes TB, Zürich 1991, S. 40/41).

(b) „Es wäre der Mühe wert zu untersuchen, ob es nicht schädlich ist, zu sehr an der Kinderzucht zu polieren. Wir kennen den Menschen noch nicht genug, um dem Zufall, wenn ich so reden darf, diese Verrichtung ganz abzunehmen. Ich glaube, wenn unseren Pädagogen ihre Absicht gelingt, ich meine, wenn sie es dahin bringen können, dass sich die Kinder ganz unter ihrem Einfluss bilden, so werden wir keinen einzigen recht großen Mann mehr bekommen. Das Brauchbarste in unserm Leben hat uns gemeiniglich niemand gelehrt ..." (Lichtenberg: Aphorismen, Briefe, Schriften. Hg. P. Requadt. Stuttgart 1953, S. 88)

(c) „Ich fürchte, unsere allzu sorgfältige Erziehung liefert uns Zwergobst ... Wenn das Ungefähr nicht mit seiner geschickten Hand in unser Erziehungswesen hineinarbeitete, was würde aus unserer Welt geworden sein?" (a.a.O., S. 88).

(2) Gut zwei Jahrhunderte später schreibt ein Lichtenberg nicht unverwandter Autor, der das Bildungswesen ähnlich wie Lichtenberg nicht als Insider, sondern sozusagen von der Seite betrachtet (und deshalb in der Zunft weder wahr- noch ernst genommen zu werden pflegt): „Bestimmte menschliche Eigenschaften und Fähigkeiten spielen für „die Befähigung zum Lehramt" eine wichtigere Rolle als alles, was der hochtrabende Quatsch der so genannten Erziehungswissenschaften zu

bieten hat. Eine gewisse Entprofessionalisierung des Lehrerberufs wäre aufs innigste zu wünschen“ (Hans Magnus Enzensberger: Plädoyer für den Hauslehrer. In: Enzensberger: Nomaden im Regal. Essays. Frankfurt/M 2003, S. 72).

(3) Ulrich Oevermann in seiner umfänglichen Studie zur Professionalisierung des Lehrerberufs:

> „Der Lehrer muss also entsprechend seinen gesunden Menschenverstand walten lassen bei der aufmerksamen und neugierigen Beobachtung des Schülerhandelns. ... Entsprechend muss seine Ausbildung nicht der eines Therapeuten vergleichbar aus einer analog zu einer Lehranalyse operierenden weitreichenden Aufdeckung des eigenen Unbewussten bestehen. *Vielmehr reicht es, die Dignität der naturwüchsigen Interpretationsfähigkeit und Intuition zu stärken gegen eine mechanische Subsumtion unter szientistische Prozeduren und Methoden. Der Lehrer muss geübt und gewohnt sein, den Schüler ernst zu nehmen und auf die detaillierte Beobachtung seines Handelns zu vertrauen ... Die Wagenschein-Didaktik ist nicht mehr und nicht weniger kompliziert als der Vollzug eines lebendigen pädagogischen Arbeitsbündnisses und lässt sich ebenso wenig operationalisieren wie dieses und wie das Leben selbst* (Oevermann in Combe/Helsper, Hg.: Pädagogische Professionalität. Frankfurt/M 1996, S. 161/162).

(4) Der von Oevermann zitierte Wagenschein hat über seine Art, das Lehren zu lernen, in einer leicht skurrilen Geschichte autobiographisch Auskunft gegeben: Da sitzen in den sechziger Jahren des vorigen Jahrhunderts zwei Herren im Bahnhofscafé von Münster zusammen: Wolfgang Metzger, Professor für Psychologie an der Universität Münster, Herausgeber eines Handbuchs der Psychologie, und Martin Wagenschein, Pädagoge, Lehrer der Physik und Mathematik, Didaktiker. Ich zitiere aus dessen Autobiographie „Erinnerungen für morgen (S. 89): „Metzger fragte mich mit offener List: „Sind Sie eigentlich ein Gelehrter?“ Ein Gelächter einigte uns sofort: „Eben nicht! Ein Gelehrter ist ja einer, der viel weiß, und mit der Zeit immer mehr. Während ich damit beschäftigt war, das, was ich wusste, fast vorsätzlich zu vergessen, damit ich es lehren könnte.“

Eine reichlich skandalöse Art, sich in die Verfassung eines Lehrers zu bringen, so scheint es. Wie diese Beschäftigung, diese innere Arbeit an sich und dem eigenen Vorwissen geartet sein könnte und wodurch sie im Wissenschaftsbetrieb gelähmt wird, dazu noch drei Lichtenberg-Splitter, die nicht schlecht als Leitworte für eine etwas andere Lehrerprofessionalisierung taugen:

(a) „Ich wollte, dass ich mich alles entwöhnen könnte, dass ich von neuem, sehen, von neuem hören, von neuem fühlen könnte. Die *Gewohnheit* verdirbt unsere Philosophie.” (Lichtenberg in Requadt (Hrsg.) a.a.O. S. 98)

(b) „An jeder Sache etwas zu sehen suchen, was noch niemand gesehen und woran noch niemand gedacht hat.“ (a.a.O. S. 169)

(c) „Jetzt sucht man überall Weisheit auszubreiten, wer weiß, ob es nicht in ein paar hundert Jahren Universitäten gibt, die alte Unwissenheit wiederherzustellen.“ (a.a.O. S. 126)

Staunkraft - Lehren als eine bestimmte Art, Wissen zu vergessen

Noch einmal sei an die oben (S. 144) berichtete Geschichte von dem Gespräch im Münsteraner Bahnhofscafé erinnert - der Psychologieprofessor Metzger lockt den Pädagogen Wagenschein zu einer schockierenden Antwort heraus.

Da kann kein Mensch mehr überschauen, was an Programmen, Büchern, Studienplänen produziert und diskutiert wird, um Klarheit über das Wissen zu gewinnen, über das ein Lehrer verfügen sollte, um seine Tätigkeit „professionell“ auszuüben. Da kommen Fachbereiche von Universitäten ins Wanken, weil Zweifel um sich greifen, ob ihr Lehrangebot hinreicht, Lehrern „das nötige wissenschaftlich fundierte Wissen“ zu vermitteln. Und da behauptet jemand allen Ernstes, nicht das souveräne Verfügen über Wissen sei Bedingung der Befähigung zum Lehren, sondern, ganz im Gegenteil die Fähigkeit und Bereitschaft, angehäuftes Wissen in einer bestimmten Weise zu vergessen. Und dieses Vergessen sei eine Beschäftigung eigener Art.

Es handelt sich um kein Bon Mot. Von Sokrates bis Lichtenberg ließen sich Zeugen dafür namhaft machen, dass hier ein Nerv getroffen ist: Es handelt sich nicht um die Empfehlung eines puren Nichtwissens, eines Vergessens, das alle Erinnerungsspuren einfach nur löscht. Es handelt sich darum, in eine Schwebe zu geraten, eine Schwebe zwischen bekannt und unbekannt.

Das vor Augen Liegende, das selbstverständlich Gewusste gerät da in eine Balance, verliert seine Eindeutigkeit und mit ihr die Züge des Gewohnten und Vertrauten. Es ist wie wenn einem mit einmal Worte fehlen und man ins Stammeln kommt angesichts von Sachverhalten, die einem doch eigentlich längst bekannt sind. Im Bekannten setzen sich Züge des Unbekannten durch. Und, das ist der Biss in Wagenscheins Äußerung: um etwas lehren zu können, muss man imstande sein, in seinem Kopf eine Leere entstehen zu lassen, auf die Attitüde des Wissensbesitzers zu verzichten, um wieder fast so auf zuvor Gewusstes hinschauen zu können, als sähe man es zum ersten Mal. Ohne diese Staunkraft wird eine Lehrperson sich höchstens dumm stellen und Fragetechniken in Gang setzen, von denen alle Beteiligte wissen, dass sie schlechtes Theater sind. Sie wird nicht anders können als zu glauben, Lehren bestünde darin, Wissenslücken zu stopfen, ein Vakuum auszufüllen, Routinen einzustudieren..

Beispiele? (1) Ein Pflanzenstängel, der schräg aus dem Wasser herauswächst, ist geknickt. Wenn man ihm aber mit dem Finger nachfährt, ist es gar nicht wahr. Eine Siebenjährige sagt: „Der ist krumm, aber nicht richtig" (Wagenschein: Die pädagogische Dimension der Physik. Braunschweig 1962, S. 196). Trügt der Schein? Ich sehe, jeder sieht doch: er ist geknickt. Das stimmt doch. Ich kann es sogar abmalen. Und dann das: mit dem Finger dem Stängel nachfahrend ist er gerade. Das stimmt doch auch. Trügt das, was ich tastend spüre? Jeder kann es aber doch nachmachen, niemals wirkt er geknickt. Inmitten des Bekannten bricht etwas Unbekanntes auf, ein Spalt schiebt sich zwischen das, was ich sehe und spüre - ein Spalt auch zwischen das, was ich denke und wahrnehme. Das Bekannte zeigt Züge des Unbekannten. Eine Schwebe entsteht. Sie ist nicht beseitigt, sie ist durchgestanden, wenn gesagt wird: Der ist krumm, aber nicht richtig. Was da aktiviert wird - man könnte es Staunkraft nennen.

(2) Ein Kind sagt, im Gespräch über den Mond: „Ich hab den Mond mal am Morgen gesehen. Da war er nur ein bisschen“ (In einem Aufsatz von Klaus Rödler: Die Grundschulzeitschrift 129, Heft 11/1999, S. 12). Die Erinnerungsspur an den vollen leuchtenden Mond ist da durchaus noch präsent, während der Blick sich überraschen lässt von der Kleinheit des Sichelchens am Morgen - Wäre sie nicht präsent, würde der Sichelmond nur als hinzunehmender Tatbestand registriert, „festgestellt“. So aber kommt die Wahrnehmung in die Schwebe. Er ist es noch, und er ist es doch nicht mehr ganz. „Ein bisschen“, ist er noch. Das vor Augen Liegende bekommt rätselhafte, unbekannte Züge. Ein Lehrer, der gar nicht mehr imstande ist, sein Wissen um die regelmäßigen Mondveränderungen fast zu vergessen und sich von dieser überraschenden Kleinheit selbst treffen zu lassen - „kaum glaublich, dass das der gleiche Mond sein soll“ - der wird kein ernsthaftes Gespräch mit Kindern, Anfängern, Laien mehr führen können. Das allzu fest sitzende Wissen hätte ihm die Staunkraft narkotisiert. Er wird über selbstverständliche Tatbestände informieren müssen. Er kann nicht anders. Da hilft keine Motivierungstechnik.

(3) Die Staunkraft kann auch den Umgang mit dem scheinbar Allerselbstverständlichsten zu neuem, überraschenden Leben erwecken. Eva-Maria Kohl lässt Kinder zunächst *Wortbausteine* sammeln, sortieren, prüfen, untersuchen. Wörter also werden aus allen Verwendungszusammenhängen gelöst, ihre sinnliche Erscheinungsform, was ihr Klang, ihre Länge, der in ihnen steckende Rhythmus ausstrahlt und im Kopf auslöst, wird ausgeforscht: „Sind das dunkle, samtschwarze, kellertiefe Wörter oder sind es eher grüne, frühlingshafte, wachsende, blätterrauschende Wörter? Man mag längere Zeit vergnüglich mit diesen Wörtern, die auf einmal ein neues Gesicht zeigen, selbst etwas ausstrahlen herumexperimentieren. Und dann probiert man eine Komposition, die sich inspirieren lässt von dem spielerischen Wunsch, Wörter aus verschiedenen Wortsorten künstlich zusammenzuspannen. Etwa so: „Was passiert, wenn man vier weiße Wörter (Taube, Eisbär, Ziege,

Schnee) mit einem einzigen tiefschwarzen Wort (Kohlenauto) zusammenbaut?". Ein Produkt sah so aus:

Sechs Tauben,
Vier Eisbären und
Zehn weiße Ziegen
Sassen im Schnee.
Da kam ein Auto
Voller Kohlen und hupte:
Weg mit euch. (Jennifer, 9 Jahre)

(Vgl. Eva Maria Kohl: Spielzeug Sprache. Ein Werkstattbuch. Luchterhand 1995.)

Was hier (fast) vergessen wird, das ist die alltägliche Einbindung der Wörter in Sätze, die ihrerseits etwas bedeuten, was mit dem einzelnen Wort und seiner eigenen Bedeutungskraft nichts mehr zu tun hat. Die Wörter werden durch dieses Vergessen gewissermaßen befreit. Sie geben Überraschendes zu fühlen, zu denken frei. Sie gewinnen unbekannte Züge. Sie regen zu neuen Kombinationen an. Und beginnen dabei gewissermaßen zu tanzen. Eben weil im Allbekannten etwas Unbekanntes aufgestöbert wurde. Auch hier: Was sich da entzündet, wird man Staunkraft nennen können. Eine bestimmte Art des produktiven Vergessens - das reine Gegenteil des Vollstopfens von Kinderköpfen mit zu lernenden Wortbedeutungen ...

VII. Reformer und Aufgeklärte - oder: Schwärmer und Wissende

Über Pädagogen-Differenzen

Der Pädagoge (P) und der Aufgeklärte (A) - ein ausgedachtes Gespräch

A.: Nun sagen Sie mal in Kürze, wo Sie der Schuh drückt. Was führt zu Ihrer Dauerkritik an unsren Schul- und Bildungsverhältnissen?

P.: Dass jemandem, dem es im Ernst noch darum geht, Heranwachsende nicht nur irgendwie durch die Bildungsbetriebe hindurchzuschleusen, sondern sie zum Gebrauch ihrer Vernunft zu ermutigen und sie anzuregen, unsere Kultur in exemplarischen Begegnungen kennen und verstehen zu lernen - dass jemand mit solchen Ideen im Kopf unentwegt gegen den Strom schwimmen muss, bis er der ständigen Überlastung müde wird und nur noch irgendwie funktioniert und ohne Rücksicht auf Sinnbedürfnisse unterrichtet, Noten gibt, Prüfungen abwickelt. Für die Hochschulen gilt Entsprechendes.

A.: Ihnen geht es so, wie einer Figur in Büchners Leonce und Lena - von der es, ungefähr, heißt: „Da kommt wieder einer, der auch an Idealen laboriert“ Sie meinen, wie Ihr Verwandter im Geist, Don Quichotte, Sie müssten in höherem Auftrag den bösen Riesen der Unbildung, des Untergangs der europäischen Bildung, der Chancenungleichheit bekämpfen - und in Wirklichkeit haben Sie es nur mit einer Windmühle zu tun. Die kümmert sich in ihrem Gang nicht um Ihre imaginären Kampfhandlungen und Ihre eingebildeten Gegner.

P.: Das klingt reichlich zynisch. Kann es denn gleichgültig sein, wie und was unser Nachwuchs in jenen Einrichtungen lernt, die „allgemein bildend“ heißen? Muss man sich im Interesse der Zukunft nicht darum sorgen, ob eine Generation von Konsumidioten nachwächst, die - um ein Beispiel zu nennen - hunderttausendfach die unsäglichen Memoiren des Herrn Effenberg lesen kann, ohne sich zu erbrechen?

A.: Typisch Pädagoge: Umgekehrt wird ein Schuh draus. Es *muss* Ihnen gleichgültig sein, was die Leute mit den Angeboten und Anforderungen der diversen Bildungseinrichtungen anfangen. Und zwar einfach deswegen, weil Sie *prinzipiell* nicht imstande sind, das zu beeinflussen, was Menschen (oder anders ausgedrückt Menschen als Systeme) mit ihrer je eigenen Umwelt, aus den Einflüssen anderer Systeme machen. Warum regen Sie sich über Ereignisse und Prozesse in Welten auf, zu denen Ihnen prinzipiell der Zugang fehlt? Sie leben in menschenfreundlichen Hirngespinsten. Und das bringt Sie zur Verzweiflung.

P.: So so. Dann ist es ein Hirngespinst darüber nach zu denken, wie es zum Beispiel zu den politischen Katastrophen und Bestialitäten des 20. Jahrhunderts in unserem Land hat kommen können. Und welchen Anteil daran auch die Einflüsse (oder Nicht-Einflüsse) des Bildungswesens gehabt haben könnten?

A.: Eine einschüchternde Pädagogenmasche: Man beschwört den Holocaust, um damit die Wichtigkeit von Erziehung, Schule, Unterricht - die also versagt haben sollen! - begründen zu können. Diese „Nie-wieder-Pädagogik“, die eine ganze Pädagogengeneration - von Universität bis Grundschule - verstört, verwirrt und überlastet hat. Ein schlichter Denkfehler liegt zugrunde: Das Schul- und Bildungssystem ist kein System, von dem erwartet werden kann, dass es in bestimmter Richtung Mentalitäten, Einstellungen, Erfahrungsformen nachhaltig verändern kann. Weil doch jedes einzelne Subjekt aus den so genannten Lernangeboten etwas anderes und eigenes machen kann und macht, von dem die Lehrpersonen keine Ahnung haben können - und das sie auch im Grunde nichts angeht. Menschen biegen sich die Einflüsse in Richtung ihrer privaten Lernziele um. Sich in diese Vorgänge einmischen zu wollen, ist typisch pädagogische Indiskretion, um den härteren Ausdruck Schamlosigkeit zu vermeiden. Man begibt sich auf die schiefe Bahn zur Erziehungsdiktatur.

P.: Das ist eine merkwürdige Form von Nichtdiktatur, die Sie da als realistisch verkaufen möchten: Da agieren also Lehrpersonen viele Jahre und geben den jungen Leuten unverblümt zur Kenntnis, dass es ihnen vollkommen gleichgültig ist (und auch aufgrund ihres Berufsethos und der realen Systemverhältnisse sein muss), was diese jungen Leute ihrerseits mit den Inhalten anzufangen gedenken, die ihnen da mit einigen methodischen Handgriffen übermittelt wurden. Ob sie Respekt vor sorgsamem Denken und Formulieren haben oder ob sie auf Klischees ansprechen, ob sie Respekt vor bestimmten Inhalten der Kultur, vor Gegebenheiten der Natur haben oder ob ihnen nichts an der Auspowerung ihrer und unserer Welt liegt. Eine schöne Freiheit, in die Sie da den Nachwuchs zu entlassen vorschlagen. Ich bin geneigt, sie zynisch zu nennen.

A.: Was haben Sie eigentlich für altmodische Vorstellungen von den so genannten Lerninhalten und Erkenntnissen. Ist es nicht durch die konstruktivistische Wende in der wissenschaftlichen Großwetterlage inzwischen ausgemacht, dass wir eh die so genannte Realität (also auch alle Lerninhalte) unentwegt selbst konstruieren, mit den diversen kognitiven, affektiven, symbolischen Konstruktionsmitteln, mit denen wir ausgestattet sind. So dass es also ganz unangemessen ist, an das zu appellieren, was in Ihren Worten mitschwingt: eine Art Verantwortung vor dem und für das, was uns entgegenstünde, dem wir gar „begegnen" könnten - in Natur, Kultur, Überlieferung. Fehlt nur noch., dass sie den Seinsgehorsam strapazieren, der früher einmal namens der Religion eingefordert wurde ...

P.: In der Tat. Es scheint mir auch einen konstruktivistischen Wahn zu geben, der gegen jede lebensweltliche Erfahrung behauptet, es gebe nichts, was uns widerfährt und was Respekt, Aufmerksamkeit, Ehrfurcht, Sorgsamkeit, vielleicht sogar Dankbarkeit fordert. Und aus der nicht zu bestreitenden Tatsache, dass wir den Widerfahrnissen nicht unvermittelt begegnen können, sondern sie uns nur im Medium von Symbolisierungen aneignen - folgert, es brauche und könne nun keinen ernsthaften Streit um die angemessene Auslegung von Erfahrungen, von Deutungen mehr geben. Und also auch nicht die pädagogische Mühe um die Arbeit an mehr oder minder angemessenen Arten, mit sich und der Welt umzugehen.

A.: Ich kann nur wiederholen: Mit diesen Ideen, denen man die Eierschalen der religiösen Erziehung noch anmerkt - Pädagogen Ihres Schlags sind ja durch die Bank uneingestandenermaßen säkularisierte Seelsorger - überlasten Sie unrealistisch das Wenige, das Erziehung und Unterricht zustandebringen können. Und bereiten so den Zusammenbruch, das berühmte burn-out-Syndrom bei Erziehungsaktiven vor. Sind Sie doch ein bisschen bescheidener, und verzichten auf den Größenwahn, Sie könnten Welt, Geschichte, Gesellschaft, Menschen ändern, Sie könnten Menschen dazu helfen, der Wirklichkeit zu begegnen. Das sind schlicht optische Täuschungen:

Die Leute lernen in der Schule, sich an vorgeschriebenen Standards in Konkurrenzsituationen abzuarbeiten und zu bewähren. Das brauchen Sie, um in der Gesellschaft später nicht aus der Rolle zu fallen. Sich da noch groß über Inhalte und Intensitätsgrade des wirklichen Verstehens aufzuregen, ist vergebliche und unrealistische Liebesmüh. Das sollte der wissenschaftlich geschärfte Tatsachenblick lehren. Man atmet, so belehrt, freier, eine Zentnerlast fällt wie ein Stein vom pädagogischen Herzen.

P.: Irgendwo habe ich mal gelesen: Die durch Vergessen erschlichene Freiheit ist leer. Und das leicht gewordene Herz, das Sie den Erziehungsakteuren versprechen hat etwas von den Ballons, die hochsteigen, nachdem der Ballast abgeworfen wurde. Nur: Wohin steigt der Ballon auf? Und: Ist es wirklich nur eine Entlastung, wenn man sich nun im Ernst keine Gedanken mehr zu machen braucht, was und wie zu lernen, zu lehren ist - weil eh keine Systemgröße wissen oder gar beeinflussen kann, was das lernende System eines Schülers, eines Studenten tatsächlich mit dem anfängt, was es einmal lehrgangsmäßig gelernt hat.

A.: Was muss Ihnen eigentlich noch alles an Enttäuschungen widerfahren, bis Sie sich den Realitäten beugen?

P.: Mir reicht die Art von ironischer Distanz, mit der Sie die pädagogischen Schwärmer als Gutmenschen abzutun pflegen. Sie schreckt mich genug ab. „Der Panzer verdeckt die Wunde“ schrieb Adorno einmal. Man kann sich auch unverwundbar machen mithilfe von theoretischen Abwehrwaffen. Freilich um den Preis, dass man nichts mehr im Ernst an sich heranlässt. Dann lieber Verwundbarkeit als solcherart erworbene Überlegenheit ...

A.: Aber steht nicht bei „Ihrem“ Rilke: „Wer spricht von Siegen, Überstehen ist alles“?

Eine Luhmann und eine Adorno-Schule - zwei imaginäre Schulprogramme

Schulen sollen Profil gewinnen, heißt es heute vielerorts. Und ihr Programm veröffentlichen.

Hier sind zwei Vorschläge (sie haben nichts mit den beiden tatsächlich existierenden Schulen dieser Namen zu tun): sie greifen in utopischer Manier in der Luft liegende unterschiedliche Sichtweisen auf das auf, was in Schule passieren kann, passieren sollte.

(A) Die Niklas-Luhmann-Schule in ... gibt sich folgendes Programm:

(1) Das Kerngeschäft der Schule ist der Unterricht.

(2) Im Unterricht arbeiten professionalisierte Lehrpersonen an der Übermittlung spezifischer Kompetenzen. Sie wissen und können, was Schüler nicht wissen und können. Daraus folgt eine klare Distanz. Lehrende sind keine Schüler.

(3) Es handelt sich beim Unterricht nicht um eine Form ganzheitlicher Begegnungen zwischen Menschen und irgendwelchen Inhalten- es handelt sich um die sachgemäße Behandlung von Lernkapazitäten in Lernsystemen, die durch Schüler repräsentiert sind.

(4) Kein Lehrer kann realistischerweise dafür bürgen, Lernsysteme im von ihm beabsichtigten Sinn tatsächlich zu beeinflussen. Er kann also keine Verantwortung dafür übernehmen

und kann auch nicht dafür haftbar gemacht werden für das, was Schüler ihrerseits mit den Lernangeboten anfangen.

So wenig ein Fahrlehrer dafür haftbar zu machen ist, was der von ihm geschulte und geprüfte Fahrschüler konkret mit den ihm übermittelten Kompetenzen anfängt.

(5) Damit entfällt die moralische und pädagogische Überlastung der Unterrichtstätigkeit seitens der Schule. Das so genannte persönlich-private Leben der am Unterrichtsgeschäft Beteiligten hat diesen Beteiligten im genauen Sinn gleichgültig zu sein. Es würde die sachliche Arbeit an der Kompetenzübermittlung und der einstufenden Kompetenzbewertung (zu der die Schule verpflichtet ist) trüben und verwirren.

(6) Schule kann und soll weder die Gesellschaft noch die Menschen ändern.

Dazu ist sie nicht eingerichtet. In einer Autoreparaturwerkstatt kann man auch nicht daran denken, eine Weltraumrakete zu bauen. Es geht in einer Schule dieses Namens um Ausnüchterung pädagogischer Allmachtsphantasien, die nur zu Verzweiflung und Zynismus führen konnten. Und zu pädagogischen Feiertagsreden, die nichts mit dem Alltag zu tun haben.

(7) Die Freiheit, die in der so orientierten Schule gewonnen wird, entlastet auch von dem Zwang, Fächer zu integrieren oder Lehrinhalte mit lebensweltlichem Gehalt zu verbinden.

Das gestückelte Nebeneinander des Lernens in Schulstunden bereitet ebenso auf die Arbeitswelt vor wie die Normierung und die Ranglisten schaffende Benotung isolierter Teilleistungen.

(8) Je sachlicher und differenzierter die Lehr-Akteure ihren Lernangebots-Job tut, umso nüchterner und unbelasteter werden Schüler das dem Angebot entnehmen, was ihnen nützlich scheint. Es geht Lehrsysteme nichts an. Und das ist auch gut so.

(9) Gegen Klassenfahrten und Freizeitprojekte ist nichts einzuwenden. Sie können aber nicht als Ergänzung dessen gelten, was Sache des Schulunterrichts ist. Infolgedessen haben sie

keinen verpflichtenden, allenfalls nur dekorativen oder sozial animierenden Charakter.

Nachsatz (Originalton Luhmann):

> „Um Sozialisation in Erziehungssystemen geht es auch in der Diskussion über den Heimlichen Lehrplan. Was man in der Schule lernt, ist nach Robert Dreeben vor allem: mit Organisationen dieser Art zurechtzukommen, also, sich auf Leistungsanforderungen, auf Vergleich mit anderen unter angeblich sachlichen, jedenfalls aber universalistischen und spezifischen Kriterien und auf karriereförmige Selektion einzustellen. Wer das in der Schule gelernt hat (unabhängig davon, ob er gleichsam nebenbei auch noch Mathematik, Geschichte, Deutsch usw. gelernt hat), wird beim Übergang in andere Organisationen keine großen Schwierigkeiten haben, während umgekehrt die rekrutierenden Instanzen der beruflichen Organisationen davon ausgehen können, dass, wer die Schule geschafft hat, auch auf andere Formen organisierter Arbeit vorbereitet ist“ (Niklas Luhmann: Das Erziehungssystem der Gesellschaft. Frankfurt/M 2002, S. 79/80).

In diesem Sinn lernen Schüler für das Leben, wenn sie für die Schule lernen.

(B) Die Theodor W. Adorno - Schule in ... gibt sich folgendes Programm.

(1) Eine Leitidee der Schul- und Unterrichtsarbeit liegt in der kritischen Auseinandersetzung mit grassierender Halbbildung. Die verdirbt die Wurzeln der Demokratie, verfälscht unsere Kultur zum Warenhaus und korrumpiert Lehrgänge zu Lernschnellwegen.

(2) In der Formulierung von Theodor W. Adorno liest sich das folgendermaßen: „Im Klima der Halbbildung überdauern die warenhaft verdinglichten Sachgehalte von Bildung auf Kosten ihres Wahrheitsgehaltes und ihrer lebendigen Beziehung zu lebendigen Subjekten (Theorie der Halbbildung. In: Adorno: Gesellschaftstheorie und Kulturkritik. Frankfurt/M 1975, S. 75).

(3) Das Zentralgeschäft der Schule, der Unterricht, liegt infolgedessen in der gründlichen und authentischen Auseinandersetzung mit zentralen Inhalten unserer Kultur - in bewusster

Gegenbewegung gegen flüchtige und oberflächlich bleibende Schnellinformationen; denn die blockieren wirkliches Verstehen dadurch, dass sie eine scheinhaft bleibende Bekanntheit suggerieren. Scheinwissen zu zersetzen wird deshalb zu einer wichtigen Aufgabe eines sokratisch inspirierten Unterrichts.

(4) Das hat Folgen für den Umfang und die Eigenart der Lerninhalte. Diese Schule orientiert sich anlässlich der unablässig neu andrängenden Lerninhalte an zwei kaum je ernst genommene Äußerungen aus den letzten Jahrzehnten: (a) „Leistung ist nicht möglich ohne Gründlichkeit, und Gründlichkeit nicht ohne Selbstbeschränkung. Arbeiten-Können ist mehr als Vielwisserei. Ursprüngliche Phänomene der geistigen Welt können am Beispiel eines einzelnen, vom Schüler wirklich erfassten Gegenstandes sichtbar werden, aber sie werden verdeckt durch eine Anhäufung von bloßem Stoff, der nicht eigentlich verstanden ist und darum bald wieder vergessen wird.“ (aus der Tübinger Resolution, die 1951 unter Mitwirkung von C.F. von Weizsäcker, Georg Picht, Hermann Heimpel, Eduard Spranger, Wilhelm Flitner, Martin Wagenschein verabschiedet wurde. Hier zitiert nach M. Wagenschein: Ursprüngliches Verstehen und exaktes Denken. Stuttgart 1965, S. 205)

(b) Hartmut von Hentig schrieb 1990 von der drängenden Aufgabe, „den Überdruck des gewaltigen Lernpensums von der Schule zu nehmen ... Wir brauchen eine Lehrplanreduktion nicht von 100 auf 90, sondern von hundert auf zehn Themen“ (Neue Sammlung Heft 1/1990, S. 133).

(5) Zentrale Aufgabe eines Unterrichts in der nach wie vor allgemein bildenden Schule ist demnach die Anbahnung der Konfrontation mit wenigen zentralen Themen und Problemen. Sie sind danach auszuwählen, ob es lohnt, sich intensiv auf sie einzulassen und ob an ihnen exemplarisch zu verstehen ist, wie bestimmte Wissenschaften, Künste, Techniken, gesellschaftliche Praxis-Erfahrungen aufschließen und unser Leben beeinflussen.

(6) Verstehen lehren konzentriert sich auf die Genese, die Entstehungszusammenhänge der Inhalte - und erfordert eine Haltung, die sich immer wieder auf die Sache einlässt - fast als sähe man sie zum ersten Mal. Sie ist unverträglich mit einem

Unterricht, in dem nur Fragen aufkommen (dürfen, können), deren Antworten festliegen und im Lehrerkopf präexistieren.

(7) Eile und Hetze verderben alles. Langsamkeit, Kargheit, Zögerlichkeit, Bescheidenheit in der medialen Ausstattung, Vermeiden der Überflutung des Unterrichts mit Texten, Kopien, Bildern; Konzentration auf weniges - das sind Charakteristika eines Unterrichts, der auf Intensität setzt und flüchtige Informationsdidaktik meidet.

(8) Als Pendant zu Phasen intensiven Arbeitens an wenigen Beispielen - die eine Revision des zerstückelten Schultags fordern - ist es durchaus sinnvoll, für bestimmte Lerninhalte Trainings- und Lernphasen zu realisieren. In ihnen kommt es auf das Lernen und Üben von elementaren Techniken im Umgang mit (Fremd-)Sprachen, mit mathematischen Inhalten, mit Tatsachengrundwissen an. Hier hat der Lehrer Züge des Trainers und des Kontrolleurs. Hier ist er der überlegene Könner. Und hier können auch standardisierte Lernzielkataloge analog zu messbaren Sportleistungen ohne Rücksicht auf individuelle Aneignungsformen abgearbeitet werden. Aber sie dürfen nicht den gesamten Unterricht dominieren.

(9) Wo Noten und Evaluationsinstrumente zum Hauptinteressegegenstand der am Unterricht Beteiligten werden, ist etwas faul. Kulturinhalte, Erkenntnisse sind dann zur Rennbahn geschrumpft, die möglichst schnell und reibungslos zurückzulegen ist. Es geht dann nur noch um den möglichst preiswerten Einkauf der „warenhaft verdinglichten Sachgehalte von Bildung" (Adorno, S. o.) Diese Schule muss ihre Lehrer auszuwählen die Vollmacht haben. Was jedem Intendanten selbstverständlich zugestanden ist, sollte das einem Schul-Intendanten, einem Schulleiter versagt werden können?

PS.: Die zu erwartende fatalste Reaktion auf solche Schul-Profilierungsvorschläge: Machen wir immer schon, in bekömmlicher Mischung. Nur keine Einseitigkeit! Ein bisschen Systemsteuerung, ein bisschen Adorno-Spontaneität. Fazit: gelenkter Arbeitsunterricht, ein lauwarmes Spülwasser, allen wohl und niemand weh. - Machen wir alles. ... -

Lasse man es doch darauf ankommen, dass sich Schulen wirklich unterschiedlichen Profils um Schüler, um Eltern bemühen. So wie sich Theater unterschiedlichen Profils um Zuschauer bemühen. Die Münchner Kammerspiele um Baumbauer haben ein ersichtlich anderes Profil als das Bayerische Staatsschauspiel um Dorn. Sie praktizieren unterschiedliche Ästhetiken. Warum soll es nicht Staatsschulen geben mit einer unterschiedlichen Pädagogik, und zwar beispielsweise mit einer, die auf Luhmann und einer die auf Adorno zurückgreift?

Sollte es nicht auch in der auf Vereinheitlichung fixierten Staatsbürokratie inzwischen aufgefallen sein, dass in der Bevölkerung, bei interessierten Eltern, Schulen mit einer inhaltlich profilierten pädagogischen Ausrichtung - Waldorfschulen, Montessorischulen, Schulen in freier oder kirchlicher Trägerschaft- eine geradezu skandalös wirkende Attraktionskraft entwickeln? Man müsste schon den Mut haben, die Forderung nach Schulprogrammen in der Weise ernst zu nehmen, dass den Schulen auch inhaltliche, zeitliche, personbezogene Freiräume zugebilligt werden- und zwar ohne langwierige bürokratische Antrags- und Genehmigungsverfahren. Sonst wuchert die derzeitige desolat vereinheitlichte Schullandschaft weiter. Zerstückelte Schultage, verwaltete Schule, ferngesteuerte Unterrichtsbeamte, pädagogische Sonntagsreden.

Erziehungswissenschaft auf dem hohen Ross. Oder: Was wissen Eltern und Journalisten schon von Erziehung?

Von Lehrbüchern der Medizin weiß man, dass in ihnen das nicht ernst genommen wird, was die Adressaten der Medizin, die Patienten also, zu ihren Beschwerden und zu den Heilungsbemühungen der professionellen Ärzte zu sagen haben. Sie können ja nicht, ohne ein aufwändigeres wissenschaftliches Studium, wissen, worum es bei ihren Krankheiten eigentlich geht - und welche Methoden die Wissenschaft entwickelt hat, ihnen Besserung zu verschaffen.

Ein ähnliches Verhältnis der Erziehungswissenschaft zu den von der Erziehung Betroffenen scheint sich mit der fortschreitenden Verwissenschaftlichung anzubahnen. Am Beispiel:

Da haben es sich zwei journalistisch aktive Autoren als ein Elternpaar herausgenommen, gegen von ihnen wahrgenommene Mängel in der Erziehungs- und Unterrichtswelt zu Felde zu ziehen und in einem zum Bestseller gewordenen Buch den „Erziehungsnotstand" gewissermaßen auszurufen: Petra Gerster/Christian Nürnberger: Der Erziehungsnotstand. Wie wir die Zukunft unserer Kinder retten. (Rowohlt Taschenbuch-Verlag 2001/2003). Und sie tischen in einer ziemlich frischen Sprache eine ganze Reihe brisanter Probleme und Lösungsvorschläge auf - mit der immer gleichen Tendenz, dass die Durchökonomisierung und Durchtechnisierung des Alltags aufkosten der sorgsamen Aufmerksamkeit für Kinder geht - mit bösen Verlusten für ein glückliches Aufwachsen und für einen kultivierten Umgang mit sich und der Welt. Um nur einige Themen zu nennen, die den Autoren auch als tag für tag in Erziehungsprobleme verwickelten Eltern auf den Nägeln brennen: Was taugen bestimmte Schulen? Was wird Schulen als Reparaturbetrieben der Gesellschaft alles aufgehalst, obwohl alle Voraussetzungen fehlen? Wie sehen Bedingungen des Lernens aus? Was brauchen Kinder? Was ist mit Lehrerstress und Lehrer burn-out? Was ist mit Kindern aus scheiternden Ehen? Was ist mit der Verwahrlosung des Nachwuchses - gar mit der Verrohung der Sitten? Was bedeutet die Wissensexplosion für die Schule? Was helfen Computer für die Arbeit im Klassenzimmer? Und man wird kaum abstreiten können, dass die Autoren eine ganze Menge disparates Material beigebracht haben, um ihre Sorgen und ihre Vorschläge so zu unterfüttern, dass ihnen eine gewisse Triftigkeit nicht abzusprechen ist.

Und wie reagiert man in der Erziehungswissenschaft? In zwei Heften des Jahrgangs 2002 der sich sehr wissenschaftlich gebenden Zeitschrift für Pädagogik finden sich Reaktionen auf dieses Buch, das im Unterschied zu Produktionen dieser Wissenschaft eine erstaunlich breite Resonanz gefunden hat, weil Leser sich offenbar in dem angesprochen fühlten, wo sie der Schuh drückt.

Sowohl die Rezension des Buches von Sabine Andresen (Heft 3/2002 ZfPäd. S. 446-450) als auch seine Erwähnung in dem Aufsatz von Jürgen Oelkers (Kindheit - Kommerz - Glück)

Heft 4/2002, S. 553-570) lassen sich in dieser Hinsicht auf die etwas burschikose Formel bringen: Man rümpft die Nase über so viel vorwissenschaftliches Gebaren von Laien, die auf Modeslangs hereinzufallen neigen. Muss man das wirklich ernst nehmen, was Eltern und Journalisten über etwas vorbringen, was die Wissenschaft längst als hochkompliziertes Forschungsproblem identifiziert hat und mit aufwendigen Methoden (keinesfalls mit dem journalistisch aufgeklärten Alltagsverstand) anzugehen sucht? Man muss natürlich nicht. Dabei fällt es schon auf, dass beide Kritiker es sich im Detail sehr leicht machen. Bei Andresen wird moniert, dass auch dieses Buch „offenbar auf erstaunlich geringer Fachkenntnis im Hinblick auf erziehungswissenschaftliche Standards, familien- und schulsoziologische Studien und differenzierte Analysen entstanden“ ist (S. 447). Fragen und kritisieren - ja, das wird auch aus erziehungswissenschaftlicher Sicht den Autoren als Recht zugestanden. Freilich: die Erziehungswissenschaftlerin sieht sich genötigt, die Sichtweise auf ihren Geltungsanspruch zu überprüfen. Und da fällt das Urteil hart aus: zur Beantwortung der anstehenden Probleme genüge es nicht, „das in den Medien halbverdaute Wissen, die Schlagwörter und Klischees, die bildungs- und kulturkritischen topoi der letzten Jahrzehnte aneinander zu reihen“ (S. 448). Nur schade, dass der Klischeeverdacht oder gar das „halbverdaute Wissen“ an keinem einzigen Textstück von Gerster/Nürnberger dingfest nachgewiesen wird. Man macht sich mit diesem populären Gerede offenbar nicht die Finger schmutzig, zumal es sich um „banalisierende und dichotomisierende Rede über Erziehung „ (S. 450) handelt, die höheren Orts längst als Luftnummer entlarvt worden ist. Und die kulturkritischen topoi sind, Luhmann sei dank, eh längst out.

Womit der Anschluss an die Art gefunden ist, wie Jürgen Oelkers, langjähriger geschäftsführender Herausgeber der Zeitschrift für Pädagogik, mit dem Bestseller von Gerster/Nürnberger fertig wird. Auch bei ihm findet sich keine einzige sorgsame Auseinandersetzung mit einer der bei Gerster/Nürnberger vorgebrachten Einzelbehauptungen, Einzeltatsachen, Einzeldiagnosen. Stattdessen wird das Buch souverän eingereiht in die Reflexionsgattung der „pädagogischen Apokalypsen“, in denen der Erziehungsnotstand deswegen ausgerufen wird, weil Kinder in der kommerzialisierten Kindheit anders werden und Leute, die ein veraltetes Erziehungsbild im Kopf haben, nervös werden, „nur weil wir mehr mit Kindern verhandeln müssen als je zuvor in der Geschichte des Problems“ (Oelkers, ZfPäd. Heft 4/2002, S. 554). Nein, solche Eltern wissen nicht, was wirklich läuft mit ihren Kindern.

Ohne dass Materialien von Gerster/Nürnberger eines sorgsamen Blicks gewürdigt worden wären, ist dieses der Popularität verdächtige Buch abgekanzelt: es fällt durch. Einerseits entspricht es nicht dem Höhenstand der Detailforschung, anderseits ist es ferngesteuert von einer altmodischen Vorstellung vom Wesen des Kindes und des pädagogischen Geschehens insgesamt.

Wenn das nur keine Pyrrhus-Siege sind. Denn mindestens zu den Entdramatisierungsbemühungen von Oelkers wird man ja doch eine Frage stellen müssen: Woher weiß der Wissenschaftler, was er im folgenden Satz behauptet: „Die Risiken (sc. der Kommerzialisierung der Kindheit) übersteigen aber im immer noch gegebenen Regelfall nicht die Chancen (sc. der Freizügigkeit)“ (S. 561). Auf dem Hochplateau der Wissenschaft sind offenbar Sätze über Tatsachenzusammenhänge erlaubt, die in den Tiefen, wo unbedarfte Journalisten und Eltern in ungeprüften Erfahrungen herumstochern, als undiskutable Klischees zu gelten haben.

Fazit: Die Entfremdung zwischen denen, die Erziehungswissenschaft machen und denen, die als Beteiligte unter Erziehungsproblemen leiden und darüber nachdenken, nimmt bedenkliche Züge an. Ist es wirklich so ausgemacht, wer über privilegierte Zugänge zu dem verfügt, was wir immer noch Realität zu nennen nicht ganz umhin können?

Es gibt so etwas wie die objektive Arroganz der Theorie, die sich ganz gut hinter der Bescheidenheit dessen verbirgt, der unaufhörlich beteuert, wie wenig wir wirklich wissen, wenn nicht noch weitergeforscht wird - wir selbstkritischen Wissenschaftsakteure.

Entspannte Lehr-Lernverhältnisse und ihr Preis

Keine Frage - es gibt, auf den ersten Blick jedenfalls, seit einigen Jahrzehnten Fortschritte in den Schulatmosphären. Sie verbreiten nicht mehr Angst und Schrecken. Sie sind wesentlich entspannter geworden. Und das in zweierlei Hinsicht:

Die Art, wie Schüler und Lehrer miteinander umgehen hat Züge von Distanziertheit und Strenge abgelegt und solche der lockeren Unbefangenheit angenommen. Mitte der siebziger Jahre hatte ich Gelegenheit, sozusagen live die Kulturdifferenz von Schulen zu spüren. Am Akademischen Gymnasium in Innsbruck war der „Herr Direktor" eine Furcht erregende Größe (Kein Wunder, er war auch Hofrat!). An dem Darmstädter Gymnasium, auf das die Söhne von einem Tag zum andern wechselten, galt der Direktor viel eher als eine Mitleid erregende Gestalt, ein armer Kerl, macht- und hilfloses Objekt zahlloser Vorschriften, Kritiken, Anforderungen. Nein, er war nicht sehr ernst zu nehmen, er war viel eher zu bedauern.

Nach der Lektüre von fünf Wortprotokollen von Unterrichtseinheiten zu Holocaust und Nationalsozialismus (Frankfurter Beiträge zur Erziehungswissenschaft, Forschungsberichte 3: Holstein, Meseth, Müller-Mahnkopp, Proske, Radtke: Nationalsozialismus im Geschichtsunterricht. Beobachtungen unterrichtlicher Kommunikation. J.W. Goethe Universität, Fachbereich 4, Frankfurt/M 2002) drängt sich mir der Eindruck auf, die Beziehungen nähmen hierzulande kumpelhafte Züge an. Wir sind ja alle, einerlei ob Schüler oder Lehrer, Leute, denen nichts anderes übrig bleibt als ihren vorgeschriebenen job zu machen - auch die Lehrer haben es sich ja nicht ausgesucht, welchen Stoff sie bei welchen kids durchbringen müssen und wie viele Klausuren sie schreiben lassen müssen - ganz abgesehen von den räumlichen und zeitlichen Festlegungen. Der Job ist festgelegt und vorgeschrieben. Also quälen wir uns nicht mit Systemkritik und machen das Beste draus, sehen jedenfalls den ganzen Schulkram nicht zu eng, die Welt draußen ist schlimm genug und die Zukunft düster. Und so werden Schwierigkeiten technischer und kommunikativer Art (mit Medien, Räumen, Anwesenheitsmängeln, Krankheiten, Indispositionen, Motivationsschwunderscheinungen, Missverständnissen etc.), die in früheren Zeiten zu dramatischen Anklagen und Disziplinierungen geführt hätten, eher locker, mit wechselseitigem Verständnis überspielt. Alles nicht so tragisch, ist ja nur Schule, geht vorbei. Wer hat schon Interesse, daran, dass es Ärger gibt?

In der Tat: es scheint, die Träume der Schulkritiker sind wahr geworden: aus der Furcht erregenden Disziplinierungsanstalt von einst scheint eine menschenfreundliche Begegnungsstätte geworden zu sein, in der sich (über)leben lässt, wenn man sich einige Unannehmlichkeiten nicht unter die Haut gehen lässt. Das Losungswort heißt „locker nehmen".

Freilich: Die Entspannung betrifft auch das Verhältnis zu den im Unterricht auftauchenden Inhalten. Deren Präsenz scheint im Zug der immer leichteren medialen Verfügbarkeit und der immer weiter ausgefeilten didaktischen Vorpräpariertheit alle unabsehbar auftauchenden Züge und damit den Stachel der Fremdheit einzubüssen. Die Lehrmaterialien sind durchweg so zugerichtet, dass Fragen und Antworten präexistieren und nur noch wie festliegende Punkte anzufahren und anzusteuern sind. Sei's auf dem Weg der vielen im Angebot befindlichen Methodengriffe, sei's auf dem Weg der Einzelarbeit, des Wochenplans oder des mediengestützten Vortrags. Und dieser Domestizierung entspricht dann auch noch ein Bild vom normalen Lehrverhalten, das man im Anschluss an Luhmann und unter Rückgriff auf die zitierten Unterrichtsprotokolle so charakterisiert hat: „Ein Lehrer steht immer vor dem Problem, bei seinen Schülern ein Nichtkönnen in ein Können überführen zu müssen - vgl. Luhmann: Das Erziehungssystem der Gesellschaft, 2002, S. 59." (Holstein u.a. 2002, S. 123) - Es reicht in der Luhmann-Perspektive nicht, „den Schülern Anregungen zu geben, und auf die freie und interessierte Aufnahme dieser Anregungen zu hoffen. Die Schüler wissen, dass der Lehrer seine Fragen nicht aus Erkenntnisinteresse am Stoff stellt, sondern weil er ihr Wissen überprüfen will. Er weiß schon die Antwort zu den Fragen, die er stellt. Der Lehrer kennt das Material, er hat ein Bild davon, was er sich aus seiner Bearbeitung erhofft und er gibt den Schülern durch Arbeitsaufträge Hinweise, welche Schlüsse gezogen werden sollen" (Holstein u.a. 2002, S. 123). Diese Fernsteuerung geschieht nun nicht mehr auf dem Weg angsterregender Disziplinierung, sondern auf dem scheinbar menschenfreundlicher Lockerheit im Umgang. Auch die Medien machen es möglich.

Was die Materie Nationalsozialismus und Holocaust angeht - es ist nicht zu bestreiten, dass durch solches Unterrichtsgehabe die Aufgeregtheiten, die Entrüstungen, die erschlichenen Überlegenheiten bescheidwissender und moralisierender Erzieher verschwinden (können): der Unterricht scheint in gewisser Weise entlastet, keine Spur von Moralkeule mehr. Und vielleicht entspricht solche coolness ja auch den jugendatmosphärischen Mitgiften der Beteiligten, die den Druck von Tradition und Hochkultur nicht mehr zu spüren scheinen.

Aber die Frage nach dem Preis solcher Entlastung ist dadurch nicht aus der Welt geschafft. Was kann ein Unterricht an geistiger Lebendigkeit wecken, bei dem Lehrenden nur noch solche Fragen in den Sinn kommen, auf die sie die Antworten wissen? Was für Luhmanns Unterrichtsbild der Normalfall ist (vgl. Luhmann 2002, S. 78/79). Bei dem also nur Fragen auftauchen, auf die Antworten in Büchern oder Lehrerbegleitheften schwarz auf weiß stehen? In dem es also nicht mehr passieren kann, dass alle Beteiligte nicht mehr weiter wissen, weil die Sache selbst rissige, befremdliche, unbekannte Züge zeigt? Weil das von allen mitgebrachte Vorwissen nicht bestätigt, sondern zersetzt wird? Weil es mit einmal ernst wird, mit dem, worum es geht.

Mit andern Worten: Es gibt eine Form der Entspannung der Lehrverhältnisse, die gleichbedeutend ist mit der Abschaffung des Respekts vor der Sache. Und ist es ausgemacht, dass jede Anmahnung dieses Respekts vor der Sache den Schulunterricht mit seinen gesellschaftlich induzierten Belehrungs-, Standardisierungs-, Kontroll- und Evaluationszwängen hoffnungslos überfordert? Oder haben gar junge Leute zuweilen die darin steckende Unterforderung leid- haben sie es sogar vielleicht satt, wie Thomas Ziehe in einem Aufsatz in der Neuen Sammlung (Heft 4/1999) vermutete, immer nur mit dem abgespeist zu werden, was sich ihren wie immer vermuteten „Bedürfnissen und Interessen“ gemäß zubereiten (um nicht zu sagen einspeicheln) lässt? Oder was von der didaktischen „Erledigungsmaschinerie schon vorerledigt“ (Max Picard) ist, bevor es im Horizont des konkreten Unterrichts auftaucht.

Aus der Atmosphäre der Entspannung wäre die Atmosphäre der Gleichgültigkeit geworden, in der es zentral nur noch darum ginge, die vorgeschriebene Zeit ohne Stolpersteine herumzubringen. Und den Stoff notenproduktiv durchzugehen, Spaßmomente inklusive.

Wer heutzutage mehr erwartet, ist der ein idealistischer Schwärmer? Der nicht weiß, was einer Schule, einer Lehrperson, einer Schülergruppe mit Fug abzuverlangen ist? In der Tat, vielleicht ist er es.

VIII. Verstopfte Gehirne und ausgelaugtes Sprechen

Hirnforschung auf der Suche nach pädagogischer Bedeutung

Zufällig erscheinen in denselben Tagen zwei Aufsätze neurobiologischer Forscher an medizinischen Fakultäten - Prof. Hüther, Uni Göttingen (Neue Sammlung, Heft 1/2003, S. 31-44) und Prof. Herschkowitz (Uni Bern, Neue Zürcher Zeitung 25.3.2003, S. 51) -, die der darbenden Pädagogik sozusagen unter den Arm greifen wollen. Es geht um praktische Konsequenzen aus der prosperierenden Hirnforschung. Sie lesen sich wie die Uraltforderungen einer menschenfreundlichen Erziehung. Es bedarf „wirklicher Herausforderungen", „vielfältiger neuer Erfahrungen" (Hüther S. 39), „aktiver Interaktion" (S. 41), damit sich das Gehirn angemessen entwickeln kann. In der Fachsprache gesagt: „Das Ausmaß und die Art neuronaler Verschaltungen, insbesondere im frontalen Kortex, hängen also ganz entscheidend davon ab, womit sich Kinder und Jugendliche besonders intensiv beschäftigen, zu welcher Art der Nutzung ihres Gehirns sie im Verlauf des Erziehungs- und Sozialisationsprozesses. angeregt werden" (S. 41). Man reibt sich ein wenig die Augen: Sagten das die ob ihrer Weltferne gescholtenen Reformpädagogen nicht schon lange - nur mit etwas anderen Worten. Und ist es nur die hirnforschungsunterfütterte Fassung einer Alltagsbeobachtung, wenn Hüther schreibt: „Ihre Wahrnehmungen können Kinder nur dann integrieren, wenn diese in einem zusammenhängenden Kontext erlebt werden. Neue Wahrnehmungen müssen an bereits vorhandene Erfahrungen anknüpfbar sein" (Hüther S. 42). Die Allgemeinheit und Inhaltsneutralität dieser Feststellung lässt den mit leeren Händen stehen, der sich bestimmte Situationen von „anknüpfbar" und „nicht anknüpfbar", von zusammenhängenden oder nicht zusammenhängenden Kontexten vorstellen will, die sich von anderen unterscheiden. Es scheint, dass Hirnforschung mit solchen Ansinnen überfordert ist. Denn auch der Aufsatz von Herschkowitz (mit dem etwas vollmundigen Titel „Die PISA-Studie und die Hirnentwicklung") teilt in sich gewiss interessante Ergebnisse so mit, dass die konkrete Ausfüllung- die für pädagogische Praxis entscheidend ist - sehr beliebig bleibt:

> „Dazu wird (in der Entwicklungsphase zwischen sieben und fünfzehn Jahren) die Verbindung zwischen der linken und der rechten Hirnhälfte verstärkt. Die zunehmende Komplexität der Hirnvernetzung ermöglicht die Verarbeitung von abstrakten und konkreten Inhalten und verfeinertes sprachliches Verständnis. ... Wir dürfen die Tatsache nicht außer Acht lassen, dass in diesen Jahren emotionale und kognitive Zentren im Gehirn stärker verbunden werden. Diese Entwicklung kann zu intensiveren Gefühlserlebnissen führen, wobei auch „Turbulenzen" auftreten können. Sie ermöglicht eine stärkere Integration von Wissen und Gefühlen, was für die Bildung von Ansichten und das Treffen von Entscheidungen von besonderer Bedeutung ist." (Herschkowitz S. 51)

Eine sich aufdrängende Lesart solcher Hirnforschungsbefunde: zusammenhanglos einprasselnde Wahrnehmungen (die Formulierung steht bei Hüther!) sind für Gehirnentwicklung genauso schädlich und ruinös, wie die strikte Abspaltung emotionaler und kognitiver Verarbeitung von Erfahrungen. Solches lesen Eltern, Lehrer, Erzieher. Und sehen sich in einer Umgebung, die mit der Übermacht des Faktischen in die Gegenrichtung drängt: Die Schultage sind in 45 Minuten Stücke zerfetzt - auf Goethe folgt die Karbolsäure, die Differentialrechnung und das Johannesevangelium. Die Fachdisziplinen nehmen voneinander so gut wie keine Notiz. Und um nur ein Beispiel für die Abspaltungen in einem Bereich („Sprach- und Lesekompetenz") anzudeuten. Ende der vierziger Jahre konnte es noch im Gymnasium einen Deutschunterricht in der Oberstufe geben, in dem wöchentlich ein Gedicht zu lernen war - und die geforderte Leistung bestand darin, es vor der Klasse so angemessen wie möglich zu sprechen. Ein Beispiel für die damit zu realisierende Integration affektiv- sinnlicher Betroffenheit und Vergegenwärtigung mit kognitiver Strukturierung und Gedächtnisleistung. Seit dreißig Jahren mindestens scheint diese Art von Literaturbefassung in den Schulen ausgestorben- zugunsten der Textsortenanalyse, die nicht einmal mehr fordert, die Stimme zu rhythmisiertem Sprechen zu erheben. Von Universitätsseminaren ganz zu schweigen.

Infostress? Zwei Lesarten

Nicht im kulturkritischen Feuilleton, sondern auf der Wissenschaftsseite einer überregionalen Zeitung stand ein Vierspalter mit der Überschrift „ Sturmwarnung im Datenozean - Die digitale Informationsflut lähmt bei der Arbeit und macht krank" (SZ Nr. 160/2003 v. 15. Juli 2003, S. 35. Autor: Andreas Grote). Einige Zitate daraus:

(1) „Schließlich hat das Informationszeitalter bislang vor allem bewirkt, dass eine kaum zu bewältigende Flut von Nachrichten in immer kürzerer Zeit über die Menschen hereinbricht. Die Möglichkeiten, Nutzen und Schlussfolgerungen aus all diesen Rohdaten zu ziehen, haben nicht Schritt gehalten. Eine ausgereifte Technik, um die Infomassen zuverlässig für die eigenen Bedürfnisse zu kanalisieren, gibt es nicht".

(2) „Es besteht ein signifikanter Zusammenhang zwischen Datenüberflutung und psychosomatischen Erkrankungen wie Nackenschmerzen oder Schlaflosigkeit und verminderter Arbeitszufriedenheit" berichtet Katja Preising, die an der Universität Erlangen Informationsflut am Arbeitsplatz untersucht hat.

> „Der Zugriff auf viele Informationen ist großartig, aber das Gehirn wird schnell faktenmüde hat der Kommunikationsspezialist Thomas Castro von der US-Marine im ersten Golfkrieg gelernt."

(3) „Mit dem Internet verbunden zu sein ist für viele wie ein Aufputschmittel", sagen die Psychologen Edward Hallowell und John Ratey von der Harvard-Universität. Sie nennen diesen Zustand Pseudo-Aufmerksamkeits-Defizit-Syndrom (Pseudo-ADS), weil die Betroffenen auf der Jagd nach Infor-

mationen kaum mehr Zeit für Inhalte finden. Langfristige Projekte sind ihnen ein Graus, denn sie können sich kaum mehr auf eine Sache konzentrieren."

Die Zitate klingen wie ein Echo zu drei Äußerungen aus drei früheren Jahrhunderten:

(1) „Es ist ganz gut, viel zu lesen, wenn nur nicht unser Gefühl darüber stumpf würde und über der großen Begierde, immer ohne eigene Untersuchung mehr zu wissen, endlich in uns der Prüfungsgeist erstürbe" (Lichtenberg: Aphorismen, Briefe, Schriften. Hg. v. P. Requadt. Stuttgart 1953, S. 158).

(2) „Weil Zeit und Ruhe zum Denken fehlt, so erwägt man abweichende Ansichten nicht mehr: man begnügt sich, sie zu hassen. Bei der ungeheuren Beschleunigung des Lebens wird Geist und Auge an ein halbes oder falsches Sehen und Urteilen gewöhnt. Und Jedermann gleicht den Reisenden, welche Land und Volk von der Eisenbahn aus kennen lernen. Selbständige und vorsichtige Haltung der Erkenntnis schätzt man beinahe als eine Art Verrücktheit ab" (F. Nietzsche: Menschliches Allzumenschliches, Stück 282).

(3) „Der Vielwisser ist oft müde von dem vielen, was er wieder nicht zu denken hatte." (Karl Kraus - Motto zu Martin Wagenschein: „Verstehen lehren" Weinheim/Basel, viele Auflagen)

Nun bieten sich zu der Materie zwei Lesarten an, die beide kontrovers in der Luft liegen:

A. Es handelt sich um Kritiken aus der Rumpelkammer einer Kulturkritik („Krisensemantik" J. Oelkers), die mit den aktuellen Entwicklungen nicht mitkommt und sie deshalb diffamiert - gepeinigt von Ängsten, die denjenigen gleichen, die viele Leute vor dem Tempo hatten, das die seinerzeit revolutionären Eisenbahnen zustandebrachten. Antitechnisches, antimodernes Ressentiment ist ein schlechter Ratgeber beim Umgang mit dem sich allenthalben ankündigenden Informationszeitalter. Die aufgetretenen Schwierigkeiten mit der so genannten Informationsflut sind nichts als Kinderkrankheiten. Sie sind durch technische Verbesserung etwa in der Aufbereitung und Kanalisierung von Informationen zu überwinden. Auch durch eine frühzeitig einsetzende Medienerziehung. Kassandrarufe mit apokalyptischer Tönung trauern einem Mittelalter nach, in dem das Wissen wenigen vorbehalten blieb. Das Zeitalter der Allzugänglichkeit von Informationen ist auch ein Zeitalter der Chancen für Jedermann, von seiner Vernunft wirksam Gebrauch zu machen. Die Eleganz und Springlebendigkeit, mit der gerade junge Leute sich in den neuen Informationswelten bewegen und tummeln, beweist, wer die Zukunft für sich hat und wer versunkener Provinzialität nachtrauert.

B. Die Diagnosen zeigen den wunden Punkt: die Menschen drohen namens der Erleichterung und der Beschleunigung des Zugriffs auf Informationen ihre Fähigkeit, sich ernsthaft auf etwas einzulassen preiszugeben. Sie erliegen der Versuchung, sich mit flüchtigen Weltberührungen, mit Wissensphantomen zufrieden zu geben. Und werden Opfer der Agenturen, die die Welt zum Informationsmaterial stilisieren und manipulieren. Sie vergessen, dass das sorgsame Bedenken und Anschauen Züge der Welt, der Kultur zu Bewusstsein bringen kann, die demjenigen völlig verschlossen bleiben, der auf Lernschnellwegen Daten sammelt, klassifiziert und abhakt. Das Gefühl wird stumpf, der Kopf ermüdet. Dagegen hilft keine technologisch angedrehte Rationalisierung. Die so gewonnene Emanzipation kostet tatsächlich den Kopf. Weil sie ihn durch den Apparat ersetzen zu können wähnt. Und weil sie damit den Riss zwischen dem, was wir und wie wir wissen können und dem, was uns als Wirklichkeit entgegensteht, verleugnet oder verkleistert. Man darf wohl an die Bemerkung von Roland Barthes erinnern, „dass es keine Übereinstimmung der Rede mit der Wirklichkeit gibt“ (Barthes: Lecon/Lektion, Ffm 1978, S. 33). Oder an einen denkwürdigen Satz von John Dewey: „Infolgedessen findet sich in jedem vollendeten Objekt etwas Unvorhersehbares, Spontanes, Unfassliches und Unsagbares. Standardisierungen, Formeln, Generalisierungen, Prinzipien und Universalien haben ihren Sinn, aber der Sinn besteht darin, ein Mittel für bessere Annäherungen zu sein an das, was unwiederholbar ist.“ (John Dewey: Erfahrung und Natur. Frankfurt/M 1995, S. 123)

Ausgelaugte Sprache und ihr Gegenteil

Das gab es also im Juni 2003. Hunderte Menschen drängten sich fünf Abende nacheinander in ein Theater - nicht um irgendein Schau-Spiel zu sehen, sondern nur um zu hören, wie jemand vorn an einem Tisch nichts tat als stundenlang vorzulesen, ohne jede Videounterstützung, und zwar eine Geschichte, die vor fast dreitausend Jahren zum ersten Mal vorgetragen worden war. Rolf Boysen las in München die Ilias, in der Übersetzung von Schadewaldt, mit so enormer Resonanz, dass am Schlussabend „viele Verzweifelte vor dem Theater mit dem Schild „Karte gesucht" standen" (SZ v. 26.6.03). Meldet sich darin auch eine von Verschüttung bedrohte Empfänglichkeit? Hunger nach dem Hören einer lauter und angemessen differenziert gesprochenen Sprache? Die nicht überlagert und erstickt ist durch illustrierende Bilder oder Klänge, oder auch durch mikrophontechnische Raffinessen und ähnliche Alfanzereien?

Zwei Assoziationen zu diesem bemerkenswerten Tatbestand:

(a) Seit einiger Zeit ist es kaum mehr möglich, einen öffentlichen, gar einen wissenschaftlichen Vortrag zu hören, bei dem der Vortragende seine Ausführungen nicht bindet an das Erscheinen von Texten, Graphiken, Überblicken, Bildern, die per Klick auf eine weiße Fläche neben oder hinter ihm geworfen werden. Neuerdings breitet sich der Fortschritt aus, dass die Texte vor den Augen der Anwesenden sogar wie von Geisterhand geschrieben Zeile für Zeile sich beamend entrollen. Und, wie ich höre, ist die Forderung solcher Apparate inzwischen selbstverständliches Objekt von Berufungsverhandlungen: Mediendidaktik auf dem letzten Stand. Dass auch diese Fortschritte einen Preis verlangen - wer achtet schon darauf: Die ohne Garnierungen zu hörende Stimme des Vortragenden, sein eigener Sprachduktus, die Art seiner Nachdenklichkeit, seiner Sachbeziehung, die die klangliche, rhythmische, melodische Temperiertheit seiner Stimme und ihre individuelle Tönung sowie die dramatische Gliederung seiner Darstellung durchdringt, von der gestischen und mimischen Vergegenwärtigung ganz zu schweigen - alles das also, was den im Augenblick neu entstehenden sprachlichen Ausdruck eines Vortrags charakterisiert - alles das wird degradiert und entkernt. Worauf es jetzt vor allem ankommt, ist der Blick auf die Leinwand - zum Raum wird die Zeit, wenn die Formulierungen schon fertig auftauchen oder entrollt werden. Es gilt nur noch, das auf den Folien Vorformulierte zu kommentieren oder auch noch einmal vorzulesen und den mitgeteilten Ablaufplan fristgerecht abzuarbeiten - wobei alle mitlesen können und sollen. Auf ein Hören, das auch hellhörig für überraschende Zwischentöne wäre, kommt es da im Ernst nicht mehr an. Zumal wenn der Vortragende entgegenkommenderweise das, was an die Wand geworfen wird, auch noch zuvor vervielfältigt ausgeteilt hat.

Was den Anschein der zuhörerfreundlichen Intensivierung hat, laugt faktisch die Aufmerksamkeit für das sensible Hören aus - wie auch die Fähigkeit, einen Gedanken vortragend hier und jetzt wieder entstehen zu lassen aus. Die zu hörende, zu sprechende Sprache wird geschrumpft zum Transporter von von vornherein feststehenden unter ihrer Oberfläche eingefrorenen Bedeutungen. Eine spannungslos gemachte Informationsübermittlung wird abgewickelt. In solchen Vorträgen passiert nichts mehr. Die Technik bewahrt vor allen Unsicherheiten, die noch jede lebendige menschliche Rede durchzittern. Die Person dessen, der eine Formulierung, eine überraschende Wendung oder Betonung wagt, ist verabschiedet. Weil Wissenschaft ja „objektiv“ ist. „Die Aussage wird dargeboten als das Ergebnis der Abwesenheit des Aussagenden“ (Roland Barthes: Lecon/Lektion. Frankfurt/M 1980, S. 30).

(b) Eine Erfahrung aus dreißig Jahren Lehrpraxis an drei sehr verschiedenen Universitäten: Es scheint jungen Leuten, die von der Schule an die Universität kommen, immer schwerer zu fallen, einen in deutscher Sprache abgefassten anspruchsvollen literarischen oder theoretischen Text für eine größere Gruppe vernehmlich und verständlich mit ihrer Stimme vorzutragen. Das laut Lesenkönnen, so dass man einen ganzen Raum füllen kann, scheint eine aussterbende Fähigkeit zu werden. Entweder zu leise, zu verhuscht, zu hastig, zu schwach durchartikuliert fallen gewöhnlich die Bemühungen aus, wenn es denn einmal an der Zeit ist, eine Textstelle nicht nur still zur Kenntnis zu nehmen, sondern sozusagen öffentlich laut werden zu lassen. Die Worte verlieren an spezifischem Gewicht. Es scheint, ihre sinnlich dichte Gestalt und deren Produktion wird zusehends gleichgültig - sie scheint keiner sorgsamen Bemühung mehr wert zu sein. Handy und E-Mail funktionieren auch so.

Darin melden sich gewiss auch Umschichtungen dessen, was Schule und Universität als kultivierungsbedürftig ansehen. Um einige Vermutungen in dieser Richtung anzudeuten:

Gedichte auswendig zu lernen und sie gar vor der Klasse durch Sprechen zu interpretieren - das scheint schon seit Jahrzehnten out. Gilt als repressiv, mechanisch und überflüssig: wozu Auswendiglernen, seit man alles leicht kopieren kann und die Schulbücher nicht mehr rar sind wie nach dem letzten Krieg? Und Deutschunterricht ist keine Theater AG, dort mögen sie das üben, die jungen Leute. Schauspielerunterricht - wozu also Sprechübungen, Hauptsache, man ist kommunikativ tätig.

Gibt es noch ein Studium der Literaturwissenschaften, bei dem die Studierenden von Lehrenden lernen können, wie man einen literarischen Text dadurch angemessen deuten lernt, dass man ihn angemessen sprechen lernt? Und was bedeutet es, dass Schüler aller Jahrgänge tag für tag mit kopierten Texten überschüttet werden, dass sie Arbeitsblätter auszufüllen und Testaufgaben zu beantworten angehalten werden, ohne dass Anforderungen oder Antworten in einer persönlich verantworteten gesprochenen Sprache Gestalt annehmen. Was bedeutet es, dass auch die Heranwachsenden - von den Haltestelleninformationen in Bussen, den Bahnhofsankündigungen, den Werbesprüchen im Kaufhof unablässig von einer Lautsprache umschwirrt sind, die losgelöst ist von konkreten Menschen, die andere Menschen anspricht und von ihrer Reaktion beeinflusst wird? Was bedeutet also die Allgegenwart von in solcher Weise sozialamputierten Wörtern und Sätzen? Nimmt es Wunder, dass Menschen daran gewöhnt werden, in ihrem Sprechen für die konkrete sinnliche Lautgestalt und ihre Artikulation nicht (mehr?) persönlich zu haften. Auch fürs perfekte öffentlich verständliche Sprechen gibt es ja Profis - Fernsehsprecher, Schauspieler. Und Märchen beispielsweise kann man ja von solchen Profis, gewissermaßen lupenrein gesprochen, schon für die lieben Kleinen von der Phono-Industrie geliefert bekommen.

Da kommt manches zusammen, wenn die gesprochene Sprache ihr Gewicht verliert. Und wer weiß, wie diese Auslaugung zusammenhängt mit der durch PISA bewusst gemachten verbreiteten Unfähigkeit, sich noch differenziert mit einem gelesenen Text auseinander zu setzen. Auch die Fähigkeit, sich im Medium der Sprache auf die Welt einzulassen, ist wohl nicht auseinander zu schneiden in gänzlich voneinander abgetrennte so genannte Teilkompetenzen.

Verwahrlostes Sprechen hat Folgen und es hat Ursachen. Man muss kein altmodischer Schulmeister sein, um es mit Sorge zu registrieren.

IX. Erinnerung an die Musen und an Kinderaufmerksamkeiten

Ästhetisches Lernen - Erinnerung an die Musen, an Sokrates, an Hölderlin

Die Klage gehört schon ins normale pädagogische Feuilleton: wenn Stunden gekürzt werden, dann in den so genannten musischen Nebenfächern, die ja doch nach wie vor im Verdacht stehen, Allotria zu treiben und nichts Rechtes beizutragen zum Bestehen der Wissensgesellschaft bzw. zur Ausrüstung für den ökonomischen Konkurrenzkampf im Äon der Globalisierung.

Darin meldet sich die Vorstellung, die einschlägigen Lernprozesse in Musik, Kunst, Theater spielten sich sozusagen in gänzlich isolierten Gehirnfächern ab - „compartmentalization" nennt das die angelsächsische Psychologie. Und Amputation schadet da nicht. First things first. „Musische Bildung" ist eh out. Steht unter dem Verdacht wirklichkeitsfern, wenn nicht faschistoid zu sein.

Es ist gewiss anstößig und zieht den Verdacht elitärer Bildungsverfallenheit auf sich, da an *die* Musen zu erinnern, die der griechische Göttervater Zeus gezeugt hat und die von Mnemosyne, der Göttin des Gedenkens geboren wurden. Immerhin reden wir noch von *Musik*, vielleicht auch von musischer Begabung - und meinen damit etwas, das der Verödung des Lernens in Bewältigungstechniken Widerpart halten könnte.

Was war mit den Musen? Sie waren gewiss keine Göttinnen der Kompensation (so wie heute viele sich die musischen Tätigkeiten nicht anders denn als Ausgleich, Entspannung, wenn nicht als Schmieröl für die ernsthaften Aufgaben des Lebens vorstellen können), auch keine Befürworter des schönen Scheins, der über Widrigkeiten hinwegtröstet. Was aber dann?

Bei dem Altertumsforscher Walter F. Otto ist zu lesen: „Die Muse ist die Göttin des Wahrsprechens im erhabenen Sinne. In dem berühmten Zeushymnus des *Pindar* war erzählt, dass Zeus nach Vollendung der Neugestaltung der Welt die Götter, die in stummes Staunen versunken waren, fragte, ob noch etwas zur Vollkommenheit fehle. Und sie antworteten, es fehle noch Eines, nämlich eine göttliche Stimme, diese ganze Herrlichkeit zu künden und zu preisen. Und so baten sie ihn, die Musen zu erzeugen" (W.F. Otto: Theophania. Der Geist der altgriechischen Religion. Hamburg 1956, S. 31). Sie haben es mit Wirklichkeit zu tun, nicht mit blauem Dunst. Und sie brechen den Bann der Stummheit. Und kein anderer als der Sokrates in Platons Phaidon sagt zu Beginn des Phaidon-Dialogs, er habe sein Leben immer schon so verstanden, dass es seine Aufgabe sei, „im Musendienst zu wirken. Mir aber war das Streben nach Erkenntnis höchster Musendienst und diesem galt mein Wirken" (Platon: Phaidon. Hg. und übersetzt von F. Dirlmeier, München 1949, S. 15/17). Das höchst anstößige Bemühen, unter seinen Polismitbürgern das Bescheidwissen und das bloße Nachschwätzen anerkannter Redensarten zu zersetzen, das Unbekannte freizulegen, das Nichtwissen auszuhalten - das erscheint Sokrates als Musendienst. Die Stummheit dessen, der redet ohne zu denken - sie vertreibt diese Muse des Denkers.

Schließlich: Hölderlin. In dem späte Hymnenfragment „Die Titanen", stehen die Zeilen:

> Viel offenbaret der Gott.
> Denn lang schon wirken
> Die Wolken hinab
> Und es wurzelt vielesbereitend heilige Wildnis.
> Heiß ist der Reichtum. Denn es fehlet
> An Gesang, der löset den Geist."
> (Hölderlin: Sämtliche Werke, hrsg. F. Beißner, Stuttgart 1951, Zweiter Band, S. 217).

Das ist kein Plädoyer für mehr Sing- und Musikunterricht. Es mag erinnern an den Musendienst der Alten. Das stumme Staunen findet eine Stimme.

Eine Bildungspolitik, eine Bildungswissenschaft, eine Bildungspraxis, der das alles nur leere Worte sind - sie rühmen sich ihrer Fortschrittlichkeit zu Unrecht. Vergessen ist ein Schritt ins Leere.

Wenn der Wind des Ungewissen durch die Ereignisse weht - Was fasziniert wen am neuen Theater?

In dem fast vergessenen Buch von van den Berg „Metabletica. - Über die Wandlung des Menschen" (Göttingen 1960) steht ein Satz über das Weltbild der Moderne, der schwer zu überlesen ist: „Descartes protestiert gegen einen aristotelischen Kausalitätsbegriff, der an allen Enden offen ist, weil er Raum lässt für unbekannte Gründe, für *qualitates occultae*, die überall und immer mit im Spiel sein können, ein Kausalitätsprinzip, das viele Seiten kennt, das den Wind des Ungewissen durch die Ereignisse wehen lässt. Descartes will diesen Begriff entnerven" (S. 60). - Warum kommt mir dieser Satz in den Sinn nach zwei Theaterabenden, in denen einer von den so genannten jungen wilden Regisseuren (Armin Petras) jeweils ein so genanntes klassisches Schauspiel (Hebbels „Maria Magdalena" und Kleists „Der zerbrochene Krug") unter dem Jubel der größtenteils sehr jungen Zuschauer über die Rampe gebracht hat: der Wind des Ungewissen fuhr durch die Handlungen, zerbrach die allzu festen Identitäten der Figuren, die kalkulierbaren Zeitabläufe: Katastrophen in und zwischen den Menschen brachen wie Katarakte in die körperlich manifesten Geschehnisse - Ausbrüche, tabubrechende, von Wut, Hass, Gier zertrümmerten oft genug Gegenstände, Leiber und das überschaubare Handlungsbild. Die Handlungen waren nicht von plausibel gemachten Kausalitäten bestimmt, sie hatten vulkanisch- eruptive Züge. Unerträgliches Kriegsgeräusch, knallharte Rockmusik, tänzerische Zuckungsekstasen, du denen sich die Aktteure unvermittelt zusammenfanden, ohne dass es dafür plausible Anlässe gegeben hätte. Immer wieder drang etwas durch die Ritzen des Geschehens, der Räume, der Zeit, der Gesten, der Dialoge, was den Zuschauer aus der Position des überlegen Zuschauenden riss.

Verständlich, dass sich daran die Geister scheiden. Vor allem die Bildungsschicht, die sich daran gewöhnt hat, dass im Theater die sinnlich greifbar werdenden Geschehnisse von der artikulierenden Sprache bestimmen und deuten lassen. Ganz anders hier, von Artaud bis Schleef reichen die Bahnbrecher. Die unabsehbaren Anziehungen, Abstoßungen, Konvulsionen zwischen den Körpern der Akteure sind handlungsbestimmend, Sprache wird in den Konflikten zu einem Medium (um nicht zu sagen Schlachtfeld) unter vielen, oft genug (vorab bei Kleist!) gewinnt sie den Charakter einer Granate im Kampf der ineinander Verkeilten. Und das Theaterstück tritt ganz neu ans Licht. Wir Alten sind leicht düpiert oder ratlos, wenn nicht empört über Klassikerschändung, die Jungen jubeln und trillern.

Es scheint ihrem Lebensgefühl entgegenzukommen. Vielleicht dem was Sozialforscher „plurale Identität" nennen. Nicht mehr eine steuernde Ich-Zentrale, die koordiniert, unterdrückt, sublimiert, was da an Wünschen Eindrücken, Bildern, Worten tag für tag anbrandet, ohne auf irgendeinen Nenner gebracht werden zu können. Und es mag überraschen: Diese alten Texte verlieren mit den festen Rahmungen Patina, werden anders brisant als in den ausgefeiltesten Inszenierungen der überlieferten Theaterkultur. Der Regisseur Petras beruft sich auf fortgeschrittene semiotische Theorie: „Theater ist gerade das Gegenteil von Ideologie, weil Ideologie, semiotisch gesehen, nichts anderes heißt, als dass es zu einem Signifikanten genau ein Signifikat gibt. Theater ist das Gegenteil davon, d.h. eine Geste, ein Wort, ein Signifikant müsste in den Augen, im Herzen, im Kopf der Zuschauer ganz verschiedene Signifikate erzeugen, ganz verschiedene Bedeutungen haben. „Ich liebe dich" kann eben nicht nur heißen „ich liebe dich", sondern kann auch heißen „ich hasse dich" oder „ich möchte sterben". Alle diese Bedeutungen zeigen etwas vom Reichtum des menschlichen Seins und sind somit eine antiideologische Haltung, wie der Narr am Königshof bereits der erste Sinn- und Ideologiezerstörer war ..." (Interview von Elisabeth Schweeger mit Armin Petras in: „schauspiel frankfurt „Zeitung 03/Spielzeit 02/03 S. 02). Und Petras formuliert mit dem folgenden Satz auch eine gewichtige Anfrage an die Schulweisheit, nicht nur an die Tradition von Inszenierungen: „... im Theater gibt's ja auch die Möglichkeit, ein Stück genau so zu spielen, wie es seit 100 Jahren gespielt wird, also Ideologie zu erzeugen, Texte zu vereinfachen und nur eine Sehweise herauszulesen" (Petras S. 02). Lesarten erzeugen, sogar möglichst diskrepante, - wäre dann eine Aufgabe, wenn Kultur, wie es heißt, lebendig bleiben soll. Das kann freilich Ärgernisse schaffen, auch in der Schule, die ja nicht umhin kann, sich mit Texten zu befassen, die nicht ganz geheuer und eindeutig sind, wenn man sie nicht didaktisch domestiziert - eben mit Literatur.

Es geht dabei gerade nicht darum, etwas zu vereinfachen und im Interesse der effizienten Lernbarkeit möglichst plausibel und allgemein verständlich zuzubereiten - also nicht, die Komplexität der Ausgangssituation zu reduzieren, sondern im Gegenteil sie *zu erhöhen.* Damit zitiere ich den an der Universität Frankfurt lehrenden Erziehungswissenschaftler Hartwig Zander. Er nimmt dabei, im Anschluss an Überlegungen von Barthes, Foucault, Derrida auch Bezug auf einen hierzulande unbekannten Schulversuch, den ein völlig auf sich allein gestellter Lehrer (Iglesias) in einer sechsstufigen Grundschule in der Pampa in Argentinien, acht Kilometer vom nächsten Dorf entfernt realisierte - Zander nennt ihn „einen der kühnsten Schulversuche dieses Jahrhunderts" - weil er konsequent „bedingungslose Anerkennung" ... „für das Prinzip der Verlangsamung, der Entschleunigung, des Heraustretens aus der Linearität der Zeit in die Komplexität der Zeitbrüche" in Anspruch nahm (Hartwig Zander: Gesten des Schreibens. Zum Begriff der pädagogischen Bedeutungsrelation. In: Müller/Sünker/Olk/Böllert (Hg.) :Soziale Arbeit. Hans-Uwe Otto zum 60. Geburtstag gewidmet. Neuwied 2000, S. 621-643, das Zitat auf S. 632). Es geht Zander um das Ermöglichen dessen, was er „pädagogische Bedeutungstatbestände" nennt - die vor dem Zugriff dessen zu schützen sind, was soziale und institutionelle Kontexte durchzusetzen streben: lineare Lernabläufe, „begriffsschriftlich" fixierte Wissenstatbestände, Sätze mit epistemisch-wissenschaftlichen Feststellungen.

Um auf die schräg wirkenden Inszenierungen junger Regisseure zurückzukommen - Formulierungen von Zander, treffen auch das, was dort angezettelt wird und offenbar gerade bei jungen Leuten heutzutage ankommt: „Experimentell freigesetzte Bedeutungsrelationen: verwickelte, vieldeutige, tumultuarische Relationen hoher Komplexität" (Zander a.a.O. S. 629). Diese „pädagogischen Bedeutungstatbestände" treffen sich offenbar mit den theatralen ästhetischen Bedeutungstatbeständen. Zander deutet ein Beispiel an, wie bei einem gymnasialen Oberstufenversuch der Akademie der Wissenschaften in Illinois (IMSA) im Zug der Entschleunigung „pädagogische Bedeutungstatbestände“ unter dem eindeutig formulierbaren Wissen ausgegraben und virulent gemacht werden können:

> „Man kann die physikalischen Eigenschaften des Tons in knapp zwei Unterrichtsstunden vortragen. Man kann aber auch, wie an dem gymnasialen Oberstufenversuch in Illinois, von der ersten explorativen Wahrnehmung von Klangmaterialien bis hin zur eigenen musikalischen Reproduktion von Tonfolgen vierzehn „fiches-protocoles“ ... ansetzen, von denen jede einer experimentellen Phase und deren Verschriftlichung entspricht: Tonstärke, Tonhöhe und Tonqualität werden entdeckt; das Klangmaterial beschrieben; aus dem Töne gewonnen, an dem Tonfrequenzen und Vibrationen gemessen; Tonhöhe und Klangvolumen erprobt; die unterschiedlichen Instrumente als Klangerzeuger durchgespielt; das Verhältnis von Klangvolumen und Klangstärke registriert; Tonverstärker in Gebrauch genommen; Tonbrechungen festgestellt; Töne werden „auf Reisen geschickt“; Tonbandaufzeichnungen und ihre Technik geprobt ... Klangbilder angeeignet usf. bis zum gemeinsamen musikalischen Spiel von Klangkompositionen. Man könnte dieses in lange Sequenzen gegliederte Vorgehen die Erkundung eines pädagogischen Bedeutungstatbestandes nennen ... Wir haben es, mit Blick auf diesen Bedeutungstatbestand, mit dem exakten Gegenteil einer Reduktion von Komplexität zu tun. Denn jeder einzelne, sich zur Komplexität erweiternde Schritt, bildet für die Teilnehmer ein konkretes „projet d’experimentation“, Anstoß zur Gewinnung ständig höherer Komplexität ...“ (Zander S. 633)

Dingwahrnehmung und Ausdruckswahrnehmung - zwei Weltaspekte

Ein Grundschulkind wurde belehrt, dass Eichhörnchen im Herbst im Wald Nüsse vergraben, aus denen dann Bäume wachsen können, wenn es die Nüsse nicht mehr findet. Und diesem Kind wurde dann in einem Test die Frage vorgelegt, was das Eichhörnchen dem Wald nütze. Diese Leistungskontrolle zielte ersichtlich darauf, ob das Kind aus den ihm präsentierten Informationen eine sachgemäße Folgerung ziehen kann. Welches Waldproblem hilft das Eichhörnchen zu lösen? Erwartet wird also die Antwort: Es vergräbt Nüsse (und arbeitet so mit am Erhalt des Baumbestands).

Dafür hätte es einen Pluspunkt bei der Testauswertung gegeben Was aber, wenn das Kind - wie geschehen - ohne zu zögern - hinschreibt: „Es kann von einem Baum zum andern springen“ (Vgl. Barbara von Wulffen: Zeig mir die Welt. In „Scheidewege“ Jg. 1977, Heft 4, S. 469) ? Das kann nicht als Beweis für kognitive Leistungsfähigkeit durchgehen. Oder liegt eine Leistung ganz anderer Art vor?

Hat das Kind die Frage nicht verstanden, weil es so einen Unsinn schreibt? Oder hat es etwas anderes verstanden- etwas, was dem auf praktische Alltagsnützlichkeiten fixierten Blick durchaus entgeht?

Die einzelnen Bäume stehen ja reichlich isoliert voneinander da - ein pures Nebeneinander. Und sie gehören doch zusammen, sonst hießen sie ja auch nicht „Wald“. Und dieses fatale Getrenntsein nach besten Kräften zu überwinden, dazu hilft das Eichhörnchen mit seinen munteren und auch riskanten Sprüngen. Es lässt in diesen zauberhaft eleganten Bewegungen den Wald erst richtig Wald werden. Eine Aufmerksamkeit, die sich sympathisierend einfühlt in diese flinken Eichhörnchen-Gesten, die darin einen Sinn ausstrahlen, der hier und jetzt präsent fühlbar ist. Es ist eine anderer Typ von Wahrnehmung als es der ist, der auf Distanz geht und dem Eichhörnchen eine nützliche Tätigkeit im Interesse des Waldwachstums zuerkennt, eine Tätigkeit zudem, die man ja nicht miterleben kann wie die Eichhörnchensprünge.

Ernst Cassirer schreibt: „Wahrnehmung in ihrem einfachen phänomenalen Bestand“ habe immer ein doppeltes Antlitz: Eine Weltgegebenheit könne als Sache und als Ausdruck wahrgenommen werden: Als Sache ist sie ein ES mit distanziert feststellbaren Merkmalen und Zusammenhängen, als Ausdruck hat sie die antlitzhaften und wandelbaren Züge eines auftauchenden Du, eines Gegenüber, zu dem man sich in dramatische Beziehungen verwickelt spüren kann. „Dass die ersten Erlebnisse des Kindes Ausdruckserlebnisse sind, dafür spricht alle unbefangene psychologische Beobachtung. Die Wahrnehmung von Dingen und Dingqualitäten tritt erst später in ihre Rechte“ (Ernst Cassirer: Zur Logik der Kulturwissenschaften. Darmstadt 1994, S. 39 und 45).

Das Kind, von dem hier berichtet ist, sieht die Bewegung des Eichhörnchens noch als Ausdruck - als Ausdruck auch des Waldes und seiner Bewegtheit. Und hat noch nicht die Dominanz der Dingwahrnehmung so übernommen, dass die geforderte Isolierung der Dinge und der nützlichen Tätigkeiten durchschlägt in seinem Bewusstsein.

Fatalerweise läuft ja die zivilisationskonforme Wahrnehmungsentwicklung so, dass das, was der Ausdruckswahrnehmung sich erschließt, schließlich abgedrängt wird als „bloß subjektiv“, während die Sachwahrnehmung als realistisch durchgesetzt wird.

Es könnte sein, dass die Entwirklichung der Ausdruckswahrnehmung mitspielt bei den vielen Formen von Erfahrungsverlust und zynischer Weltausbeutung, die mit dem Fortschritt einer bestimmten Art der Rationalisierung verbunden sind. Und zur Auszehrung auch des Schul-Lernens beitragen. Die kaum zu bestreitende Attraktivität der Waldorfpädagogik - sie liegt auch darin, dass hier beide Aspekte der Wahrnehmung ernst genommen und in ein produktives Widerspiel gebracht werden. Und zwar im Alltag des Unterrichts.

Kind und Sache - Sachlichkeit 1 und Sachlichkeit 2

Es ist nicht lange her, vor etwa vier Jahrzehnten war es, da durchscholl ein Ruf wie Donnerhall die pädagogische Welt: Kinder sind nicht, was sich kindertümelnde Erwachsene zurechtgelegt hatten: gefühlig, phantasiebeherrscht, verspielt, leichtgläubig - sie sind für Vernunft, für Sachlichkeit, für rationalen Weltumgang zu haben, wenn man sie nur dazu anregt. Es kann nicht früh genug losgehen mit mathematischem, naturwissenschaftlichem bzw. realitätsnahem Lernen und Denken. Die Entrüstung über Grundschullesebücher ohne einen einzigen sachlich-„objektiven" Text war groß. Sachlichkeit statt poetische Scheinvergoldung der Welt hieß die neue Parole. Und es kam, auch in Ablösung der alten „Heimatkunde", der reformierte Sachunterricht in die Grundschule. Und mit ihm ein Unterricht, der die Sprache als rationales Mittel zur Kommunikation und zur distanzierten Beschreibung, Ordnung und Erklärung der Welt der Tatsachen einübte. Kein Mensch übersieht mehr die seitdem entwickelten Unterrichtsmaterialien, Lernhilfen, Medien, Lernspiele, die - mit oft beeindruckendem Einfallsreichtum - den Nachwuchs aus privaten Phantasiewelten in die wirkliche, die gemeinsame Welt zu geleiten versuchen. Gewisse Fortschritte darin, Kinder ernst zu nehmen, sind unverkennbar.

Über dieser neuen Sachlichkeit droht freilich nicht ganz selten jene Sachlichkeit übergangen oder verschüttet zu werden, die Kinder vor Erwachsenen voraus haben (können). Und die eine Sprache spricht, mit der Erwachsene nichts Rechtes anfangen können, weshalb sie sie gern als putzig, amüsant, lustig oder auch als philosophisch nicht uninteressant - jedenfalls aber als realitätsabgewandt einstufen. Vier Beispiele:

(1) Noch einmal ein Hinweis auf den Aufsatz von Barbara von Wulffen „Zeige mir die Welt" - Zum „reformierten Sachkundeunterricht" an deutschen Grundschulen (in der Zeitschrift „Scheidewege" - Jahrgang 7, Heft 4 1977, S. 456-474): „Was nützt das Eichhörnchen dem Wald?" lautet die Aufgabe einer Sachkundeprobe (d.h. einer Leistungsüberprüfung) für Neunjährige. „Es kann von einem Baum zum andern springen" antwortete eine Unbelehrbare. Ihr trat wohl im Augenblick einfach nur das ganze zauberhafte Bild des Tieres vor Augen, und davor verblasste die kärgliche Tatsache, dass das arme Geschöpf in seiner Dummheit manchmal die als Vorrat eingegrabenen Nüsse nicht wieder findet und dadurch zur Verbreitung der Spezies Haselnuss seinen bescheidenen Beitrag leistet. Leistungspunkte gab es natürlich nicht für das Kind ..." (S. 468). Das Eichhörnchen tut damit etwas für den Wald - in seinen munteren und riskanten Sprüngen bezeugt es, schafft es, zeigt es, dass Bäume mehr und anderes sind als zufällig ne-

beneinander gewachsene Einzelstücke - dass sie uns eben als Wald und nicht als Baumansammlung entgegenkommen ...

Und ist diese Aufmerksamkeit und die sie inspirierende Sprache nun *unsachlich?* Oder spricht sie sehr sachzugewandt auf Gegebenheiten an - nur eben hellhörig für andere Dimensionen als sie einer Tatsachenwissenschaft, die auf nutzbare Verknüpfungen aus ist, in den Sinn und zu Bewusstsein kommen ... Ist sie also NUR auf andere Weise sachlich? Und ist es ausgemacht, dass es nur ein Fortschritt „in die richtige Richtung" ist, wenn solche Weltzuwendung, nennen wir sie mal Sachlichkeit 2, verfällt, verwahrlost oder belächelt wird? Namens der Weltbeherrschung und der Emanzipation von Phantasie-Chimären? Wenn die mit ihr verbundene Sprache verödet - weil sie keine Leistung bringt, angeblich nur blumiges Gerede, ohne sachliche Information ?

(2) „Vierköpfige Familie beim Abendessen. Es gibt Rosenkohl. Am Ende sind noch vier „Rosenkohl-Röschen" übrig in der Schüssel, alle sind mit dem Essen fertig, die Reste drohen sozusagen abgetragen zu werden. Das sagt der jüngste (sieben Jahre alt): „Jeder soll jetzt noch eins essen, dann sind sie nicht umsonst gewachsen." (vgl. Rumpf in M. Hauskeller (Hg.): Die Kunst der Wahrnehmung. Die Graue Edition, Zug 2003, S. 239 ff.).

Es handelt sich ersichtlich nicht um die Sachlichkeit, die auf Nützlichkeit im Umgang mit Tatsachen aus ist - und darauf pocht, dass nichts einfach weggeworfen wird. Es handelt sich um eine Sachlichkeit, die - man kann es kaum anders sagen - in dieser Speise, dieser Pflanze einen Imperativ wittert - einen Wink, ernst genommen, pfleglich behandelt zu werden: weil eben die Existenz, das wirkliche Gewachsensein einen Anspruch enthält- darf man sagen: weil es Züge eines Geschenks hat, das man nicht einfach verschludern darf. Und diese Sachlichkeit findet auch ihre Sprache. Sie ist wohl weit unterschätzt, wenn man sie als blumig, als bildhaft, als animistisch abtut. Und darüber lächelt, dass ein Siebenjähriger einem Rosenköhlchen so etwas wie einen Existenzanspruch anphantasiert ... Darf man fragen, welche Sachlichkeit dem näher kommt, was man Wirklichkeit nennen mag? Und von dem gesagt wird, das Wort Wirklichkeit dürfe man nicht mehr in den Mund nehmen, weil eh alles Begegnende im Grunde Konstruktion ist. (Was essen eigentlich radikale Konstruktivisten? Nur Konstrukte? Und wie weisen sie ihre Kinder zurecht, wenn die auf den Gedanken kommen, Rosenköhlchen hätten einen Anspruch darauf, ernst genommen zu werden und nicht umsonst gewachsen zu sein?).

Alles in allem (und im Anschluss an Bernhard Waldenfels „Bruchlinien der Erfahrung", Ffm 2002): Das Gebaren des Eichhörnchens, die Ansprüche des Rosenköhlchens - sie bringen der Beeindruckbarkeit, der Empfänglichkeit, den pathischen Auffassungskräften mehr und anderes als das, was mit dem realistischen Sprach- und Denkbesteck der Tatsachenverknüpfung aufzufassen und anzueignen ist. Ein Überschuss wird wahrgenommen, zugelassen und ernst genommen. Burschikos gesagt: auf dem Radarschirm der Aufmerksamkeit erscheint mehr als das, was sich der Informationsverarbeitungssprache fügt. Es gibt eine Tendenz in der Erziehung zur Rationalität, zur „Wissensgesellschaft" diese Überschüsse schlicht zu annullieren. Eine Sache gewiss nicht nur des Umgangs mit Kinderäußerungen.

(3) „Konrad, 5 Jahre 10 Monate, spielt mit Luftschlangen, spannt sie durchs ganze Zimmer, fragt: „Gell, Mama, gar kein Papier is gar nit dick, gell, alles Papier is wenigstens a bissle dick ... überhaupt nit dick, so gibt's keins. ... mer kann ja auch noch kleiner messen als Millimeter, gell?" (S. Gerhard: Konrads Weg zu den Zahlen. Neue Sammlung 1972). An der auffälligen Spürbarkeit des Luftschlangenpapiers entzündet sich eine Aufmerksamkeit, die das hier und jetzt Gegebene übersteigt - besser: es über sich hinaus verlängert. Luftschlangen sind ja schon papierdünner als Bilderbücher oder Zeichenblöcke. Und in vergleichend realisierender Erinnerung an diese Voreindrücke von Verwandtem steigt das Nachdenken weiter über das Vorliegende. Und sucht seine Sprache. Und landet bei einem Papier, von dem - „überhaupt nit dick"- sich nur sagen lässt es „gibt (so) keins". Dramatische Grenzüberschreitungen wetterleuchten. Eine Sachlichkeit, die die Sachen nicht nur der Fall sein lässt, sondern sie ins Licht von imaginierten Verwandtenreihen rückt - verdient sie unsachlich zu heißen? Nur weil sie sich, im spielerischen Umgang von dem abstößt, was handgreif-

lich zu spüren ist. Bleibt sie ihm dadurch nicht besonders treu? Weil sie es im Glanz verwandter Möglichkeiten sieht?

(4) Ähnlich das letzte Beispiel: „Konrad, 6 Jahre 6 Monate: „Gell, wenn alle Sachen durchsichtig wären, dann gäb's gar keinen Schatten?“ (Gerhard, Neue Sammlung 1972). Nicht alle Dinge machen Schatten, manche mehr, manche wenigersolche Vorerfahrungen zittern in dieser nachdenklichen Bemerkung nach. Die durchsichtigen Gegenstände, haben ja auch Eigenschaften wie sie die vielen normalen Schattenwerfer haben, sie sind ja widerständige Dinge. Aber wenn's nur sie gäbe, hätte Schatten nirgendwo die Chance zum Zug zu kommen. Schatten ist angewiesen auf Undurchsichtiges. Und das Denken spinnt den Faden weiter ins scheinbar Irreale: Wenn alles durchsichtig wäre, verlöre der Schatten die Existenzgrundlage. Schatten muss nicht sein. (Umso interessanter und der Aufmerksamkeit würdiger, dass es ihn überhaupt gibt, möchte man ergänzen). Auch hier: die Dichte des vor den Sinnen Liegenden hat nicht das letzte Wort. Der Schatten wird seiner Selbstverständlichkeit entledigt, er muss nicht so notwendig sein, wie er sich tagtäglich aufdrängt. Kann man sagen, dieses sachliche Denken bringt die Dinge zum Tanzen, sie verlieren von ihrer Massivität und Schwere?

Martin Wagenschein schrieb dazu einmal: „Kinder sind im Geist beheimatet.“ Die Popularisierung einer Entwicklungspsychologie, die nur auf den Fortschritt intellektuelldistanzierender Potentiale setzt, hat das in diesem Satz Gesagte wohl fast unverständlich werden lassen.

Fazit: Sachlichkeit 1, so munter sie manchen Unterricht zumal in der Grundschule beleben mag, kann zur Verödung der Sprache, zur konsumistischen Banalisierung der vorgeführten Welt führen. Kinder wissen und sehen oft mehr, wenn wir es ihnen nicht systematisch austreiben. Und da sind viele am Werk.

DRAuRiK

Bei einer Tagung fand ich jüngst, ohne Zusammenhang mit einer Tagungsveranstaltung, einen Stapel mit ein paar kopierten Blättern, es handelte sich um Texte in Kinderschrift mit

Übersetzung in Reinschrift, ohne Autorenangabe, ohne Kommentar, Freiwild sozusagen. Von einem Stück komme ich nicht los. Hier folge sein auf dem Papier niedergelegter Wortlaut, sein Wortbild und seine räumliche Wortbildkomposition (soweit dieses Bild ohne Kopie darstellbar ist; das ist nicht nur ein Notbehelf, weil die Diskrepanz zwischen normgerechter Druck-Schrift und schräg-handschriftlicher Buchstabengestaltung auch fremde Blicke freisetzen kann):

Libe. Mami. ich.bin.Jeden.tAK.
DRAuRiK.daS. ich.Nichi.bei.dir.bin. ich MaK.
Amith.Woch.Näch.HauSe. WAl.eS. Hir. Nicht.Sch
önist. tzu.Hause. War. ES. Fil. Schöner.Wen. ich -
tzu Hause bin. Wer.de ich Nicht. Mer DrauriK
Saein darum will ich For SamstK Nach
Hause Ich Habe Mir es Fes For Genomen das ich am am Mit
Woch FliGe RuF Mich an
Ich Habe dich Gern Filirüse an ale
UNt an di tire auch

Lesart 1: „Noch nicht"

Ein Kind auf dem Weg zur Schrift. Holt aus dem, worüber es verfügt, alles heraus, um seine Absichten zu artikulieren und zu Papier zu bringen. Man sieht die Schattenrisse des Zukünftigen, der hoffentlich eines Tages eintretenden richtigen, un missverständlichen, fehlerfreien Schreibweise. Aber man soll sie ernst nehmen, diese frühen im Schreiben gleichsam stammelnden Versuche, das hinzubekommen, was die Grossen so perfekt handhaben. Eine schöne Pflege- und Kultivierungsaufgabe für Pädagogen, solche subjektiven Annäherungen in ihrer Vielfalt wie junge Pflanzen zu gewärtigen, zu hegen und großzuziehen. Ohne Wurzeln keine Früchte.

Lesart 2: „Weg damit"

Ein Sammelsurium von Schreibfehlern. Unverantwortlich, Kinder so etwas machen zu lassen - sie gewöhnen sich Fehler und Nachlässigkeiten an, wenn man das durchgehen lässt. Oder gar noch pädagogisch bewundert oder rührend findet. Typisches Mittelschichtpädagogenphänomen. Es wäre Kuschelpädagogik, aufzuschreiben und ernst zu nehmen, was auf den Müll gehört. Wie soll ein Kind je Disziplin im Schreiben und Reden finden, wenn man ihm nicht unverzüglich und glasklar die Fehler und Schludrigkeiten mitteilt. Es hat schließlich ein Recht, ernst genommen zu werden (gerade, wenn es aus den so genannten bildungsfernen Schichten stammt.) Fehler sind Fehler. Da führt kein Weg dran vorbei, wie manche pädagogischen Weichmacher wähnen. Schule ist zum Einlernen des Richtigen da. Fehler sind anzumerken und auszumerzen.

Lesart 3: „Noch"

Fehler sieht nur der Oberflächenblick. Ihm entgeht, dass die Schreibgebärde und das ihr entspringende Bild der Buchstaben, Wörter, Wortraumkonstellationen etwas zum Vorschein, zum Ausdruck bringen können, was ganz anderer Art ist als nur einen in eindeutigen Begriffen fassbaren Informationsgehalt. Man braucht nur eine Übersetzung des Briefs in korrektes Schrift- und Schreibdeutsch neben den Text zu halten: die einem Dunkel gleichsam abgerungenen Schreibworte verlieren ihre Kraft angesichts der Leichtfüßigkeit und Glätte, der normalen Schreibschrift. Man wäge „Jeden. tAK. DRAuRiK" (mit Punkt hinter jedem Wort) gegen „Jeden Tag traurig".

Es rumort noch gewaltig zwischen den Zeichen, den Gefühlen und der sachlichen Aussage. Weil die Zeichen (noch) nicht reibungslos zur (Schreib-)Verfügung stehen. Der Überschuss über den in wenigen Worten fixierbaren Sachgehalt (man probiere es) ist wohl nur dem unzugänglich, der in Sprache und Schrift nur mehr technisch effiziente Informationsträger zu sehen vermag. Der zitierte Text macht auch auf Überschuss - Qualitäten in der kindlichen Rede, ihrem Wortklang, ihrem Rhythmus, ihrer Brüchigkeit, ihrer scheinbaren Imperfektheit aufmerksam - also auf das, was Roland Barthes anpeilt, wenn er „Vom Realen der Rede" (im Unterschied zur vom Redner gelösten abstrakten Wissensaussage) handelt: „Die Formulierung" (und der oben zitierte Brief trieft von Formulierungen)"zielt, indem sie Stellung und Energie des Subjekts zur Schau stellt- damit auch seinen Mangel (was nicht Abwesenheit heißt), auf das Reale der Rede; sie erkennt, dass die Rede einen ungeheuren Hof von Implikationen, Wirkungen, Nachklängen, Wendungen, Rückwendungen, Zackenwerk darstellt; sie nimmt es auf sich, ein Subjekt zu Gehör zu bringen, das hartnäckig ist und zugleich nicht auszumachen, unbekannt und doch einer beunruhigenden Aufmerksamkeit gemäß erkannt; die Wörter werden nicht mehr illusorischerweise als einfache Instrumente aufgefasst, sie werden hinausgeschleudert wie Projektionen, Explosionen, Vibrationen, Maschinerien, Reize: die Schreibweise macht aus dem Wissen ein Fest" (Roland Barthes Lecon/Lektion. Frankfurt/M 198o, S. 29/31).

In der Schule des Theaters: sich einlassen auf extreme Herausforderungen - Claudel - Ruzicka

An drei Tagen zwei singuläre Theaterabende: „Der seidene Schuh" (Claudel), „Celan" (Ruzicka).

Vielleicht haben Theaterleute, die diese beiden Geschehnisse verantworten, sich einiges durch den Sinn gehen lassen, das quer liegt zu pädagogischen Ermäßigungen. Etwa das Folgende:

> „Was die Leute mit diesen Eruptionen anfangen, ob sie etwas damit anfangen können, ist ihre Sache. Ob und wie sie das durchstehen auch. Wir Theaterleute haben nichts zu tun, als diese Handlungen zu präsentieren, auf die Bühne zu wuchten, auch wenn wir uns durch diese extremen Stücke hoffnungslos überfordern. Warum soll es den Theaterbesuchern besser ergehen als uns?) Denn wer ist dem schon gewachsen, welcher Apparat, welches Ensemble, welcher aufgeklärte Menschenverstand: Wir präsentieren mit den acht Stunden von Claudels „Der seidene Schuh" (in Basel), mit den pausenlosen 15o Minuten „Celan" (Oper Mainz und Darmstadt) alles andere als distanziert zu betrachtende und zu analysierende Bildungsgüter. Wenn schon Bilder nötig sind: es sind eher Bildungsgranaten, die Verstehensfähigkeiten und Assimilationswünsche nicht nur strapazieren, sondern zerreißen, vom physischen Durchhaltevermögen zu schweigen."

Es sind das in beiden Fällen Handlungen, die Menschen in den Sog von Katastrophen hineinziehen, in den Sog eines vernichtenden Vakuums - in dem bei Claudel inmitten einer verblutenden Liebe Kreuz und Gnade durchdringen, das bei Ruzicka den Dichter Paul Celan an der Blutspur in seinem Leben ersticken lässt. Es handelt sich in beiden theatralischen Handlungen um visionär durchsetzte Geschehnisse, die wie Katarakte, ohne plausible Szenenverknüpfungen, auf die niedergehen, die zuschauen und zuhören. Ohne Rücksicht auf Verstehensverluste, auf Tabus aufgeklärter Schicklichkeit, unter Sprengung aller Rahmungen von Raum und Zeit und Immanenz, unter Verzicht auf Deutungspuffer und Deutungsangebote. So etwa in minutenlangen, unerträglich oft und monoton wiederholten Klageschreien eines Riesenchors, der nur das eine Wort *Jerusalem* ausstößt (Ruzicka: Celan). Oder in endlosen Artikulation einer seelenverbrennenden Sehnsucht, in der die Nähe des gekreuzigten Gottes pocht (Claudel). Und dazu disparate Handlungssplitter (aus der Biographie Celans, aus dem Spanien, Afrika und Amerika um 1600) - Wer hält solche Chaotisierungen noch aus? In wem protestiert nichts dagegen, dass alle Distanzierungswaffen des aufgeklärten Menschen entkräftet werden?

Man muss es den Theaterleuten lassen - sie schaffen die Annäherung an Extremerfahrungen. Sie machen dabei bewusst, wie brav und wohl temperiert unsere Bildungswelt, unsere Lernwelt inzwischen geworden ist: Was da zu lernen, zu studieren vorgestellt wird, ist gestuft, dosiert dem Verständnis der so genannten Adressaten angepasst, kontrollierbar, vorgeplant, an approbierten Zielen orientiert, auf Prüfbarkeit hin stilisiert und gesteuert von dem Vorwisser, dessen, der über die Informationen verfügt, die zu lernen oder zu lehren sind. Angesichts dieser extremen Lernherausforderung in den Theatern von Basel (dieser achtstündige „Seidene Schuh" wurde auch in der Ruhrtriennale, Bochum 2003 gespielt) und Mainz/Darmstadt, möchte man einen Augenblick die zahllosen lernerfreundlichen Kulturzubereitungen, welche Schulen und Hochschulen zu präsentieren nicht umhin zu können scheinen, auf den Mond wünschen.

Das kann passieren angesichts von Theatern, die es riskieren, sich ihrer ja gar nicht kundenfreundlichen Herkunftsidee zu stellen. Und diese Idee war es ja gewiss nicht, den Riss in den Menschen, zwischen den Menschen, zwischen Gott und der

Welt zu zuschütten. Sondern die Wunden offen zu halten. „In Anmut und in Grimme“, wie es bei Angelus Silesius heißt.

Ist es so ausgemacht, dass das auf einem anderen Planeten liegen muss als auf dem, auf dem sich Pädagogen, Erziehungswissenschaftler, Schulen, Hochschulen, Erwachsenenbildungseinrichtungen tagtäglich abmühen?

(1) „Fadensonnen
Über der grauschwarzen Ödnis -
Ein baumhoher Gedanke
greift sich den Lichtton: es sind
Noch Lieder zu singen jenseits
Der Menschen.“ Paul Celan: Atemwende (abgedruckt im Programmbuch zu „Celan“ von
Peter Ruzicka, Oper Mainz/Oper Darmstadt - Sommer 2003

(2) „Der Mond:
Ich berühre die Weinenden mit unbenennbaren Händen.
Schwester, warum weinst du? Ist heute nicht deine Hochzeitsnacht? Schau, wie der Himmel und die Erde erleuchtet sind! Wo denn anders dachtest du, sie mit Rodrigo zu verbringen als am Kreuz.“
Paul Claudel: Der Seidene Schuh. Oder Das Schlimmste trifft nicht immer zu. Zweiter Tag, 14. Szene.

Heißklebeschnüre und ästhetische Aufmerksamkeiten

Zu berichten ist von merkwürdigen Weltbearbeitungen. Wir wissen, wozu Nylonfäden gut sind. Man kann damit Objekte verbinden, vernähen. Und wir wissen, wozu Klebstoff dient. Nichts scheint selbstverständlicher: Fäden und Klebstoff sind Gebrauchsgegenstände, ihr Sinn liegt in ihrer Funktion. Niemand würde sich an der Farbe des Klebstoffs berauschen oder die Beschaffenheit von Fäden in ihrer Eigen Qualität (abseits von ihrer Tauglichkeit für bestimmte Zwecke) wahrnehmend genießen wollen.

Da gab es im Spätherbst 2002 in der Frankfurter „Standort“-Ausstellungshalle eine Ausstellung betitelt „in der stille“. Darin waren Exponate einer jungen Künstlerin (Katja Helpensteller) zu betrachten, in denen eine Gegenstrom- Aufmerksamkeit Gestalt angenommen hatte.

Beispielsweise hingen in einem Raum 400 Nylonfaden- Stücke von 0,5 cm Dicke und von 3-4 Metern Länge von der Decke herunter. Und diese Fadenstücke waren von einer nicht ohne weiteres zu definierenden weißlichen und unregelmäßig geformten Materie eingehüllt, ohne dass irgendeine praktische Funktion dieses Hängens und dieser Verhüllung einsichtig geworden wäre. Alles in allem: ein Gehänge mit einem spielerisch eleganten Charakter, der Blick glitt auf und ab, hinüber und herüber, eine merkwürdige Schwebe entstand. Und der Blick, der vernunftgesteuert nach einem praktischen Zweck suchte, lief ins Leere. Es war wie die Produktion einer schwebenden Leere. Denn das waren ja keine Objekte, die etwas zur Beleuchtung oder zur Befeuchtung oder Beschallung des Raumes beigetragen hätten, sie behinderten nur das schnelle Durchschreiten, und der Blick blieb dann und wann bei den unregelmäßig-rissigen Formungen der teigigen Umhüllung der Fäden hängen, ohne dass es dem Nachgrübeln gelang, irgendeinen zweckhaften Zusammenhang zwischen den leicht bizarren Ausbuchtungen dingfest zu machen.

Die junge Künstlerin (sie verfasste eine ausführliche die eigene Arbeit reflektierende Studie) hat in dreimonatiger Arbeit diese Schnüre präpariert. Sie nennt 65 Stunden reine Arbeitszeit für ihre Tätigkeit, mittels einer Pistole Heißklebeflüssigkeit so an die schräg postierten Schnüre zu praktizieren, dass sie nicht völlig abtropfte, sondern skurrile Figuren bildend die Schnüre überzogen. Weitere Überlegungen und Versuche galten dem Aufhängen und der Konstellation im Raum.

Die Künstlerin (die sich damit auch zur diplomierten Kunstpädagogin qualifiziert hat) hat ihren Arbeitsprozess mithilfe eines Notizbuchs und in späteren systematisch geordneten Reflexionen dokumentiert.

Der Leser bekommt den Eindruck einer fast mystischen Versenkung in die Erfahrung eines Widerspiels zwischen behutsamen Bewegungen, Berührungen, Betrachtungen mit einer Materie, deren Eigenqualität mit intelligenter Empfänglichkeit aufgefasst und beantwortet wird. Alles in allem: ein Dokument dafür, wie inmitten einer Gesellschaft, in der die Gegenstände des Alltags seriell hergestellt und zweckdienlich benutzt werden, sich ein aufmerksamer Mensch daran macht, allenthalben funktional unspürbar gemachte Widerständigkeiten und Eigenqualitäten auszugraben, stark zu machen und auszuhalten. Die Materialität so banaler Objekte wie die eines Heißklebers oder eines Nylonfadens wird gewissermaßen bis zum Exzess ernst genommen. Und dabei entsteht die Erfahrung einer Präsenz des eigenen Selbst, wie sie die Alltagszeit mit ihren Beschleunigungs-, Koordinierungs- und Kontrollzwängen nicht hergibt. Wer die Selbstreflexionen zu dieser ästhetischen Arbeit studiert, stößt immer wieder auf Bemerkungen, die die Brüchigkeit und Kontingenz dieser Arbeit am total Unauffälligen dokumentieren: Fehler, Überraschungen, Umwege, Offenheiten, Mehrdeutigkeiten brechen auf. Und sie nicht durch schnelle Erledigung wegzuschaffen und zu übertünchen - das ist das ästhetische Ethos dieser Autorin.

Man liest heute manches über die Bedeutung der ästhetischen Erfahrung. Eine Gestalt, die sie in lebendigen jungen Köpfen und Leibern annimmt, ist an den Heißklebeschnüren zu studieren. Eine Heißkleberpistole als Medium ästhetischer Produktion ... Eine verrückte oder eine verheißungsvolle Schräglage?

Oskar macht nicht mehr mit - auch Marie und der Vierjährige nicht

Wir haben ein Bild von der normalen Lernentwicklung des Kindes. Es geht voran in Richtung Erwachsenwerden. Spiel, Phantasie, Widerborstigkeit in gewissem Maß - alles das ist recht und gut, weil und wenn es entziffert wird als kindgemäße Lebensäußerung, die normalerweise in ein präexistentes Ziel mündet: den so genannten Erwachsenen. Alles Lernen, alles Spielen, alle schwer begreiflichen Eigenheiten und Verrücktheiten des Kindesalters, sie gelten diesem Normalblick so viel wie diverse Rinnsale und kleine Flüsse, die sich nach manchen krummen Wegen schließlich doch in einem großen Strom vereinen: realitätstüchtig ist der reife Mensch auf oberer Entwicklungsstufe, eine Person mit geordneten inneren

Verhältnissen. Und alles Kinderlernen - vom Puppenwagenschieben bis zu den Abzählreimen - es ist legitimer Treibstoff auf dem Weg zum Ziel. Und die Erwachsenen bilden sich ein, damit Kinderregsamkeiten nachfühlend zu verstehen menschenfreundlich einzuordnen. Und die Pädagogen sind die Profis, die für möglichst friktionslose Übergänge zu sorgen haben. In Massen dürfen sie deshalb sogar Kinderregsamkeiten ernst nehmen, was immer das im Einzelnen heißt.

Möglicherweise ist das ein arg verharmlosender Blick. Möglicherweise gibt es ein Kinderlernen, das sich diesem Schema partout nicht fügt. Ein Kind bekommt so viel von der Erwachsenenwelt mit, dass seine Verarbeitung dieser Widerfahrnisse - sein Lernen also - in eine Haltung, in Handlungsweisen führt, die, im Jargon gesprochen, „das Tischtuch zerschneiden". Sie haben frühzeitig, noch einmal burschikos formuliert, die Nase so voll, dass sie nicht mehr mitmachen. Oder aber: sie haben eine Realität gefunden, die unendlich reicher ist als das, was die Erwachsenen zu bieten haben - eine wirkliche Welt ...

Beispiele? Zwei Autobiographien sind gespickt mit Berichten über einschlägige Lernprozesse, die man wohl schräg in einem extremen Sinn nennen kann. Erwin Blumenfelds „Durch tausendjährige Zeit" und Thomas Bernhards „Ein Kind". Hier drei Hinweise aus diversen anderen Quellen:

(a) Oma hat Geburtstag, eine runde Zahl, eine Reihe von Freundinnen kommen zum morgendlichen Sektfrühstück. Der vierjährige Enkel darf nicht fehlen, wie es heißt. Doch in der Wohnung bockt er. Bahnt sich den Weg in ein abgelegenes Zimmer, will nichts von dem Trubel mitbekommen: „Ich kann's nicht leiden, ich seh' die schon kommen, wenn sie sagen, wie goldig ist er. Und schon so groß, ein süßes Kind ..." „Kann ich nicht ausstehen". Und so bleibt er zwei Stunden in selbstgewählter Isolierung, in einem Raum, in dem er sich geschützt weiß vor den Begeisterungsbekundungen der Oma-Freundinnen. Und er ahmt auch schon die auf zuckersüße Kindgemäßheit verstellten Erwachsenenstimmen nach. Die sich auf ihn wie auf eine Beute ihrer kinderfresserischen Liebesaktivität stürzen wollen ...

(b) Peter von Matt hat eindringlich auf E.T.A. Hoffmanns Geschichte „Nussknacker und Mausekönig“ aufmerksam gemacht, eine Art frühes Kinderbuch mit Widerhaken. Phantasie darf sie ja haben, die kleine Marie - auch träumen darf sie, dass der geliebte Nussknacker mit ihr in eine wunderbare neue Welt reist. Aber darauf bestehen, dass sie nicht geträumt habe, sondern mit dem lebendig gewordenen Nussknacker *tatsächlich* unterwegs gewesen sei, dass dieser Nussknacker in ihrer Hand erwärmte und lebendige Augen bekommen habe - das geht zu weit. Damit sind die Grenzen des pädagogisch Zulässigen durchbrochen. Mit von Matt gesprochen: „Plötzlich ist es mit der zustimmenden Einfühlung in das Kind zu Ende. Jetzt muss eine Grenze gezogen werden. Jetzt müssen dem Mädchen die Flausen ausgetrieben werden. Spielen darf es, träumen darf es, vorstellen darf es sich alles, was es will. Aber die Wirklichkeit der Erwachsenen, die darf nicht in Frage gestellt werden. Sie wird aber in Frage gestellt, wenn ein Nussknacker ein lebendiges Wesen sein soll. Das Kind darf nur Kind sein im Rahmen dessen, was die Erwachsenen als Domäne des Kindes bestimmen. Wird diese Domäne überschritten, bricht ein Konflikt aus, der sich in schroffen pädagogischen Maßnahmen äußert „ (Peter von Matt: „Über die Erschaffung der Welt durch die junge Phantasie“„ in Neue Zürcher Zeitung Nr. 237/2002 vom 12./13. Oktober 2002, S. 59). Der Vater spricht: „Hör mal, Marie, lass nun einmal die Einbildungen und Possen, und wenn du noch einmal sprichst, dass der einfältige, missgestaltete Nussknacker der Neffe des Herrn Obergerichtsrats sei, so werfe ich nicht allein den Nussknacker, sondern auch alle deine übrigen Puppen (...) durchs Fenster“ (zit. bei von Matt S. 59). Wie reagiert die solchermaßen auf die wirkliche Wirklichkeit eingespurte Marie in der Geschichte von E.T.A. Hoffmann? „Sprechen durfte nun Marie nicht mehr von ihrem Abenteuer, aber die Bilder jenes wunderbaren Feenreichs umgaukelten sie in süßwogendem Rauschen und in holden, lieblichen Klängen; sie sah alles noch einmal, sowie sie nur ihren Sinn fest darauf richtete, und so kam es, dass sie, statt zu spielen, wie sonst, starr und still, tief in sich gekehrt, dasitzen konnte, weshalb sie von allen eine kleine Träumerin gescholten wurde“ (zit. bei v. Matt, S. 60). Absencen, Tagträume - eine recht verharmlosende Rede angesichts dessen, was da wirklich im Gang ist ...

(c) Der kleine Oskar Matzerath - in Grass' „Blechtrommel“ - hat frühzeitig so verheerende Erfahrungen mit der Welt der Erwachsenen, ihrer Brutalität, ihren eingebildeten Gescheitheiten, ihrer Verworrenheit und Verlogenheit gemacht, dass er sich zu einer Reaktion entschließt, die skandalös genug ist. Er beschließt nicht weiter zu wachsen. Und bleibt im Format des Dreijährigen. Ergebnis eines Lernprozesses, der auf seine Art die Welt verarbeitet, also „lernt“: „... da entschloss ich mich, auf keinen Fall Politiker und schon gar nicht Kolonialwarenhändler zu werden, vielmehr einen Punkt zu machen, so zu verbleiben - und ich blieb so, hielt mich in dieser Größe, in dieser Ausstattung, viele Jahre lang.

Kleine und große Leut', kleiner und großer Belt, kleines und großes ABC, Hänschenklein und Karl der Grosse, David und Goliath, Mann im Ohr und Gardemass; ich blieb der Dreijährige, der Gnom, der Däumling, der nicht aufzustockende Dreikäsehoch blieb ich, um Unterscheidungen wie kleiner und großer Katechismus enthoben zu sein, um nicht als einszweiundsiebzig großer, so genannter Erwachsener, einem Manne, der sich selbst vor dem Spiegel mein Vater nannte, ausgeliefert und einem Geschäft verpflichtet zu sein, das, nach Matzeraths Wunsch, als Kolonialwarengeschäft einem einundzwanzigjährigen Oskar die Welt der Erwachsenen bedeuten sollte. Um nicht mit einer Kasse klappern zu müssen, hielt ich mich an die Trommel und wuchs seit meinem dritten Geburtstag keinen Fingerbreit mehr ... der innerlich und äußerlich vollkommen fertig war, während jene noch bis ins Greisenalter von Entwicklung faseln mussten, ... der es nicht nötig hatte, von Jahr zu Jahr größere Schuhe und Hosen zu tragen, nur um beweisen zu können, dass etwas im Wachsen war“ (Günter Grass: Die Blechtrommel. Fischer TB 473 14, Ffm 1962, S. 47).

Die so genannte „schöne Literatur“ - ein gebrochenes Medium der Menschenforschung, der Erziehungsforschung? Legt sie Züge frei, die durch die Maschen aller objektivierenden empirischen Methoden fallen? Ein fahles Licht, das da auf die Entwicklung hin zum Erwachsenwerden fällt.

X. Bildungswaren - Bildungszwänge - Bildungsrennbahnen

Die Wiederkehr der Lernziel-Euphorie und das verstümmelte Lernen

Es ist ja so plausibel: Gebt allen Schulen verbindliche Standards für Bildungsabschnitte, baut auf der Grundlage der Standards länderübergreifende Aufgabenpools auf - gebt die Schulen in den Konkurrenzkampf um die optimalen Leistungen auf diesen an präzisen Zielen ausgerichteten Lernfeldern frei. Es scheint, die Kultusminister haben sich auf diese inhaltliche Antwort zur Bereinigung der PISA-Panne verständigt. Standards und Pools sind in Arbeit. Der Unterrichtsbeliebigkeit, weniger freundlich: dem Unterrichtsschlendrian scheint die Spitze gebrochen. Die Schulen müssen Rechenschaft geben, sie müssen besser zu werden sich bemühen. Und das ohne weitere Eingriffe von oben und außen.

Es erinnert da manches beispielsweise an Initiativen, die seinerzeit zur sportiven Leistungssteigerung führen sollten. Da wird ja ein bestimmtes Verständnis von Menschenlernen im Sektor Sport vorausgesetzt.

In den „Ausschreibungen Geräteturnen 1982“ für den Bundeswettbewerb der Schulen „Jugend trainiert für Olympia“ hieß der erste Abschnitt „A. männlich - Bodenturnen“. Mit Schwierigkeitsstufe L 5 (Höchststufe: 5,0 Punkte) ist da ein Überschlag beschrieben, von dem ich nur die erste von sieben genannten Phasen etwas genauer betrachten will: „(1) nach auftaktigem Fersenheben und Vorhochschwingen der Arme zwei Laufschritte und ein Hopser, Handstütz-Überschlag seitwärts (Rad), Beistellen des linken bzw. des rechten Beins“.

Was man falsch machen kann und was zu Punktabzug führt, wird ebenso genau beschrieben (die Zahlen beziehen sich auf die Reduktion von der 5,0 Maximalpunktzahl bei optimaler Ausführung): „(a) Anlaufrhythmus und Ausführung unklar ... (bis 0,2); (b) kein klares Nacheinanderaufsetzen der Hände und Füße beim Handstütz-Überschlag ... (bis 0,2). Handstütz-Überschlag seitwärts nicht durch den Seithandstand ... (bis 0,2); unrhythmischer Ablauf ... (bis 0,2); Beine gebeugt ... (bis 0, 2).“ Siebenundsechzig eng bedruckte Seiten im Auftrag eines „Exekutivkomitees“ (merkte niemand den bitteren Doppelsinn dieses Namens?) des Bundeswettbewerbs „Jugend trainiert für Olympia“ waren mit solchen Aufgaben-pools angefüllt, ausgehend von der Annahme, dass präzise Zielbestimmungen der optimalen Leistungen das Lernen auf olympische Höhen anzureizen imstande sein werden. Aus dem Training ist Beliebigkeit und Willkür vertrieben. Das Lernen ist gezielt zu stufen, zu steuern. Optimale Ergebnisse können erreicht werden, der input ist am output zu korrigieren und zu messen. Nur leider: die Frage, was bei dieser Exekution exekutiert wird, kann nicht ernst genommen werden. Sie ist von vornherein ausgeschlossen: nur *der* output kommt ins Visier, der zu den Zielbestimmungen passt.

Und selbst der ließ sehr zu wünschen übrig, wenn man es denn einmal mit diesem Zielmodell beim Menschenlernen überhaupt versucht. Warum wohl? Weil Menschenlernen, technisch gesprochen, nicht recht zu funktionieren scheint, wenn man Lernen nur als Exekution von Verhaltensänderungen in eine bestimmte Richtung auffasst - unabhängig von den Gefühlen und den Beziehungen, den Dramen und den lebensgeschichtlichen Mitgiften, die in jede Auseinandersetzung mit bestimmten Inhalten hineinspielen. Menschendenken gleicht nicht einer Wurstmaschine hat Dewey drastisch formuliert: der ist es nämlich gleichgültig, wer sie bedient, was sie bearbeitet, in welchen Szenen sie angeworfen wird (John Dewey: Wie wir denken. Neuausgabe Zürich 2002, S. 33). Und diese Wurstmaschinenverkümmerung ist fast unumgänglich, wenn die Qualität von Schule und Unterricht nur noch an den messbaren Produkten gemessen, beurteilt, korrigiert wird Das *wie* der Überprüfung determiniert schier unabwendbar das *wie* des Lernens und Lehrens.

Hans Brügelmann hat in einem kurzen Aufsatz („Das kurze Gedächtnis großer Reformer“ in: Die Deutsche Schule Heft 2/2003, S. 168-171) daran erinnert wie oft im letzten Vierteljahrhundert die Hoffnungen Schiffbruch erlitten haben, durch output-Fixierung auf feste Lernziele ließe sich die Wirkung von Schulunterricht nachhaltig und nachweisbar verbessern. Hier eine Auswahl seiner Beispiele, die mit detaillierten Literaturhinweisen vorab angloamerikanischer Herkunft bestückt sind:

a. „Vor über dreißig Jahren begannen die USA ein regelmäßiges „National Assessment of educational Process“ in den zentralen Fächern, und parallel führten einzelne Bundesstaaten landesweite Testprogramme ein. Wie die Daten des NAEP zeigen, haben sich die Leistungen z.B. im Lesen seit 1970 kaum verändert ... Über 50% der Schulbezirke in Kalifornien behaupteten damals (in den 70er Jahren), ihre Programme aufgrund der gewonnenen Daten verändert zu haben - mehr als 25 Jahre später sollen dieselben Probleme Anlass für analoge Maßnahmen sein.“

b. „Vor über 30 Jahren haben Firmen in den USA einzelnen Schulbezirken angeboten, die Leistungen der Schülerschaft gegen Honorar auf vereinbarte Werte zu steigern. Wegen fehlender Erfolge haben die Schulbezirke dieses „performance contracting“ bald wieder aufgegeben.“

c. „Das englische Department of education and Skills musste zur Jahreswende 2002/2003 eingestehen, dass das Reformziel verfehlt und die versprochenen Leistungszuwächse nicht erreicht wurden: über drei Jahre hinweg waren es nur 65% der SchülerInnen, die das definierte Schwellenniveau erreichten.“ (Brügelmann 2003, S. 169/170)

Brügelmann erinnert auch daran, wie eklatant die diversen technokratischen Initiativen der 70er Jahre hierzulande fehlgeschlagen sind, etwa mit Hilfe des Programmierten Unterrichts oder lernzielfixierter Zentralcurricula oder einheitlicher Prüfungsanforderungen im Abitur (die „Normbücher- Debatte“) dem Schulunterricht aufzuhelfen. Brügelmann selbst und sein Freund und Meister Bauersfeld haben ja nun ein reichhaltiges oeuvre von Forschungen vorgelegt, die im Detail zeigen, dass lebendige Lernprozesse gerade in den Bereichen der Kulturtechniken des Umgangs mit Sprache und Zahlenwelten sich nie dem Prokustesbett der Lernzielfixierung beugen; dass sie ganz andere Aufmerksamkeiten und Anregungen fordern als es die sind, die jede Aktivität auf ihren Beitrag zu einem fixen Lernziel taxieren.

Wie bitte, wird man fragen, funktioniert also das lebendige Menschenlernen, wenn es nicht durch die Fixierung auf feststehende Fernziele einer Gegenwärtigkeit, die sich hier und jetzt einlässt, beraubt wird. Jeder mag in Beispielen seiner Lernbiographie fahnden. Die Art, wie es Alfred Döblin getan hat, kann auf das zu achten helfen, was durch die Maschen zu fallen droht, wenn die zentralen Aufgabenpools die Macht übernehmen:

Döblin lädt in autobiographischen Aufzeichnungen als Erwachsener seine früheren Lehrer zu einer phantasierten Konferenz ein. Er schenkt ihnen dabei nichts. Umso auffälliger ist folgende Passage: „Herr Professor Konrad, ich sehe Sie, ich freue mich, Sie wiederzusehen. Wir hatten in den Oberklassen Deutsch bei Ihnen. Wir lasen etwas Goethe, aber vor allen Dingen Schiller, Sie wissen, die langen philosophischen Gedichte. Es ist kurios, Schiller scheint diese Gedichte für Schulzwecke geschrieben zu haben. Ich habe später nicht gehört, dass einer sie liest. Überhaupt, Klassiker, meine Herren, das große Gut, es ist schlimm, sinkt aus dem Volk oder berührt nicht das Volk und bleibt zuletzt wie ein Stein - in der Schule liegen. Tolles Kapitel, deutsche Bildung. Ich möchte nicht Klassiker sein. Sie lasen uns die Gedichte vor, Herr Professor. Dabei standen Sie vor dem Pult, einen Arm rückwärts aufgelegt. Ihre Kleider waren Ihnen zu weit. Sie waren ziemlich groß, schwungvoll dünn. Sie hielten immer den Kopf so zurückgebogen. Sie sprachen vom Wahren, Guten, Schönen. Wenn Sie es sagten, war es echt, die Worte tönten nicht bloß. Es war rührend, Sie zu sehen. Wenn Sie ein Gedicht vorlasen, glauben Sie mir, Herr Professor, dieses habe ich behalten, diese Haltung hat sich mir eingeprägt. Wenn ich an Schiller und den Idealismus von 1800 denke, denke ich an Professor Konrad, und dann - ist Schiller wahr. Schiller kann sich freuen, Herr Professor. Er hat es gut bei Ihnen gehabt. Wenn Sie ihn oben sehen, haben Sie keine Furcht, sprechen Sie mit ihm, erzählen Sie ihm, was Sie eben gehört haben“ (Alfred Döblin: Autobiographische Schriften und letzte Aufzeichnungen. Olten/Freiburg B. 1980, S. 76).

Bildungswaren in der Marktgesellschaft

Wer Schulen oder Hochschulen von innen kennt, der weiß um die Kosten-Nutzen Kalküle, die den Bildungsmarkt durchdringen. Banal gesagt: Wo bekomme ich das Meiste (optimale Noten, Scheine) bei den geringsten Kosten an Aufwand (von Anstrengung, Kraft, Zeit). Vor vierzig Jahren hat das ein Oberstufengymnasiast auf die knappe Formel gebracht: „Ich will nix lernen, ich will's Abitur.“ Etwas vornehmer ausgedrückt, in Begriffen von Max Weber: die Marktökonomie trennt eine formale von einer materialen Rationalität - also jene, die Inhalte nur daraufhin abspäht, welcher Marktnutzen ihnen abzugewinnen ist und jene, die sich auf das Eigengewicht und die Eigenmaserung der Sache einlässt. Eine zentrale sozialwissenschaftliche Diagnose der gegenwärtigen Diskussion wurde so formuliert: „Der moderne Kapitalismus unserer Zeit sei vor allem dadurch charakterisiert, dass er sein ökonomisches Prinzip des marktförmigen Tausches gesellschaftlich verallgemeinert und von allen sozialen Bezügen und kulturellen Werten entkoppelt“ (Sighard Neckel: Die Marktgesellschaft als kultureller Kapitalismus. Mitteilungen des Instituts für Sozialforschung an der Universität Frankfurt/M. Heft 14, April 2003, S. 7). Art, Grad und Wirkung dieser Entkoppelung werden diskutiert: Driftet der entfesselte Markt kraft der Freisetzung eines formalen Gewinnstrebens dahin, „ die menschliche und natürliche Substanz von Gesellschaften zu vernichten“ (so der Wirtschaftshistoriker Polanyi, Neckel, S. 7) - oder hat er das Zeug, ästhetisch-moralische Kompetenzen wie Kreativität, Individualismus, Selbstverwirklichung und Genussfähigkeit selbst zu erzeugen und kraft der Marktmechanismen auszubreiten (so Boltanski und Ciapello, Neckel S. 18). Diese Debatte ändert nichts an dem weithin unbestrittenen Grundtatbestand: „Die Imperative ökonomischer Rentabilität durchdringen gleichmäßiger denn je die verschiedenen

„Wertsphären und Lebensordnungen“ (Max Weber), (Neckel, S. 8).

Neckel skizziert „normativ problematische Rückwirkungen des Marktes auf die Gesellschaft“ (S. 12): Wenn der ökonomische Nutzenkalkül das Handeln bestimmt, haben etwa moralische Werte nur solange verpflichtende Kraft, solange ihre Realisierung „sich rechnet“, d.h. dem Gewinnstreben nützt: „Durch Kommerzialisierung wird moralischen Werten jene Geltung entzogen, die sie erst zu moralischen Werten macht“ (Neckel S. 12). Dasselbe gilt entsprechend für ästhetische, religiöse, wissenschaftliche Inhalte. Sie florieren oder verkümmern je nach dem, ob ihre Pflege der „Option der Vorteilsvermehrung“ (Neckel, S. 12) entgegenkommt. Einerlei ob es die Geschichte des alten Byzanz, die französische Revolution, Hölderlins „Archipelagus“, das Johannesevangelium, Wöhlers Harnstoffsynthese von 1828, eine Schrift von Galilei oder die Kenntnis einer Sprache und der dahinterstehenden Kultur ist - alles muss durch das engen Nadelöhr des ökonomischen Kosten-Nutzenkalküls, wenn es in der marktdurchdrungenen Gesellschaft die Chance haben will, wahr- und ernst genommen zu werden. Anders gesagt: Die Menschen können gar nicht mehr anders: ihr Handeln wird auf dem alles durchdringenden Markt „durch die Einsinnigkeit zweckrationaler Erwerbskalküle reguliert“ (Neckel, S. 9). Die aktuellen Bemühungen, dass Schule und Hochschule ihren Adressaten Spaß bringen sollen, um so das Bittere des Lernalltags mit einem Schokoladenüberzug zu versüßen, lassen sich unschwer entziffern als Bemühungen, dem Marktgeschehen selbst Lusteffekte zu entwinden: der flotte Austausch, der rasante Wechsel, der Reiz des immer Neuen, des Sensationellen im „Abenteuer Forschung“, der Reiz diverser Happenings, Wettbewerbe, Olympiaden - sie „bringen“ es, was die langwierige und umwegereiche Auseinandersetzung mit den Inhalten (die einmal Studieren bedeutete) nicht bringen kann ...

Hier noch zwei scheinbar auseinander liegende Beispiele, die den Trend illustrieren:

(a) Der Präsident einer großen Universität teilt mit, seine Universität müsse „sich neu positionieren“. Es gehe um mehr „Mobilität und Kommunikation“, um ein „auf die Bedürfnisse der Studenten zugeschnittenes Lehrangebot", um „eine flächendeckende Evaluierung von Forschung und Lehre" im Interesse des erforderlichen „Qualitätsmanagements". Die Universität muss „Spitzenleistungen" im Konkurrenzkampf um Abnehmer auf dem Markt erbringen. Und die Studierenden haben Anspruch darauf, dass die hauptamtlichen Universitätsakteure" neue Formate, Produkte und Dienstleistungen ... entwickeln und verstärkt im Rahmen von auszubauenden Netzwerken ... agieren". Diese „Vision" der neu positionierten Universität, die die Zeichen der Zeit verstanden hat, steht in einem 40-seitigen Papier „Perspektiven der Goethe-Universität", zu dessen Entstehen die Unternehmensberatung Mc Kinsey/Frankfurt/M nachhaltig beigetragen hat (Vgl. Uni-Report, Goethe-Universität Frankfurt/M, Dezember 2001). Studenten sind Kunden, Universitäten wie Schulen sind Anbieter von Bildungswaren auf dem Markt. Klarer kann nicht zu Tage treten, was damit gemeint ist, dass die „Imperative ökonomische Rationalität gleichmäßiger denn je Wertsphären und Lebensordnungen durchdringen. Und damit (im Anschluss an Polanyi) die Frage unausweichlich machen, ob Schulen und Hochschulen durch die marktförmigen Mittel ihrer Arbeitsformen nicht das vernichten, was sie zu fördern und zu verbreiten glauben. An die Stelle der verwalteten tritt die durchökonomisierte Schule. Ihre Spielräume sind die Spielräume des Marktes.

(b) Ein anderes Beispiel: ein Archäologe (Luca Giuliani) macht auf den Tatbestand aufmerksam, dass durch wilde, d.h. staatlich nicht beaufsichtigte und genehmigte Grabungen Hunderte von Gräbern mit wertvollen Funden etruskischer, griechischer, römischer Herkunft ausgeplündert und auf den Markt geworfen wurden „Die geschätzte Zahl von Objekten, die in ihnen gefunden wurden, geht in die Hunderttausende" (! Vgl. SZ v. 22.7.2003). Die Pointe, die diese Entwicklung zum Skandal macht: Die ausgegrabenen Objekte, die auf dem Markt feilgeboten werden, sind ihres Kontextes beraubt - und weil der Kontext ökonomisch nichts bringt, ist er liquidiert: „Bei einem griechischen Keramikgefäß, das als Beigabe in einem Grab gefunden wurde, ist es für die Archäologen wichtig zu wissen, um was für ein Grab es sich handelte, ob darin weitere Bestattungsgaben gefunden wurden, ob man gar aus

Skelettresten Rückschlüsse auf die bestattete Person ziehen kann. All dies würde uns einiges über die Bedeutung der Bestattungsgaben, die Rituale am Grab und den Umgang der Menschen mit Trauer und Tod verraten. Aus ökonomischer Perspektive aber sind solche Relationen uninteressant, denn sie lassen sich auf keinem Markt veräußern: im Rahmen jener illegalen Grabungen werden sie bedenkenlos der Zerstörung anheim gegeben" (SZ v. 22. Juli 2003).

Kulturelle Inhalte, ihres Entstehungskontextes und der damit gegebenen sinnlichen Dichte und Einmaligkeitswurzel entledigt, werden zur verkäuflichen Ware geschrumpft. Und es wäre zu prüfen, ob es den kulturellen Inhalten in den marktförmig arbeitenden Bildungsbetrieben nicht genauso ergeht.

Naturwissenschaften auf Reklametour

Es fällt schon auf: vielerorts gehen naturwissenschaftliche Fachbereiche von Universitäten in die Öffentlichkeit, um in Werbeveranstaltungen - anders kann man das nicht nennen, was da z.B. in Kiel, in Frankfurt/M., in Darmstadt z.T. in Kooperation mit der chemischen Industrie ablief - zu zeigen, wie interessant, lebendig, zukunftsorientiert das ist, was bei ihnen lernen, zu studieren ist. Dahinter steht die Sorge um Studentennachwuchs. Wissenschaftsjahre müssen ausgerufen werden, Schüler sind zu missionieren: Wissenschaften sind interessanter als ihr Ruf! Wie verkaufen sich solche Veranstaltungen?

Der Uni-Report der Universität Frankfurt/M vom 12. Februar 2003 berichtet beispielsweise, dass an zwei Märztagen „wieder die Labortüren, Hörsäle und Seminarräume für informative Vorträge und spannende Vorführungen offen stehen. Angeboten werden unter anderem eine „Riechstrasse" bei den Lebensmittelchemikern, die Geheimnisse des Elektronenmikroskops werden von den Biologen erklärt ... Auch der Spaß in der Beschäftigung mit den Naturwissenschaften wird nicht zu kurz kommen ... Es geht darum, vorab den jungen Besuchern Informationen und Entscheidungshilfen zu geben, um das Interesse (doch noch) auf die Naturwissenschaften zu lenken und somit rechtzeitig die Weichen für ein mögliches naturwissenschaftliches oder Medizinstudium richtig zu stellen“ (S. 4). Die von den gleichen Absichten gesteuerte Auftaktveranstaltung zum „Jahr der Chemie“, „Chemistry inside“ bot für 450 Besucher in Frankfurt/M „Spannendes für Jung und Alt, Schüler und Lehrer, Laien und Fachleute: Vorträge, Experimente und eine kleine Ausstellung machten aktuelle Forschungsthemen transparent. Lebendiger Dialog zwischen Wissenschaftlern und Öffentlichkeit wurde praktiziert - etwa wenn Schüler testen konnten, wie Schmutz abweisend eine mit Nanomaterialien behandelte Krawatte wirklich ist oder welche Wirkung funktionale Polymere in Haarpflegemitteln haben. Chemie zum Anfassen“ (S. 1 des zitierten Uni-Reports).

Ganz ähnlich klingen Berichte aus dem Leibniz-Institut für die Pädagogik der Naturwissenschaften an der Universität Kiel - in dessen Informationsblatt vom Juni 2003 ein einschlägiger Kurzbericht steht (mit Foto von zwei Schülern vor chemischen Gefäßgerätschaften): „Ist Cola nur braunes Zuckerwasser? Was verraten uns Steine über die Geschichte der Erde? Solche Fragen konnten Schülerinnen und Schüler der Toni-Jensen- Gesamtschule in Kiel-Dietrichsdorf beim „Tag der Chemie“ am 23. April 2003 nachgehen. Neben den Angeboten der Chemischen Institute der Universität Kiel, dem Institut für Meereskunde und der Fachhochschule Kiel war auch das IPN mit den Projekten „System Erde“ und „Chemie im Kontext“ mit vielfältigen Informationen und Experimenten zum Selbermachen vertreten. Auch „Justus“, den das Bundesministerium für Forschung und Technologie zum „Jahr der Chemie“ durch die Lande schickt, machte bei der Toni-Jensen- Schule als nördlichster Station seiner Reise Halt“ (IPN-Blätter 2/03, S. 4).

„Spannend“, „lebendiger Dialog“, Selbermachen“, „Wissenschaft zum Anfassen“, Spaß - immer wieder tauchen solche Wendungen auf, um Wissenschaftswerbung zu charakterisieren: Wissen leicht gemacht, Abenteuer Forschung - solche Aufschriften passen ja auch zu Fernsehsendungen und zu der Art von Wissenschaftsberichterstattung in Zeitungen und Illustrierten: Sensationen und Wissenspralinés werden dem staunenden (und gläubigen) Publikum möglichst mundfertig zugereicht - denn überprüfen kann es das ja nicht, was und wie da in den oberen Etagen der Forschung zutage gefördert wird. Allenfalls kann man vorgefertigte Experimentalanordnungen selbst nachmachen, das ist dann „Chemie zum Anfassen". Zwei Bemerkungen zu diesen Publicity-Initiativen:

(1) Man bekommt ein Experiment vorgeführt (oder führt es nach Vorschrift aus) und ist als Laie baff. Man wird über ein Wissenschaftsergebnis informiert, auch anschaulich, unterhaltsam, eindrucksvoll - und nimmt es staunend zur Kenntnis. Und findet es in der Geste der Besichtigung auch interessant, aufregend je nach dem. Über den eindrucksvoll zugerichteten Resultaten kommt man als Laie gar nicht mehr auf den Gedanken, nach den vielen Annahmen, Reduktionen, Voraussetzungen und kontroversen Debatten zu fragen, die in jedem zum Faktum geronnenen so genannten wissenschaftlichen Ergebnis stecken. Der Chemiedidaktiker Peter Buck nennt im Anschluss an seinen Amsterdamer Kollegen Erich Joling diesen Erstarrungsprozess „Verstudieboeking" (d.i. etwa „Verschulbuchung"): der schwebend-tastende Hypothesencharakter allen wissenschaftlichen Wissens ist unspürbar gemacht: denn das Publikum will handfeste Ergebnisse sehen. Und es bekommt sie, in interessanten Häppchen zubereitet oder zu Trophäen hochstilisiert.

Der amerikanische Wissenschaftsphilosoph Jaques Barzun hat (im Vorwort zu St. Toulmin: Voraussicht und Verstehen, Frankfurt/M 1968, S. 10) dazu lapidar bemerkt: „Kurz: man kann sagen, dass die westliche Gesellschaft gegenwärtig die Wissenschaft beherbergt wie einen fremden mächtigen und geheimnisvollen Gott. Unser Leben wird von seinen Werken verändert; aber die Bevölkerung des Westens ist von einem Verständnis dieser seltsamen Macht wohl ebenso weit entfernt wie ein Bauer in einem abgelegenen mittelalterlichen Dorf es von einem Verständnis der Theologie des Thomas von Aquin gewesen ist."

Wissenschaftsvermittler haben demnach heutzutage eine gewisse Verwandtschaft mit Priestern und Gurus, die dem profanen Volk etwas von ihrem Geheimwissen (in einer verschlüsselnden Geheimsprache, die nicht eigentlich zu verstehen ist) mitteilten. Und sich damit gewaltigen Respekt verschafften.

(2) Die beflissenen Bemühungen, Wissenschaft als interessante Geistestätigkeit gerade jungen Leuten nahe zu bringen, wecken noch eine andere Rückfrage. Haben nicht die Naturwissenschaften (im Unterschied zu anderen Disziplinen wie etwa den Rechts- oder Wirtschafts- oder Technikwissenschaften) den großen Vorteil, dass sie schon in der Schule dem Nachwuchs in verbindlicher Form von Fachleuten gelehrt werden? So dass gerade die Jugend doch ein ziemlich klares Wissen von dem haben müsste, was sie in einem einschlägigen Studium erwartet.

Und um noch etwas weiter zu fragen: Könnten die auffällig forcierten Bemühungen der Wissenschaftswerbung mit dem Wunsch zusammenhängen, negative Erinnerungen und Eindrücke aus dem Schulunterricht zu korrigieren - indem ein attraktiveres Bild von Eigenart und Wichtigkeit der Naturwissenschaften präsentiert wird?

Lehrer werden das bestreiten. Und allenfalls auf die viel zu geringen Stundenzahlen hinweisen, die die Naturwissenschaften zugeteilt bekommen (welcher Fachbereich klagt da nicht!). Und sie werden daran erinnern, dass der Schulunterricht nun einmal nicht auskommt ohne so unbequeme Dinge wie Zeitzwänge, Kontrollen, Noten, Lehrplanvorschriften, Lehrmittelknappheit, Homogenisierungsnotwendigkeiten, Rücksicht auf die Schwachen etc. etc. - alles Faktoren, die bei den attraktiven Wissenschaftswerbungstagen nicht ins Gewicht fallen.

Wer kann definitiv entscheiden, woran es etwa liegt, was in den zitierten IPN-Blättern zu Leistungsvergleichsstudien wie TIMMS, IGLU und PISA resümierend gesagt wird: „Aber auch die Aufgeschlossenheit gegenüber Mathematik und Naturwissenschaften, die am Ende der Grundschulzeit noch vorhanden ist, bleibt über die Sekundarstufe nicht erhalten“ (S. 4)?

Die Reklamebedürftigkeit der Naturwissenschaften bleibt ein heikles Problem, das gewiss nicht einfach durch quantitative Stundenvermehrung in der Schule zu beheben ist.

Lernzwang als Neugiervernichtung? - Ulrich Oevermann

Seit lange schon fragen sich Beobachter normaler Lebensverläufe, was da eigentlich immer wieder passiert: Aus lernlustigen, fragehungrigen Kindern werden im Verlauf weniger Jahre junge Leute, die sehr interessiert sind, in der Schule mit möglichst geringem Aufwand möglichst günstige Platzierungen in der Konkurrenz um Noten- und Punkte zu erreichen, und die dem Anschein nach nur noch mit äußerem Druck zu ernsthaftem Lernen zu bewegen sind. Handelt es sich um einen katastrophischen Verschleiß an Lebensenergie oder um die normale Reifeentwicklung zum Erwachsenen, der seine Kraft spart und sie sehr dosiert nur da einsetzt, wo es eine Pflicht vorschreibt oder wo es sich ersichtlich lohnt? Die jeweilige Antwort, immer wieder artikuliert, immer wieder bestritten, führt inzwischen zur Erschlaffung des Nachdenkens. Nichtpädagogen waschen sich die Hände in Unschuld, froh, nicht betroffen zu sein. Politiker fassen das heiße Eisen nicht an: es handelt sich um schlafende Hunde ... PISA gibt genug zu tun. Lehrpersonen haben sich in dem Widerspruch zwischen pädagogischen Idealen und Alltagsrealitäten, den sie nicht verantworten zu müssen (oder zu können) glauben, eingenistet. Und trösten sich notfalls damit, dass Ideale halt Ideale sind, die man (frei nach F. J. Strauss) so hoch hängen sollte, dass man drunter durch gehen kann, ohne anzustoßen.

„Der Panzer verdeckt die Wunde“ schrieb Adorno über die Art, wie Gewohnheiten und Floskeln das Fragwürdige zudecken, im Studieren und anderswo. Um welche Wunde handelt es sich hier? Eine Blütenlese aus unterschiedlichen Quellen mag es bewusst machen:

1. „... die Vergeudung unserer Jugend, als man uns ein dürftiges Wissen um Griechen und Römer ebenso ungeschickt als quälerisch beibrachte, und zuwider dem obersten Satz aller Bildung, dass man nur dem, *der Hunger danach hat,* eine Speise gebe“ (Friedrich Nietzsche: Morgenröte, Stück 195. Kritische Studienausgabe Bd. 3, S. 168).

2. „Da ist kein Hunger und kein Sattwerden, sondern immer nur ein mattes Spiel mit dem Anscheine von beidem, zur ei-

telsten Schaustellung ausgedacht, um das Urteil anderer über sich irrezuführen" (Friedrich Nietzsche: IV. Unzeitgemäße Betrachtung, Abschnitt 5. Kritische Studienausgabe, Bd. 1, S. 460).

3. „Muss man so alt sein, muss man aus den zwanziger Jahren hierher kommen, muss man neun Jahre in der Odenwaldschule gelebt haben - oder Waldorflehrer sein, oder Freund der Freien Schulen? Sieht es denn nicht jeder, dass es eine falsche Deutung, eine falsche Anthropologie des Kindes ist, wenn man behauptet, Kinder müssten zum Lernen gezwungen oder verführt werden, um dann mit dieser Begründung zu rechtfertigen: wahnhafte Stoffhuberei, verwirrende Zeitzerstückelung, selbsttäuschende Quantifizierung, schnell verfliegende Scheinleistungen? Damit: Zerstörung der ursprünglichen Lust am Verstehen und gemeinsamer Verständigung: stattdessen Erregung egoistischen Wettstreites." (Martin Wagenschein in seinem 1986 gehaltenen Vortrag „Die Sprache zwischen Natur und Naturwissenschaft", abgedruckt in Wagenschein: „zäh am Staunen", Pädagogische Texte zum Bestehen der Wissensgesellschaft. Hg. H. Rumpf, Seelze-Velber 2002, S. 53)

3. „Das Gesetz, nach dem die öffentliche Schule angetreten ist ... bestimmt nach wie vor die Richtlinien aller staatlichen Bildungspolitik. In die Sprache der Verwaltung übersetzt, liest sich das so: „§18 Absatz 1. Nimmt ein Schulpflichtiger ohne berechtigten Grund am Unterricht oder an den übrigen als verbindlich erklärten schulischen Veranstaltungen nicht teil, so kann der Schulleiter bei der Kreisverwaltungsbehörde die Durchführung des Schulzwangs beantragen. Die Kreisverwaltungsbehörde kann durch ihre Beauftragten den Schulpflichtigen der Schule zwangsweise vorführen ... §19, Absatz 1. Mit Geldbuße kann belegt werden, wer ... als Schulpflichtiger am Unterricht oder an den übrigen als verbindlich erklärten schulischen Veranstaltungen nicht teilnimmt." Soweit das Allgemeine Schulpflicht-Gesetz in Bayern. Andere Bundesländer halten es ähnlich ... Ich bezweifle ... dass sich solche oder andere Erziehungsziele (wie sie in Lehrplänen stehen) erreichen lassen, indem man uns oder unsere Kinder „der Schule zwangsweise vorführt". Und ich sehe absolut nicht ein, warum der Berg gesetzlich verpflichtet sein soll, zum Propheten zu

kommen, wenn das umgekehrte Verfahren so viel nahe liegender, einfacher und vernünftiger wäre“ (Hans Magnus Enzensberger: „Plädoyer für den Hauslehrer“. In. Enzensberger: Nomaden im Regal. Essays. Frankfurt/M 2003, S. 63/64).

5. Autobiographischer Erinnerungssplitter: Im Jahr 1945 war der Schulbetrieb in Darmstadt zusammengebrochen, zerstörte Schulgebäude, Staat und Schulbürokratie waren durch die US. Besatzung liquidiert. Der Fünfzehnjährige, verdrossen, unbeschult, ausgebombt in einem Dorf 15 Kilometer außerhalb der zerstörten Stadt. Was tun? Es sprach sich im Sommer herum, dass im Olbrichweg in der Stadt noch ein Lehrer wohne, der privat Englisch unterrichte. Nichts wie hin. Mit dem Fahrrad zweimal die Woche in die Stadt zu je einer Stunde Englischlernen, Erinnerung an eine unglaubliche Lernintensität drei Jungen, ein Lehrer, in diesem Zimmerchen ... Noch heute kenne ich die Kurzgeschichtchen, die wir auswendig lernten.

6. Autobiographische Erinnerung 2: 1966 nach acht Jahren Lehrertätigkeit an einem staatlichen Gymnasium Wechsel zur Universität, als „Studienrat im Hochschuldienst“. Erinnerung an ein Gespräch. Frage an mich, den Wechselnden:: „Was ist denn nun anders auf der Uni, in der Rolle des Lehrenden ?“ Meine Antwort, ohne eine Sekunde zu zögern: „Die Studierenden haben meinen Kurs gewählt, kein Anwesenheitszwang, keine Kontrolle, sie kommen und bleiben freiwillig, weil sie etwas Bestimmtes kennen lernen wollen. Nicht auszudenken, was dieser Klimaumschlag bedeutet - für die Sache, die Umgangsformen, die Art des Sprechens und Nachdenkens. Der Druck ist weg“.

7. Autobiographische Erinnerung 3: In den dreißig Jahren als Hochschullehrer, zwischen 1966 und 1996, habe ich in einer einzigen Veranstaltung so etwas wie „Disziplinschwierigkeiten“ erlebt. Kichern, Schwätzen, vom-Stuhl-Fallen und was es da so alles im Stör-Repertoire gibt und was mich lebhaft an die Lehrerzeit in der Schule erinnerte. Es war das meine einzige Veranstaltung, die für eine Gruppe von Studierenden als absolut verbindlich zum Besuch vorgeschrieben worden war, von irgendeinem Gremium. Der Zwang der Vorschrift vernichtete unverzüglich die gemeinsame Aufmerksamkeit für die Sache und erzeugte den Rückfall in den Pennalismus.

8. „Die gesetzliche Schulpflicht, so die zentrale These, die hier vertreten wird, ... macht den Schüler zum lernunwilligen Monstrum, das sich durch Tricks und Schliche dem Anforderungsdruck des pädagogischen Auftrags permanent zu entziehen trachtet. Sie kehrt damit den Grenzfall des gestörten oder zumindest schwierigen Schülers in den Normalfall um. Dadurch raubt sie dem eigentlichen Normalfall die für seine Entwicklung angemessene pädagogische Umgebung ... Kinder sind von Haus aus neugierig, weil sie erwachsen werden wollen. Deshalb müssen sie nicht eigens zum Lernen motiviert werden. Man muss vielmehr ihre Neugierde wecken und dort ansetzen, wo sie schon jeweils vorliegt. Das Problem besteht praktisch darin, wie man unter der Bedingung schulischen Lernens verhindert, die Neugierde zu missachten oder zu töten bzw. wie man verhindert, die Lernfreude zu verbiegen als umgekehrt eine entsprechende Motivation aufzubauen.

> Durch die gesetzliche Schulpflicht wird diese Neugierde als Konstitutionsbedingung eines pädagogischen Arbeitsbündnisses systematisch aberkannt und disqualifiziert" (der Soziologe Ulrich Oevermann in einem Vortrag unter dem Thema „ Brauchen wir heute noch eine gesetzliche Schulpflicht und welches wären die Vorzüge ihrer Abschaffung?", gehalten am 11.9. 2002, veröffentlicht in der Zeitschrift „Pädagogische Korrespondenz", Heft 30, Frühjahr 2003, Verlag Büchse der Pandora. Die Zitate dort auf den Seiten 68 und 63. Dazu auch Oevermanns ausführliche Abhandlung in dem suhrkamp taschenbuch wissenschaft, Bd. 1230: „Pädagogische Professionalität", hrsg. v. A. Combe und W. Helsper, Frankfurt/M 1996, S. 70-182).

Die Einwände gegen Oevermanns Radikalposition kommen jedem einigermaßen Kundigen schon verdächtig leicht und reichhaltig in den Sinn. Sie halten den Stachel nicht aus. Und häufen zehn andere Ursachen für unser Schul-Unglück. Die gewiss mitspielen. Aber nicht zur Abwehr der beinharten Frage taugen, ob es nicht einfach stimmt, dass Lernzwang die Lernlust erstickt. Immer und überall. Und dass keine Schulentwicklung, kein Lernprogramm, keine Diagnose eines einzigen Schultags darum herumkommt, sich auf die eine oder andere Art sich mit dem hier lauernden Widerspruch herumschlagen zu müssen. Ohne in das zu verfallen, was Gottfried Benn die Bauchrednerei der Synthese nannte. Es gibt halt immer Leute, die die Wunde zupanzern - mit Redensarten wie „so viel Zwang wie nötig, so viel Freiwilligkeit wie möglich“. Oder: Dann werden die eh Bildungs-Benachteiligten noch mehr benachteiligt.

Gibt es ein zuverlässigeres Mittel, einer Bevölkerung die Lust am öffentlichen politischen Engagement auszutreiben als sie zur Teilnahme an Umzügen und Demonstrationen mit staatlichen Zwangsmitteln zu verpflichten? Bedarf es dazu noch der Belege?

Die Wut des Verstehens, die Problemlösekompetenzen und die rätselhaft bleibende Welt

Seit eh steht die so genannte Schulweisheit im Verdacht, sich ein Bescheidwissen in die Tasche zu lügen. Heutzutage scheint sie in Gestalt der „Problemlösekompetenzen“ im Schwange zu sein. Vielerorts werden die gefeiert als die zukunftweisenden Schlüsselkompetenzen, weil die Antworten von gestern nicht auf die unbekannten Herausforderungen von morgen passen können. Es ist das die verdächtig griffige Sprache des Bildungsmanagements. Wissen schrumpft zur Ware im Problemlöseladen. Im Gefolge dessen werden alle erdenklichen Gegebenheiten so zum Lernen aufbereitet, dass sie diese Problemlösekompetenz in Marsch setzen können-einerlei, ob es sich um die Französische Revolution, die Karbolsäure oder die Lichtgeschwindigkeit handelt.

In dieser Lage lässt schon der Titel eines Buches aufhorchen, das gegen diesen aktuellen Stachel löckt: „Die „Wut des Verstehens“ von Jochen Hoerisch (edition suhrkamp NF 485, Frankfurt/M 1998). Hoerisch erinnert an eine frühe Schrift von Schleiermacher: „Über die Religion“, 1799. In ihr findet sich eine rasante Polemik gegen die Leute, die an die Stelle der „unverstandenen Ahnung“, die uns „über den Reichtum dieser Welt hinauszutreiben“ imstande ist, ein arrogantes Verstehenwollen setzen - unter diesem „Joch des Verstehens und Disputierens“ erlischt der Sinn für das Unendliche: „Mit Schmerzen sehe ich es täglich, wie die Wut des Verstehens den Sinn gar nicht aufkommen lässt, und wie Alles sich vereinigt, den Menschen an das Endliche und an einen sehr kleinen Punkt desselben zu befestigen, damit das Unendliche ihm so weit als möglich aus den Augen gerückt werde“ (Schleiermacher, zit. bei Hoerisch, S. 55). Ob und wie sich das mit der späteren Entwicklung dieses Autors verträgt, muss hier nicht interessieren.

Wichtig bleibt: Es gibt so etwas wie die schier aggressive Lust, durch intellektuelle Operationen das wegzuschaffen oder unkenntlich zu machen, was das Bedürfnis nach Ordnung, Sicherheit, Vorhersehbarkeit, einsichtigem Zusammenhang, kurz: nach souveränem Wissen aufstört, weil es nicht passt. Das Unpassende wird passend gemacht - bei Schleiermacher: das Unendliche wird endlich gemacht, die Wut des Verstehens, in der sich die Wut auf das, was sich dem Verstehen entzieht, meldet (und damit die narzisstische Eitelkeit kränkt), diese Wut kühlt so ihr Mütchen.

Man könnte meinen, mit dem Verblassen des „Sinns für Unendliches“ sei diese Wut gegenstandslos geworden. Hoerisch findet sie dagegen auf Schritt und Tritt in den verbreiteten geisteswissenschaftlichen Bemühungen wieder, mittels einer bestimmten Hermeneutik „einen Schleier über Brüche, Lücken, Vieldeutigkeiten“ zu werfen (S. 62) und Disparates gewaltsam zu vereinheitlichen - zum „Geist einer Epoche“, eines Autors, eines Werks.

Aber auch bei einem Autor, der oft als Urheber der Problemlösepsychologie und also auch als Entdecker der Problemlösekompetenzen gehandelt wird, findet sich deutliches Misstrauen gegen die „Wut des Verstehens“: „Aber in jedem Ereignis gibt es etwas Widerspenstiges, Selbstgenügsames, gänzlich Unmittelbares, das weder eine Relation noch ein Element in einem relationalen Ganzen, sondern abschließend und ausschließend ist“ (John Dewey: Erfahrung und Natur. Frankfurt/M 1995, S. 94). Eine Problemlösekompetenz, die alles Widerfahrende einordnen und so seiner widerspenstigen Undurchdringlichkeit entledigen will- eine solche Problemlösekompetenz muss da abprallen.

In einer anderen Passage befasst sich Dewey mit dem Wert eines Wissens, das wie eine Trägerrakete alles abgestoßen und unter sich gelassen hat, was an Unwissen und Unbekanntheit ihm zugrunde liegt: wie Wasser nur für den Durstigen einen Wert hat, so hat Wissen nur für jenes Bewusstsein erhellende Kraft, das die Dunkelheit realisiert, dem es abgerungen ist. „Wasser, das Durst stillt, oder eine Schlussfolgerung, die ein Problem löst, haben einen idealen Charakter, solange der Durst oder das Problem in einer Weise fortbestehen, die das Resultat qualifiziert. Aber Wasser, das nicht der Befriedigung eines Bedürfnisses dient, hat kein bisschen mehr ideale Qualität als Wasser, das durch Röhren in ein Reservoir läuft; eine Lösung hört auf eine Lösung zu sein, und wird zu einem bloßen Ereignis des Daseins, wenn die vorangehenden Entstehungsbedingungen des Zweifels, der Zweideutigkeit und des Suchens aus ihrem Kontext verloren gehen“ (Dewey a.a.O. S. 75).

Eine autobiographische Bemerkung von Einstein weist auf das damit Gemeinte hin: Nicht eine Problemlösekompetenz, sondern die Aufstörbarkeit durch etwas durch und durch Rätselhaftes kommt ihm in Erinnerung, wenn er darüber nachdenkt, was den Geist in Bewegung bringt und hält: Einstein erzählt, wie ihm sein Vater einen Kompass zeigt, er war ein Kind von vier oder fünf Jahren: „Dass diese Nadel in so bestimmter Weise sich benahm, passte so gar nicht in die Art des Geschehens hinein, die in der unbewussten Begriffswelt Platz finden konnte ... Ich erinnere mich noch jetzt- oder glaube mich zu erinnern, dass dies Erlebnis tiefen und bleibenden Eindruck auf mich gemacht hat. Da musste etwas hinter den Dingen sein, das tief verborgen war“ (zit. bei M. Wagenschein: Kinder auf dem Wege zur Physik, Weinheim Basel 1990, S. 31). Ob ein Kind im Jahr 2003 aus seinem Kinderlexikon oder einem Frage-Antwort-Lernspiel wohl eine kindgemäß zubereitete Antwort entnehmen könnte, was es mit der zittrigen Nadel im Kompass im Grunde auf sich hat? Und also ein Opfer jener „Wut des Verstehens“ würde, die die rätselhafte Welt allenthalben mit Informationen zupflastert?

XI. Auf der Suche nach einer neuen Bescheidenheit

Rebarbarisierung oder die Niederwerfung der Gebrechlichkeit

„Rebarbarisierung" - ist das für heutiges Verständnis nicht so viel wie Bildungsverlust, Primitivierung im Umgang mit Sprache, Kultur, Umwelt? Wolfgang Frühwald, Literaturprofessor, langjähriger Präsident der die Wissenschaftsentwicklung in Deutschland mitbestimmenden Deutschen Forschungsgemeinschaft, hat im Frühjahr 2003 in einem Interview mit der Zeitschrift „Forschung & Lehre" (Heft 6/2003, S. 294-298) eine bemerkenswert andere Deutung vorgeschlagen: „Wenn ich einmal im Zusammenhang des Verlusts der christlichen Tradition von Rebarbarisierung gesprochen habe, dann meinte ich, dass das Christentum die grundsätzliche Gebrechlichkeit und Vergänglichkeit des Menschen festhält und dass wir heute in der Wissenschaft einer Tendenz gegenüberstehen, die diese grundsätzliche Gebrechlichkeit in eine Optimierung, eine Perfektionierung des Menschen verwandeln möchte und dass diese Arroganz wirklich einen Zug ins Barbarische hat" (S. 298).

Wenn die Schule dem Nachwuchs im Verein mit der alltäglichen Umwelt eine schier unauslöschliche Norm einbrennt, dann diese: Gutsein heißt so viel wie *besser sein als andere*. Von der Bundesliga über die Tour de France bis PISA und ALDI: das Schnittmuster des Erfolgs ist überall gleich. Und die Konsequenz auch: Schwächen und Fehler sind mit allen Kräften zu minimieren. Darin äußert sich menschliche Gebrechlichkeit- und die ist nach Kräften zu überwinden oder unkenntlich zu machen. Je nachhaltiger das gelingt, umso gelungener die so genannte Leistung.

Und dabei gab es tatsächlich einmal eine christliche Tradition, die ganz im Gegenteil die Menschenwürde dann recht eigentlich zum Durchbruch kommen sah, wenn die Gebrechlichkeit ausgehalten und nicht nach Kräften weggearbeitet wurde. In zahllosen Kunstwerken des alten Europa, die sich die Menschen - vorab in Urlaubszeiten - nach wie vor fasziniert in Museen und Kirchen betrachten, wird diese Überzeugung Gestalt - die Schmerzensmänner, die leidenden Heiligen, katastrophale Szenen aus dem Alten und Neuen Testament bieten vielartige Anschauung. Unsere Tradition bietet dabei noch andere Aspekte als nur historisch-ästhetische.

Und man mag auch an das seit Jahren auf deutschen Bühnen am meisten aufgeführte Theaterstück, Mozart/Schikaneders „Zauberflöte", erinnern. In einer zentralen Szene wird dem jugendlichen Tamino abverlangt, unter Ablegung aller seiner Verteidigungswaffen, seiner Klugheit und seiner Sicherheitsbedürfnisse, sich mit der geliebten Pamina der tödlichen Bedrohung durch unkontrollierbare Mächte des Feuers und des Wassers auszusetzen. Nicht, um sich zu stählen, sondern um die Erfahrung der Gebrechlichkeit, der Endlichkeit ohne Erfolgsgarantie durchzustehen. Immerhin- Abend für Abend scheinen viele Menschen doch von dieser rätselhaften Szene mit ihrer unglaublichen Musik noch etwas mitzubekommen - wiewohl ihr Alltag wie die Entwicklung von Ökonomie, Technik, Wissenschaft Wissensentwicklung in die Gegenrichtung driften.

Anlässlich der nicht mehr ganz seltenen Sympathien für buddhistische Religionsformen, in denen der Triumph des Willens abgedankt hat, kann ein Wort des christlichen Theologen Hans Urs von Balthasar vielleicht Klang gewinnen: „Erfolg ist keiner der Namen Gottes".

Auch eine Anregung, über Rebarbarisierung neu nachzudenken. Wenn auch gewiss ohne jede Aussicht, ernst genommen zu werden ...

Die überanstrengte Pädagogik und der Vorschlag, sich etwas bescheidener zu geben

Der Verdacht, man mute der Erziehung und den pädagogischen Künsten nun doch etwas viel zu, wenn sie unentwegt zur Ausbesserung zivilisationsbedingter Gebrechen und demokratiewidriger Ungleichheiten als Nothelfer herangezogen werden - dieser Verdacht ist nicht erst von heute. So hat beispielsweise der Germanist Walter Killy in den sechziger Jahren des letzten Jahrhunderts ziemlich fassungslos registriert, dass die germanistischen Lehrveranstaltungen von chancengleich präparierten Studierenden überflutet wurden, denen es durchaus an den elementaren Voraussetzungen für ein ernsthaftes Studieren gebrach: „Die Abenteuer des Geistes sind ihnen so fremd wie die Bücher, mit deren Hilfe man sie erlebt" - schrieb er in einem seinerzeit (1963) Aufsehen erregenden ZEIT-Aufsatz „Der mittlere Student" (abgedruckt in Killy: Bildungsfragen, München 1971, das Zitat auf S. 111). Und er schiebt der Schule eben nicht den schwarzen Peter zu - mit der Unterstellung, sie könne die Studierfähigkeit schon produzieren, sollte es an kulturellen Entwicklungsbedingungen in der Umwelt des Nachwuchses fehlen: „Die Schule aber ist außerstande, Kulturzusammenhänge einzutrichtern, die in der Gesellschaft nicht mehr real, jedenfalls nicht mehr zusammenhängend vorhanden sind (S. 27). Killy kritisiert die illusorische Annahme, die Vorbedingungen zum Erwerb einer „allgemeinen Bildung" durch historisch-ästhetische Fächer seien - wenn sie nicht allgemein verbreitet seien - „durch die richtigen didaktischen Verfahren durchaus zu schaffen" (S. 12). Und gegen die Vorstellung, Didaktik sei eine Kunst der Glättung und des Leichtmachens stellt er fest: „In Wirklichkeit geht es aber - (gegen den Vorwurf elitärer Exklusivität des Literaturstudiums gewandt) - um die Erkenntnis, dass schwierige Sachen durch keinen didaktischen Kunstgriff in einfache zu verwandeln sind." (S. 26) „Schwierige Sachen sind schwierig, und schon der lange vergessene Properz hat erklärt, dass es keinen breiten und bequemen Weg zu den Musen gebe." (S. 11). Diese Absage an jede Spaß-Didaktik und an die Vorstellung, jeder könne es schaffen, die richtige Lernumwelt vorausgesetzt, ist bei Killy keineswegs gekoppelt an kritiklose

Verteidigung der „alten Universität“: „Aber die unglaubliche Vernachlässigung aller didaktischen Erfordernisse innerhalb der Universität, das zähe Festhalten an der Fiktion, sie bilde lauter Gelehrte aus, keine Lehrer, droht nun, in ein modisches Gegenteil umzuschlagen. Die Vermittlung wird wichtiger als das zu Vermittelnde; man liest, wie Herbert Singer es ausdrückte, *nicht Iphigenie auf Tauris, sondern Iphigenie auf der Mittelstufe“* (S. 24).

Auch in der Universität, im Zusammenhang mit der Forcierung der so genannten Fachdidaktiken, hat also die Hoffnung um sich gegriffen, ein grassierender Erfahrungsverlust in der Lebenswelt des Nachwuchses könne mit didaktisch-pädagogischen Mitteln konterkariert werden. Kein Wunder, dass bei diesen Erwartungen an pädagogisch-didaktische Einflussnahmen die einschlägige Wissenschaft reüssierte. „Quantitativ steht die Pädagogik also heute glänzend da. Sie hat institutionell in knapp 20 Jahren einen Aufstieg erlebt, der die kühnsten Erwartungen ihrer älteren Vertreter an den Universitäten weit übertroffen hat“ schreibt und belegt der zugleich schärfste Kritiker an den Produkten dieser Verwissenschaftlichung, Wolfgang Brezinka (in „Erziehung und Pädagogik im Kulturwandel“, München 2003, S. 127).

Die überanstrengte Erziehungswissenschaft lebte über ihre Verhältnisse - sie musste mehr geben, als sie zu bieten hatte- die vorwiegenden Folgen waren, so Brezinka, Chaos in der Wissensproduktion und pseudowissenschaftliche Hochstapelei. Und die Folgen für die Studierenden, die sich für einen pädagogischen Beruf qualifizieren wollten, waren fatal. Die Pädagogik ging in dieselbe Wissenschaftsfalle, die Killy bei den Germanisten wahrgenommen hatte: die Fiktion, dass eine wissenschaftliche Ausbildung allemal gut für eine Berufsfähigkeit sei, begünstigte auch hier die Fiktion, dass die Studierenden allesamt an die wissenschaftliche Forschung heranzuführen seien. Die praktische Anwendung des Wissens „bleibt den Studenten überlassen. Das heißt: in den meisten Fällen bleibt sie aus“ (Brezinka, S. 154). Die überanstrengte Pädagogik verwirrt ihre Studierenden, sie taumeln nicht selten zwischen unkoordinierbaren Theorien, Methoden und Wissensbeständen - diese Brezinka-Diagnose trifft Tatbestände; „... das so genannte „streng wissenschaftliche" pädagogische Wissen ist einerseits uferlos, unsicher und prinzipiell unvollständig, anderseits in seiner praktischen Anwendbarkeit sehr begrenzt und überwiegend belanglos. Ich glaube nicht, dass sich das wesentlich ändern wird. Die Anstrengungen der Erziehungsforscher sind deshalb nicht sinnlos. Fragwürdig aber scheint es mir zu sein, die künftigen Erziehungspraktiker durch das Labyrinth der streng „wissenschaftlichen Pädagogik" zu jagen, als ob sie Spezialisten für Erziehungsforschung werden sollten statt Erzieher." (Brezinka, S. 155)

Was tun, um aus „diesem Meer des Irrtums aufzutauchen". Anlässlich der immer hohler werdenden Redensarten von der Integration von Theorie und Praxis, von praxisrelevanten Studien, von Handlungsforschung etc. ist es vielleicht an der Zeit, zumindest die Zielformulierungen in diesem auch terminologisch so überanstrengten Studiengebiet zu ermäßigen und eine neue Bescheidenheit zu probieren. Etwa so (in Anlehnung an eines der berühmtesten Werke der aufgeklärten Pädagogik des 18. Jahrhunderts): Ein Lehrbuch von Johann Georg Sulzer hat im Titel formuliert, was den Krampf permanenter Überanstrengung mindern könnte: *„Vorübungen zur Erweckung der Aufmerksamkeit und des Nachdenkens."* (vgl. Killy S. 67ff.)

Kann ein Pädagoge, einerlei ob in der Universität oder in einer Grundschule, je mehr in die Wege leiten?

Ein Plädoyer für Dankbarkeit in der Erziehung

„Vielleicht lebt dennoch einiger Dank" - mit diesem, auf eine Hölderlin-Zeile anspielenden Satz beendete Hans Georg Gadamer seinen Aufsatz zum 75. Geburtstag von Martin Heidegger in der pädagogischen Zeitschrift „Neue Sammlung" (Heft 1, 5. Jahrgang 1965, S. 9).

Eine Andeutung in einem heutigen Vortrag genügte - Dank könne eine humane Antwort auf das Lebensgeschenk sein - und schon kam der Protest: eine solche Bemerkung zwinge zum Widerspruch. Menschen seien ohne ihren Willen, ihre Zustimmung in die Welt geworfen. Wem bitte solle man dankbar für diese vertrackte Existenz sein? Wissen wir nicht, wer im 20. Jahrhundert von pädagogisch eingeflössten Dankbarkeiten profitiert hat? Schlachtschafe mögen dankbar sein, kritische Bürger nicht.

Wer heutzutage für Dankbarkeit als einen Lebenshabitus, gar als einer Leitidee von Erziehung plädiert, ist also hoffnungslos out. Altmodisch repressive Pädagogen mögen den Zeiten nachtrauern, in denen man Kinder zur Dankbarkeit erzog, um so Dauerunterwürfigkeit zu erzwingen und Herrschaftsansprüche zu kaschieren. Seit sich auch in der Pädagogik herumgesprochen hat - das heißt seit den späten sechziger Jahren des letzten Jahrhunderts- stehen Dank und Dankbarkeit auf der schwarzen Liste von Erziehungszielen. Emanzipation, Kritikfähigkeit, Ausgang aus der Unmündigkeit des Gegängeltwerdens - das sind unentwegt wiederholten Leitideen der Epoche, in der die Erziehung zur Demokratie federführend ist. Nur vormoderne Naivität kann Dankbarkeit noch ernst nehmen. Die Kapitalismuskritik hat sie zudem längst entlarvt als Niederschlag von Gesetzlichkeiten der Warentauschgesellschaft: Der Dankbare lässt sich hinters Licht führen und ist leicht auszunehmen. Misstrauen, Skepsis sind nötig, um nicht unter die Räder zu kommen. Also übe man sie frühzeitig in der Erziehung ein. Und der Konstruktivismus hat schließlich gezeigt, dass wir bezüglich der uns umgebenden Welt letzterdings nicht Empfangende, sondern Konstruierende sind. Womit dem Dank der Boden entzogen scheint. Und wenn jemand sich unterfangen würde, ein „Lob der Dankbarkeit" in einer Intellektuellenzeitschrift unterbringen zu wollen, würde ihm nicht einmal eine Antwort zuteil. Nach Baudelaire, Nietzsche, Musil - wie kann jemand so in die Idylle der heilen Welt zurückfallen? Als hätte Adorno nie gelebt, eine peinliche Entgleisung, vorwissenschaftlich, unreflektiert, nicht auf der Höhe der Zeit ...

Alain Finkielkraut hat, in Anlehnung an eine Bemerkung von Jean Amery, gegen die allenthalben Unterdrückung witternde Entlarvungsmanie geschrieben: „Alles, was dem Menschen gegeben und nicht von ihm gemacht, gewählt und gewollt ist, ist nicht *ipso facto* unterdrückend oder entfremdend" (Finkielkraut: Verlust der Menschlichkeit. Stuttgart 1998, S. 163/164). Und im gleichen Gedankenzug bestreitet Finkielkraut die Neigung sich aufgeklärt gebender Geister, Dualismen als sich ausschließende Alternativen zu konstruieren wie etwa: „Entweder das Heimatliche, das Angeborene, die Nation und die Natur oder die Autonomie des Ichs. ... Entweder die Dankbarkeit für das Gegebene oder die Fähigkeit selbständig zu denken, zu fühlen und zu handeln“ (Finkielkraut a.a.O. S. 164). Der Autor zitiert schließlich die Bemerkung von Hannah Arendt, Ressentiment sei die für den modernen Menschen charakteristische emotionale Veranlagung. „Ressentiment gegen alles Bestehende, sogar Ressentiment gegen seine eigene Existenz. Ressentiment gegenüber der Tatsache, dass er weder der Schöpfer des Universums ist noch seiner selbst.“ (S. 175)

Die Frage drängt sich auf: Wie viel Ressentiment steckt in der Diffamierung der Dankbarkeit als einer Welthaltung? Der Ressentimentbehaftete ist sich selbst zu gut für die Welt. Wie sollte er da Dank empfinden. Er ist (sich) im Grunde für seine tatsächliche, beschränkte Existenz zu schade. Daher sein Dauerprotest, sein Dauermisstrauen, seine Entlarvungsleidenschaft, seine Neigung, denken nicht etwa mit danken, sondern mit kritisieren gleichzusetzen. Arendt schreibt weiter auf den zitierten letzten Seiten der ersten Ausgabe über die Ursprünge der totalitären Herrschaft, dass das Gefühl der Dankbarkeit die einzige Alternative zum Nihilismus des Ressentiments sei: „Eine grundlegende Dankbarkeit für einige elementare Dinge, die uns unverändert gegeben sind, wie das Leben selbst, die Existenz des Menschen und die Welt ...“ (S. 175/176). Vielleicht hat die auf Emanzipation fixierte Pädagogik doch einige schlichte Gegebenheiten übergangen. Die von Arendt angepeilte „grundlegende Dankbarkeit“ kann Aufmerksamkeiten freilegen, von denen derjenige keine Ahnung hat, der sie nur als naive Unaufgeklärtheit belächeln kann. Zwei Beispiele:

a. Rosa Luxemburg schreibt im Dezember 1914 aus dem Frauengefängnis in Breslau, in dem sie bereits drei Jahre einsaß, an Sonja Liebknecht: „Da liege ich, still, allein, gewickelt in diese vielfachen schwarzen Tücher der Finsternis, Langeweile, Unfreiheit des Winters. Und dabei klopft mein Herz von einer unbegreiflichen, unbekannten inneren Freude, wie wenn ich im strahlenden Sonnenschein über eine blühende

Wiese gehen würde. Und ich lächle im Dunkel des Lebens, wie wenn ich irgendein zauberndes Geheimnis wüsste, das alles Böse und traurige Lügen straft und in lauter Helligkeit und Glück verwandelt. Und dabei suche ich selbst nach einem Grund zu dieser Freude, finde nichts und muss wieder lächeln. Die tiefe nächtliche Finsternis ist so schön und weich wie Samt, wenn man nur richtig schaut. Und in dem Knirschen des feuchten Sandes unter den langsamen und schweren Schritten der Schildwache singt auch ein kleines schönes Lied vom Leben, wenn man nur richtig zu hören weiß. In solchen Augenblicken denke ich an Sie und möchte Ihnen gern diesen Zauberschlüssel mitteilen, damit Sie immer und in allen Lage das Schöne und Freudige des Lebens wahrnehmen" (Zitiert nach Robert Spaemann: Grenzen. Stuttgart 2001, S. 496).

b. Wolfgang Amadeus Mozart (aus seinem Brief an den Vater, datiert: Wien, 4. April 1787): „... Nun höre (ich) aber, dass Sie wirklich krank seien! Wie sehnlich ich einer tröstenden Nachricht von Ihnen selbst entgegensehe, brauche ich Ihnen doch wohl nicht zu sagen. Und ich hoffe es auch gewiss, - obwohl ich es mir zur Gewohnheit gemacht habe, mir immer in allen Dingen das Schlimmste vorzustellen. - Da der Tod (genau zu nehmen) der wahre Endzweck unseres Lebens ist, so habe ich mich seit ein paar Jahren mit diesem wahren, besten Freunde des Menschen so bekannt gemacht, dass sein Bild nicht allein nichts Schreckendes mehr für mich hat, sondern recht viel Beruhigendes und Tröstendes! - Und ich danke meinem Gott, dass er mir das Glück gegönnt hat, mir die Gelegenheit (Sie verstehen mich) zu verschaffen, ihn als den Schlüssel zu unserer wahren Glückseligkeit kennen zu lernen. - Ich lege mich nie zu Bette, ohne zu bedenken, dass ich vielleicht (so jung als ich bin) den andern Tag nicht mehr sein werde. - Und es wird doch kein Mensch von allen, die mich kennen, sagen können, dass ich im Umgange mürrisch oder traurig wäre. - Und für diese Glückseligkeit danke ich alle Tage meinem Schöpfer, und wünsche Sie von Herzen jedem meiner Mitmenschen" (Mozarts Briefe. Hg. W. Reich, Zürich 1948, S. 331/332).